D1668237

Esch/Knörle/Strödter
Internal Branding

So erhalten Sie Ihre persönliche E-Book-Ausgabe dieses Buches

1. Auf www.vahlen.de/eBooks gehen
2. Registrieren und Code eingeben

   Ihr Code: **ANYVH-S79TP-S6EX8**
3. Sie erhalten Ihren Downloadlink per E-Mail

Internal Branding

Wie Sie mit Mitarbeitern Ihre Marke stark machen

von

Prof. Dr. Franz-Rudolf Esch

und

Dr. Christian Knörle

und

Dr. Kristina Strödter

Verlag Franz Vahlen München

Prof. Dr. Franz-Rudolf Esch ist Inhaber des Lehrstuhls für Markenmanagement und Automobilmarketing und Direktor des Instituts für Marken- und Kommunikationsforschung (IMK) an der EBS Universität für Wirtschaft und Recht. Davor lehrte er in Saarbrücken, Trier, St. Gallen, Innsbruck und Gießen. Weiterhin ist er Gründer und ESCH. The Brand Consultants und unterstützt in dieser Funktion Unternehmen aus verschiedenen Branchen zu Fragestellungen der externen und internen Markenführung. Prof. Esch leitete gemeinsam mit Kollegen aus St. Gallen das bislang größte Forschungsprojekt zur Erforschung der internen Markenführung mit verschiedenen Unternehmenspartnern aus Deutschland und der Schweiz. Prof. Esch war lange Jahre Vizepräsident des Deutschen Marketing-Verbandes und ist Mitglied in diversen Unternehmensbeiräten. Seine Forschungsschwerpunkte liegen in den Bereichen Markenmanagement, Kommunikationsforschung und Konsumentenforschung. In diesen Bereichen hat er bislang mehr als 600 Veröffentlichungen von Top-Journals bis zur Frankfurter Allgemeinen Zeitung.

Dr. Christian Knörle war Mitarbeiter in der Strategieentwicklung der Daimler AG, Stuttgart, im Bereich Global Trucks Strategy & Multi-Brand Management. Zuvor war er als Senior Consultant bei ESCH. The Brand Consultants tätig und verantwortete dort Projekte in den Branchen Automotive, Aviation, Media, FMCG/Retail und Financial Services. Zudem war er externer Doktorand von Prof. Dr. Franz-Rudolf Esch am Lehrstuhl für Marketing, Justus-Liebig-Universität, Gießen.

Dr. Kristina Strödter ist Senior Engagement Manager bei einer amerikanischen Unternehmensberatung in New York, USA. Zuvor war sie mehrere Jahre als Beraterin bei The Boston Consulting Group in Düsseldorf und Stuttgart tätig. Sie promovierte bei Prof. Dr. Franz-Rudolf Esch zu dem Thema Markencommitment von Mitarbeitern und arbeitete als Projektmitarbeiterin in einem Forschungsprojekt zur internen Markenführung.

ISBN 978 3 8006 4793 4

Satz: Fotosatz Buck
Zweikirchener Str. 7, 84036 Kumhausen
Druck und Bindung: Beltz Bad Langensalza GmbH
Neustädter Str. 1–4, 99947 Bad Langensalza
Umschlaggestaltung: Ralph Zimmermann – Bureau Parapluie
Gedruckt auf säurefreiem, alterungsbeständigem Papier
(hergestellt aus chlorfrei gebleichtem Zellstoff)

Vorwort

Mitarbeiter waren lange Jahre das fünfte Rad der Markenführung. Die Investments flossen primär in Maßnahmen nach außen, bei den Mitarbeitern sparte man sich die Investitionen oder tätigte sie halbherzig. Zudem gab es oft Kompetenzgerangel zwischen Marketing, Corporate Communications und Human Resources.

Dies ist nun im Wandel begriffen. Der Wert der Mitarbeiter für die Marke wird erkannt. Vor allem ist man sich aber auch darüber bewusst, dass der „war for talents" sich weiter verschärft und man sich dafür rüsten muss.

Dennoch gibt es nur wenige wirklich gute Erfolgsbeispiele für Employer Branding und Internal Branding. Unternehmen stehen hier oft noch am Anfang der Entwicklung. Zudem investiert man häufig in die falschen Maßnahmen und meint, mit einer schönen internen Mitarbeiterkampagne und massenmedialen Maßnahmen die Mitarbeiter erreichen und zu Markenbotschaftern machen zu können. Wir sprechen von einem starken Start, der dann aber schwach endet und alles andere als nachhaltig wirkt. Insofern sind Manager in Unternehmen gefordert, die Marke nachhaltig in Denken, Fühlen und Handeln der Mitarbeiter zu integrieren und für diese im tagtäglichen Arbeitsleben relevant zu machen. Schließlich sind Mitarbeiter in vielen Branchen oft die wichtigsten Kontakte zu Kunden und anderen Anspruchsgruppen und beeinflussen direkt und indirekt wesentliche Kontaktpunkte mit Kunden. Der Markeneindruck wird somit oft wesentlich durch Mitarbeiter geprägt.

Dieses Buch zeigt systematisch Maßnahmen zur Entwicklung eines wirksamen Employer Branding sowie eines effektiven und effizienten Internal Branding auf. Anhand vieler Beispiele und konkrete Praxisfälle werden entsprechende Maßnahmen veranschaulicht. Neben fundierten theoretischen Ansätzen fließen auch unsere Beratungserfahrungen aus einer Vielzahl von Projekten in dieses Buch ein.

Unser besonderer Dank gilt Hermann Schenk vom Verlag Vahlen, der uns wie immer tatkräftig bei diesem Buchprojekt unterstützt und wichtige Impulse gegeben hat.

Wir wünschen allen Lesern viel Spaß beim Lesen sowie Anregungen für die tägliche Arbeit. Für Hinweise jeglicher Art oder einen Erfahrungsaustausch mit Ihnen sind wir sehr dankbar. Bitte richten Sie Ihre Anfragen an:

Prof. Dr. Franz-Rudolf Esch: office@esch-brand.com

Wir freuen uns auf den Dialog mit Ihnen zu diesem wichtigen Thema, denn: Marken werden immer nur von innen zerstört. Vor allem aber können Marken sich nicht selbst treu bleiben, das können nur die verantwortlichen Manager. Und diese müssen den Spagat zwischen Bewahren und Weiterentwickeln beherrschen und dies entsprechend im Unternehmen bei allen Mitarbeitern implementieren.

Saarlouis, im März 2014

Prof. Dr. Franz-Rudolf Esch
Dr. Christian Knörle
Dr. Kristina Strödter

Inhaltsverzeichnis

Abbildungsverzeichnis

A. Mitarbeiter als Erfolgsfaktor der strategischen Markenführung

1. Starke Marken als Erfolgsfaktor für den Unternehmenserfolg

Starke Marken spielen eine entscheidende Rolle für den Unternehmenserfolg. Laut PWC kann 50 Prozent des Unternehmenswertes durch den Wert der Marke erklärt werden (PWC/Sattler/GfK 2012). In den meisten Branchen entstehen starke Marken jedoch nicht allein durch herausragende Produkte oder Dienstleistungen. Diese sind zwar notwendig, oft aber nicht hinreichend für den Markenerfolg. In vielen Fällen sind Wettbewerber hier auf einem vergleichbar guten Niveau. Dies drückt sich nicht zuletzt darin aus, dass 85 Prozent aller getesteten Produkte und Dienstleistungen in Stiftung Warentest das Urteil gut oder sehr gut erhalten.

Starke Marken entstehen vor allem durch das tägliche Erleben der Marke – durch das Servicepersonal, das Call-Center, die Vertriebsmitarbeiter oder durch den Umgang mit der Dienstleistung. Dies gilt nicht nur für Unternehmen in der Dienstleistungsindustrie. Selbst in der Konsumgüterindustrie ist bei Mitarbeitern im Produkt- oder Brand-Management das Markenbewusstsein nicht immer stark ausgeprägt. Selbst in diesen Branchen ist es somit nicht selbstverständlich, dass die Mitarbeiter das Leistungsversprechen einer Marke verstanden haben. Produkte und deren Kommunikation an allen Kontaktpunkten werden jedoch durch Mitarbeiter geprägt. Nur wenn Mitarbeiter den Kern der Marke verstanden haben, können Produktinnovationen und Kommunikation markenorientiert erfolgen. Mitarbeiter prägen wesentlich das Gesicht und Rückgrat einer Marke.

Durch ihr Handeln schaffen Mitarbeiter einen zentralen Beitrag zum Unternehmenserfolg. Auf dem Weltwirtschaftsforum in Davos kamen daher Top-Manager in einer Podiumsdiskussion über Erfolgsfaktoren im 21. Jahrhundert zum Schluss (Esch 2012, S. 4):

„Menschen und Marken statt Maschinen".

Obwohl diese beiden Erfolgsfaktoren unbestritten sind, werden Marken weitaus weniger professionell geführt als Fabriken oder Produktionsstätten.

Dies ist verwunderlich, da markenorientierte Unternehmen nachweislich eine überdurchschnittliche Wertschöpfung am Markt erzielen. Markenorientierte Unternehmen erbringen im Schnitt eine bis zu 70 Prozent bessere Performance und werden auch im Top Management als wichtiges Asset verstanden (Abbildung 1). So bestätigen 80 Prozent der CFOs in deutschen Unternehmen, dass eine gute Markenstrategie einen positiven Einfluss auf EBIT und Return on Investment hat.

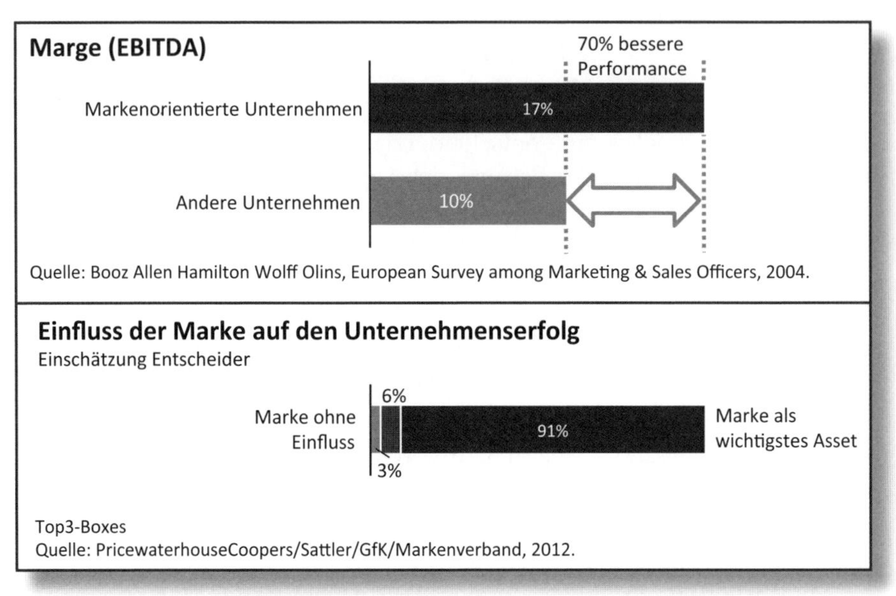

Abbildung 1: Einfluss von Marken auf den Unternehmenswert
Quelle: Harter et al. 2004; PricewaterhouseCoopers 2012

Diese wertsteigernde Wirkung ist auf vielfältige Ursachen zurückzuführen:

1) Markenorientierte Unternehmen steigern **Wachstum und Profitabilität**. Starke Marken wirken positiv auf das Absatzvolumen, denn durch Cross-Selling und Weiterempfehlungen lässt sich bei sinkenden Cost to Serve mehr verkaufen. Zudem sind für Marken Preispremien zu erzielen (Sinclair/Seward 1988, S. 32 f.; Michell/King/Reast 2001, S. 422; Ward/Light/Goldstine 1999, S. 95; Schultz/Schultz 2000, S. 24).
2) Starke Marken **reduzieren das Kaufrisiko** und **schaffen Vertrauen**. Dies ist insbesondere in Branchen relevant, in denen die unmittelbare Leistung nicht direkt erfahrbar und objektiv vergleichbar ist wie z. B. bei Dienstleistungen oder B2B-Produkten. Dies führt zum Aufbau von Markenpräferenzen und stärkt die Markenloyalität (Kemper 2000, S. 126; Shipley/Howard 1993, S. 59; Mudambi 2002, S. 543; Sinclair/Seward 1988, S. 32 f.; von der Oelsnitz 1995, S. 254 f.; Ward/Light/Goldstine 1999, S. 94).

3) Der **Return on Investment starker Marken** ist aus Kundensicht höher als der schwacher Marken. Starke Marken stabilisieren und beschleunigen Free Cashflows, wirken positiv auf den Kapitalmarkt (Kredit- und Kapitalbeschaffung) sowie den Personalmarkt (Mitarbeitergewinnung) (Kriegbaum-Kling 2004, S. 333). Starke Marken wirken somit nicht nur auf den Kunden, sondern auf alle Stakeholdergruppen positiv.

Ein **Beispiel:** Die Heidelberger Druckmaschinen AG kann als Weltmarktführer nicht nur höhere Verkaufspreise als ihre Wettbewerber verlangen, die Kunden erhalten bei ihren Banken für die Finanzierung der teilweise 2 Mio. Euro teuren Maschinen auch ein besseres Rating, wenn sie eine Heidelberg Druckmaschine finanzieren möchten. Zudem ist der Wiederverkaufswert höher als beim Wettbewerb. Somit können auch Kunden des Unternehmens von der starken Marke profitieren, da der Kauf eines Markenproduktes auch finanziell für sie vorteilhaft sein kann (Esch/Elste 2007, S. 32).

Die wertsteigernden Effekte von Markenstrategien unterstreichen:

Eine Marke ist ein zentraler Wertschöpfer im Unternehmen.

Vielfach herrscht jedoch noch ein oberflächliches Markenverständnis. Marken werden oftmals mit Werbung, Kommunikation oder einem Logo gleichgesetzt. Dieses Verständnis greift zu kurz.

Marken sind Vorstellungsbilder in den Köpfen der Anspruchsgruppen, die eine Identifikations- und Differenzierungsfunktion übernehmen und dadurch die Kaufentscheidung maßgeblich prägen (Esch 2012, S. 22).

Markenführung bedeutet die systematische und aktive Ausrichtung aller kundenrelevanten Unternehmensfunktionen, also z. B. Vertrieb, Service/Qualitätsmanagement sowie Produkt- und Preisentwicklung an einem differenzierenden Leistungsversprechen. Dies kann sowohl herausragende Qualität als auch der günstigste Preis sein.

Als isolierte Aufgabe der Marketingverantwortlichen ist die Markenführung in der Organisation jedoch auf verlorenem Posten. Vielfach folgen Vertrieb, Produktentwicklung und Qualitätsmanagement eigenen Imperativen wie z. B. der kurzfristigen Steigerung von Absatz, Prozesseffizienz und Profitabilität, die nicht zwingend kompatibel mit der Markenstrategie sein müssen. Typisches Beispiel hierfür ist der Markt für Fernsehbiere, die alle einem Premiumanspruch folgen. Wenn dann aber zur Erreichung der Absatzziele bis zu zwei Drittel des Umsatzes durch Preisaktionen erzielt werden und man solche Marken an jedem heruntergekommenen Kiosk findet, steht dies im Widerspruch zur Premiumstrategie der Marke. Die fehlende Durchgriffsmöglichkeit der Markenverantwortlichen aus ihrem Wirkungskreis des Marketings auf die anderen markenrelevanten Unternehmensfunktionen ist somit eine der zentralen organisatorischen Herausforderungen. Entsprechend häufig sind Brüche in der Erfüllung des Leistungsversprechens und dem realen Erleben der Marke zu finden. Selbst die stärkste Marke kann weder Produktmängel noch einen schlechten Kundenservice auf Dauer wettmachen. Dies zeigte sich auch bei Volkswagen in den 90er Jahren, als der Einkaufsvorstand Lopez zwar erhebliche Kosten einsparen konnte, daraus aber viele Probleme bei der Zuverlässigkeit der Autos und häufige Werkstattbesuche resultierten. Dieser sogenannte *Lopez-Effekt* ist heute noch bekannt und gilt als Synonym für Kosteneinsparungen, aus denen in der Folge Nachteile für Marke, Händler und Kunden resultierten. Vereinfachte Montageleistungen in der Produktion der Fahrzeuge musste der Kunde durch umfangreichere Reparaturen teuer bezahlen, wie z. B. beim Golf bei der Verlegung des Blinkerrelais in den Warnblinkschalter im Armaturenbrett, wodurch bei einem Defekt des Relais der komplette Warnblinkschalter erneuert werden muss. Eine solche Wirkung ist aber kontraproduktiv für eine Marke wie VW, deren Zuverlässigkeit sprichwörtlich ist. Die eigentliche Herausforderung liegt also darin, die Marke nicht nur erfolgreich erlebbar zu machen, sondern sie an allen kaufentscheidenden Kundenkontaktpunkten konsequent umzusetzen. Erst wenn es gelingt, den Kauf zu animieren und die Loyalität der Kunden deutlich zu steigern, ist eine Marke erfolgreich – ansonsten bleiben Image und Bekanntheit bloßer Selbstzweck. Ein positives Beispiel hierfür ist die Marke Mini: Egal, wo man mit dieser Marke in Berührung kommt, sei es in der Werbung, am Point of Sale beim Händler, auf der Messe, im Internet, beim Auto selbst oder im Verkaufsgespräch – Mini bleibt immer Mini. Obwohl die Marke zur BMW Group gehört, erlebt man Mini beim Händler als eigene Welt. Das geht so weit, dass Mini-Verkäufer anders als BMW-Verkäufer keine Krawatte tragen und viel lockerer und somit markenorientiert auftreten.

Marken beziehen sich also nicht nur auf Produkte und Dienstleistungen, sondern durchziehen alle Unternehmensbereiche und Geschäftsprozesse: Von der Produktentwicklung über das Qualitätsmanagement bis hin zum Verkauf und Service. Die Mitarbeiter bilden eine zentrale Klammer, um die Konsistenz und Belebung des Leistungsversprechens bei allen Interaktionen vor und nach dem Kauf sicherzustellen. Vor diesem Hintergrund kann festgehalten werden:

Markenführung beginnt im Unternehmen und schafft nachhaltigen wirtschaftlichen Erfolg!

Die Markenorientierung ist jedoch nicht für jede Branche und jedes Geschäftsmodell identisch. Zudem gibt es nach wie vor noch Unternehmen, für die eine Markenführung keine Rolle spielt. Booz/Allen/Hamilton (2005) sprechen hier von sogenannten **markenblinden Unternehmen.** Bei den markenorientierten Unternehmen lassen sich hingegen zwei grundlegende Ausrichtungen unterscheiden (Esch 2012, S. 88 f.):

Fall 1: Brand Strategy follows Business Strategy

Aaker und Joachimsthaler (2009) sehen die Rolle der Markenidentität darin, dass diese die Unternehmensstrategie sichtbar umsetzt. Hier gilt der Grundsatz: **„The Brand Strategy is the Face of the Business Strategy"**. Dies ist einleuchtend, bedeutet jedoch auch im Extremfall, dass sich bei jeder Änderung der Unternehmensstrategie oder des Geschäftsmodells auch die Markenstrategie und deren Ausprägung ändern. Ein Beispiel hierfür war lange Jahre die Deutsche Bank, bei der mit jedem Strategiewechsel ein neuer Slogan eingeführt wurde. Zwar hat sich über die letzten Jahre „Leistung aus Leidenschaft" gehalten, aber durch die erneute Refokussierung vom Investmentbanking-Schwerpunkt auf die Beutreuung von Privatkunden kann sich dies möglicherweise wieder ändern. Dies kann Anspruchsgruppen der Bank verwirren. Besser wäre es demzufolge, wenn die Markenidentität die Leitplanken für die Geschäftsmodelle und die Geschäftsstrategie bilden würde. Dies ist bei der BASF SE, das als führendes Chemieunternehmen einen Beitrag zur erfolgreichen Zukunftsgestaltung für seine Partner leisten möchte, der Fall. Geschäftsbereiche, die nicht originär mit der Kompetenz Chemie (BASF: The Chemical Company) zu tun haben, firmieren deshalb nicht unter der Marke BASF. Hier spielt die Marke und deren Markenidentität eine tragende Rolle.

Fall 2: Business Strategy follows Brand Strategy

In diesem Fall richtet sich das komplette Handeln im Unternehmen an der Marke aus. Dies ist z. B. bei Red Bull der Fall: einer Marke, die sich vom Energy Drink hin zu einer medial inszenierten Marke entwickelt hat. Nach dem Motto „Red Bull verleiht Flügel" werden medienwirksam spektakuläre und ungewöhnliche Events markenorientiert und markenstärkend vermarktet, die diesen Anspruch eindrucksvoll einlösen und mit tiefgreifenden Erlebnissen und Events untermauern. Das letzte spektakuläre Beispiel ist das Red Bull-Stratos-Projekt, ein Fallschirmsprung aus der Stratosphäre. Kein anderes Ereignis hat bislang Menschen mehr bewegt, Videos mit anderen zu teilen als dieses Event. Einzelne Videos wurden bis zu 34 Millionen Mal mit anderen geteilt. Die Maxime lautet hier: „Brand Strategy drives Business Strategy". Dies darf jedoch nicht falsch verstanden werden. So wird z. B. im Beiersdorf-

Konzern die Forschung zentral betrieben, allerdings werden die Innovationen je nach Marke bei Nivea oder Eucerin implementiert. Wachstumsplattformen werden klar an der Positionierung der Marken ausgerichtet. Ein solches Verständnis zeichnet sich zunehmend auch bei Ge- und Verbrauchsgütern sowie bei Dienstleistungsunternehmen ab.

Folgt man diesen Ausführungen, so wird klar, dass eine Marke alle Bereiche eines Unternehmens tangiert. Es fängt beim Vorstandsvorsitzenden an und hört beim Pförtner auf. Entsprechend ist das Verständnis der Marke in den Köpfen der Manager und Mitarbeiter unternehmensweit zu verankern, damit diese markenorientiert denken und handeln, um schließlich ein konsistentes Leistungsversprechen bis zum Kundenerlebnis zu transportieren. Gelingt dies erfolgreich, können erhöhte Kundenzufriedenheit und Weiterempfehlungen Umsätze sichern und ausbauen. Dieser interne Fokus der Markenführung wurde in den letzten Jahrzehnten stark vernachlässigt und ist in den letzten Jahren stark unter den Begriffen Interne Markenführung, Employer Branding oder Behavioral Branding (im dt. Sprachraum sowie Brand Activation, -Engagement, -Enactment oder -Alignment im engl. Sprachraum) in den Mittelpunkt der Diskussion gerückt.

Dieses Buch gibt einen umfassenden Einblick in verschiedene Anwendungsfelder der internen Markenführung, Best Practice Fallbeispiele sowie konkrete Methoden, um die Marke in das eigene Unternehmen zu tragen. Für eine erste Standortbestimmung versuchen Sie die folgenden Fragen zu beantworten.

Quick-Check: Wie markenorientiert ist Ihr Unternehmen?
Inwieweit treffen folgende Aussagen auf Ihr Unternehmen zu?

1) Ihr Unternehmen betrachtet eine Marke als zentrales immaterielles Gut und Wertschöpfer. Die Markenstärke liegt über dem Branchendurchschnitt.
2) Eine Marke ist in ihrem Unternehmen mehr als nur ein Kommunikationsthema. Die Marke wird als zentrale Plattform verstanden, um die Unternehmensstrategie mit Kunden und Mitarbeitern zu verbinden.
3) Die Markenmanagementprozesse sind nahtlos in die Abläufe des Unternehmens integriert. „Branding“ ist keine isolierte Unternehmensfunktion oder nur ein Thema in der Kommunikations- oder Marketingabteilung.
4) Erfolg wird durch Kundenorientierung erzielt. Die Marke ist hierbei der Nukleus für Produkte, Services und die eigenen Mitarbeiter.

5) Die Geschäftsleitung überwacht die Entwicklung der Marken, die operative Verantwortung für die Marke selbst liegt auf der mittleren Managementebene.
6) Alle Mitarbeiter erkennen die Bedeutung der Marke als Wertschöpfer und haben ein einheitliches Verständnis. Die Kraft der Marke ist ein zentraler Grund für den Eintritt der Mitarbeiter in das Unternehmen gewesen. Die Handlungen der Mitarbeiter orientieren sich an den Markenwerten und tragen zur Stärkung der Marke bei. Dies wird durch Anreizsysteme gestützt.
7) Die Marketingabteilung kann den erwarteten Return on Investment aufzeigen. Studien geben Aufschluss über die Kundenbedürfnisse und die Erfolgswirkung bisheriger Maßnahmen. Die Aktivitäten der Marketingabteilung sind stark an den Markenwerten orientiert.
8) Es existieren IT-gestützte Brand Management-Systeme, um Daten zu erfassen, Kundendaten zu segmentieren und gezielt mit Marketingmaßnahmen zu bearbeiten.
9) Zentrale Kenngrößen (KPIs) sind vorhanden, um auf kontinuierlicher Basis den Markenerfolg zu messen und Maßnahmen zu planen.
10) Sowohl die Markenstärke als auch der Markenerfolg werden kontinuierlich erfasst. Die zentralen Marken- und Kaufentscheidungstreiber sind bekannt und werden in der Kommunikation und im Vertrieb aktiv genutzt.

Quelle: Harter et al. 2004

2. Mitarbeiter als wichtigster Customer Touchpoint in der Interaktion mit Marken

Starke Marken entstehen nicht allein durch Werbung oder ein aussagekräftiges Leistungsversprechen. Kunden haben jeden Tag viele unterschiedliche Kontaktpunkte mit einer Marke. Alle diese Eindrücke prägen nachhaltig das ganzheitliche Image einer Marke. Dies gilt für Konsumgüter wie für Industriegüter oder Dienstleistungen gleichermaßen. Im Gegensatz zu den B2C-Märkten haben B2B-Unternehmen hier einen entscheidenden Vorteil. Sie stehen in direktem Kontakt mit ihren Kunden und können daher ihre Marke durch persönlichen Kontakt transportieren, anstatt nur über teure Werbekampagnen mit hohen Streuverlusten zu agieren. Das Beispiel der Kundeninteraktion mit Hilti (Abbildung 2) verdeutlicht, wie vielseitig die Berührungspunkte und Interaktionen mit einer Marke sein können.

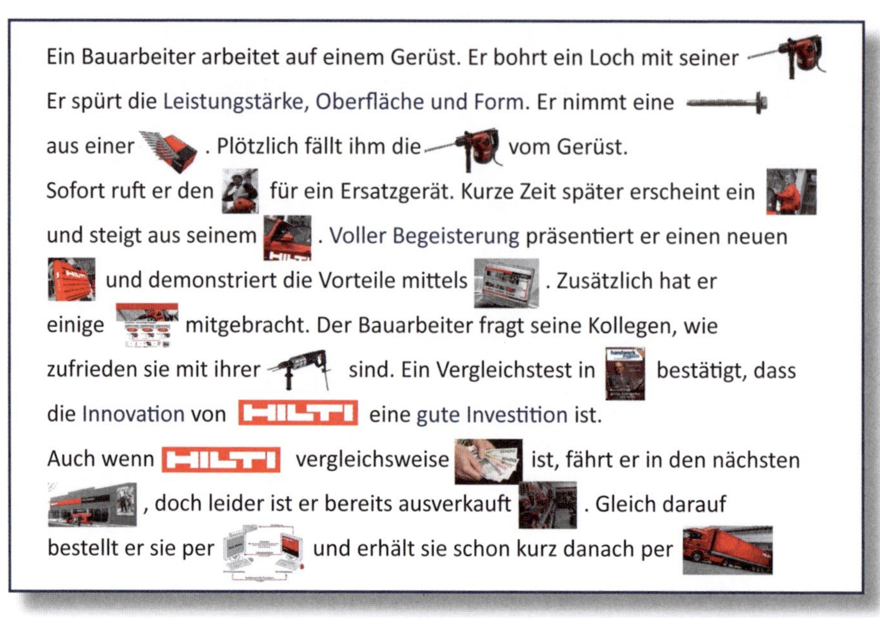

Abbildung 2: Customer Touchpoints mit der Marke Hilti
Quelle: Hilti 2006

Wie das Beispiel plakativ zeigt, üben nicht nur mediale Interaktionen mit Broschüren oder Werbung einen Einfluss auf die Wahrnehmung einer Marke aus. Natürlich spielt hier auch das Spüren der überlegenen Qualität der Hilti-Bohrmaschinen eine wichtige Rolle. Der Umgang mit dem Hilti-Koffer, wo man alles bequem am richten Platz findet. Und vor allem die Mitarbeiter, die bei Problemen am Bau immer zur Stelle sind, wenn es brennt – auch am Wochenende. Zwischenzeitlich ist es bei Hilti sogar so, dass die stärkste Differenzierung zum Wettbewerb nicht mehr alleine von den Produkten ausgeht, sondern vom herausragenden und leistungsstarken Service. Kommunikation vollzieht sich somit über die unterschiedlichsten Kontaktpunkte.

Watzlawick stellte daher treffend fest:

„Man kann nicht nicht kommunizieren“ (Watzlawick et al. 1967). Markenbildung findet somit immer statt – ob gewollt oder nicht. Marken sind immer auf Sendung.

Das Management von Marken darf deshalb nicht dem Zufall überlassen werden, sondern muss an allen relevanten Customer Touchpoints aktiv erfolgen. Customer Touchpoints stellen alle Berührungspunkte mit einer Marke dar. Als zentrale „Moments of Truth“ müssen sie jeden Tag das Markenversprechen erfüllen. Dabei spielt es keine Rolle, ob der Kontakt vom Unternehmen gewünscht ist oder nicht. Kurzum:

Markenbildung ist keine Initiative, sondern vollzieht sich automatisch.

Idealerweise sind Marken aktiv zu steuern. Sie bedürfen ähnlich systematischer und kontinuierlicher Steuerungsprozesse wie Produktion oder Entwicklung. Jeder einzelne Customer Touchpoint der Marke ist ein Sprachrohr für das Leistungsversprechen eines Unternehmens oder eines Produktes. Zwar investierten viele Unternehmen jährlich zweistellige Millionenbeträge in ihre Markenkampagnen, die Wirkung solcher Marketingbudgets ist jedoch vergleichsweise gering im Vergleich zur Wirkung eines persönlichen Kontaktes mit einem Mitarbeiter. Gerade in Branchen mit hoher Dienstleistungsintensität oder einem starken Commoditisierungsgrad der Leistung

Abbildung 3: Markenkampagne der Deutschen Post
Quelle: Deutsche Post; Effie 2008

stellen Mitarbeiter oft die einzige Möglichkeit dar, überhaupt noch einen Differenzierungsvorteil zu erreichen. Die Deutsche Post entschied sich in einer Werbekampagne dafür, das zentralste Differenzierungsmerkmal gegenüber seinen Wettbewerbern stärker in den Fokus zu stellen: den Briefträger. Die Kampagne dramatisierte in einer heroisierenden Tonalität die gewaltigen Anstrengungen, die täglich rund 80.000 Postboten auf sich nehmen. Dies erfolgte unter dem Claim „Für Ihren Brief geben wir einfach alles". Die Deutsche Post hat verstanden, dass der persönliche Kontakt nach der direkten Produkterfahrung der wirkungsvollste Customer Touchpoint überhaupt ist (Effie 2008).

Die Herausstellung des Mitarbeiters und seiner Leistung ist deshalb wichtig, weil nach der klassischen Werbung die Zufriedenheit mit dem Verkaufsgespräch den stärksten Einfluss auf die Einstellung zu einer Marke hat (Tomczak/Esch et al. 2007). Mitarbeiter sind somit die wichtigsten Botschafter einer Marke überhaupt. Jeder Kundenkontakt trägt zur Markenbildung bei – im Positiven oder Negativen. Der CEO von Honeywell, David Cote, hält im Markenhandbuch fest: „Every Honeywell employee is a brand ambassador. With every customer contact and whenever we represent Honeywell, we have the opportunity either to strengthen the Honeywell brand or to cause it to lose some of its luster and prestige. Generations of Honeywell employees have built our powerful brands with their hard work,

Abbildung 4: Mitarbeiter in Markenkampagnen von Tuifly
Quelle: Tuifly/Scholz&Friends 2009

spirit of innovation, passion for quality, and commitment to customers." (Honeywell Brand Guidelines 2004).

Zahlreiche Unternehmen haben in den letzten Jahrzehnten die eigenen Mitarbeiter als zentrale Zielgruppe für die Markenführung wiederentdeckt:

Mitarbeiter machen den Unterschied und sind das Gesicht der Marke!

In Branchen wie der Luftfahrt sind Mitarbeiter die einzige Chance, über die Leistungsangebote hinaus real erfahrbare Unterschiede zu schaffen. So betont die Tuifly eindringlich den Unterschied durch ihre Mitarbeiter „Sie fliegen nicht mit einer Maschine. Sie fliegen mit uns.". Dieser Unterschied ist selbst innerhalb eines Konzerns spürbar. So ist ein Flug bei der Lufthansa, bei der Austrian oder bei der Swiss ein völlig unterschiedliches Flugerlebnis, das durch kulturelle Hintergründe und Prozesse maßgeblich geprägt wird.

3. Markencommitment von Mitarbeitern als zentraler Wertschöpfungstreiber

Die unvergesslichsten Erlebnisse mit einer Marke werden durch den aktiven Einsatz und das Engagement der Mitarbeiter geschaffen. Das bedeutet allerdings auch: Nur wenn die Mitarbeiter motiviert und bereit sind mehr zu leisten, kann das Markenversprechen auch erfolgreich in die Tat umgesetzt werden. **Mitarbeiter mit hohem Commitment zur Marke werden selbst zu Botschaftern der Marke.**

Unternehmen wie Linde, 3M oder IKEA zeichnen sich durch besondere Markenorientierung aus. Diese Unternehmen haben gemeinsam, dass sie die Kraft ihrer Marken intern verstehen und dies erfolgreich kapitalisieren. Auch ihre Mitarbeiter haben die Markenwerte verinnerlicht und agieren aktiv als Botschafter ihrer Marke (Dunn/Davis 2003, S. 35; Macrae 1999, S. 3). Erst wenn Mitarbeiter dieses Verständnis für die Unternehmensmarke entwickeln und ihren Beitrag zur Gestaltung des Erfolges erkennen, steigt ihr Commitment und die Bereitschaft, sich stärker zu engagieren (LePla/Parker 1999; Mitchell 2002). Hierdurch können Unternehmen nachweislich bessere finanzielle Ergebnisse erzielen (Friedman/Hatch/Walker 1998; Grant 1998, S. 12).

Die Wirklichkeit in deutschen Unternehmen ist allerdings mehr als ernüchternd (Abbildung 5):

1) **85 Prozent aller Mitarbeiter haben kein Commitment mit ihrem Unternehmen.** 61 Prozent machen Dienst nach Vorschrift und 24 Prozent

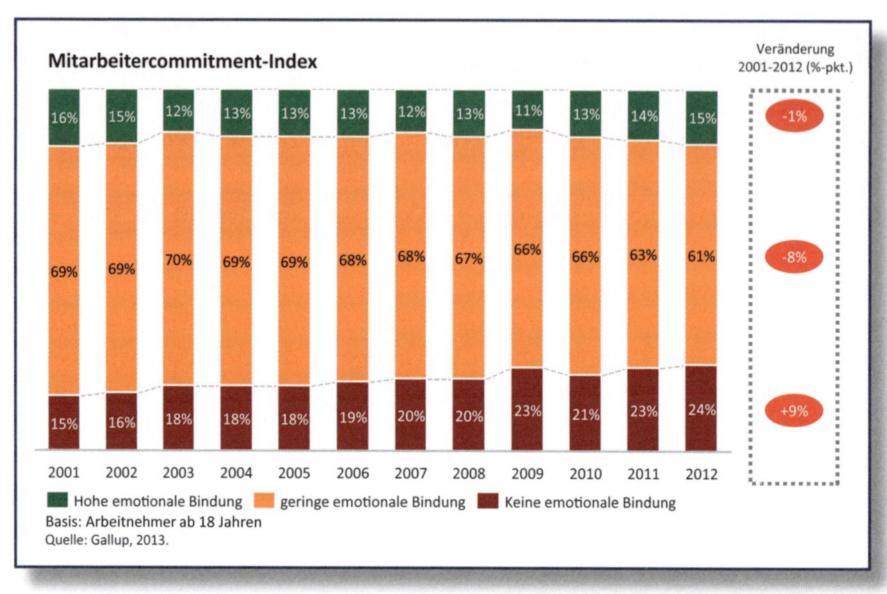

Abbildung 5: Mitarbeitercommitment in Deutschland 2001–2012
Quelle: Gallup 2013

haben bereits innerlich gekündigt. Gerade einmal 15 Prozent fühlen sich ihrem Unternehmen stark verbunden und würden sich überdurchschnittlich engagieren. Interessanterweise hat sich dieser Wert über die Jahre von 2001 bis 2012 kaum verändert. Dagegen spüren 61 Prozent der Arbeitnehmer keine echte Verpflichtung gegenüber ihrem Arbeitgeber, d.h. sie engagieren sich nicht. Darüber hinaus ist der Anteil der Mitarbeiter, die sich „aktiv" nicht engagieren, sondern quasi verweigern, sogar auf 24 Prozent gewachsen. Das bedeutet, dass jeder vierte Mitarbeiter in Deutschland bereits innerlich gekündigt hat. Der daraus erwachsende Schaden durch schwache Mitarbeiterbindung, Fluktuation, Fehltage und geringe Produktivität wird von Gallup alleine in Deutschland auf 122 Mrd. Euro beziffert (Abbildung 5; Gallup 2013).

2) **75 Prozent der europäischen Arbeitnehmer schämen sich für ihren Arbeitgeber** und reden daher überhaupt nicht über ihn. Nur knapp 45 Prozent der Befragten würden ihren Arbeitgeber bedenkenlos weiterempfehlen (Stepstone 2011). Darüber hinaus sind **23 Prozent der europäischen Mitarbeiter wirklich glücklich mit ihrem Arbeitgeber** (Stepstone 2004).

3) TNS stützt diese Ergebnisse: So lassen sich mittels des TNS EmployeeScore (2002) explizit Marken und Funktionen eines Unternehmens differenzieren. Den Studienergebnissen (bei weltweit fast 20.000 befragten Mitarbeitern) zufolge fühlen sich Mitarbeiter mehr an ihre Arbeit gebunden als an ihr Unternehmen (Abbildung 6). Das heißt, dass

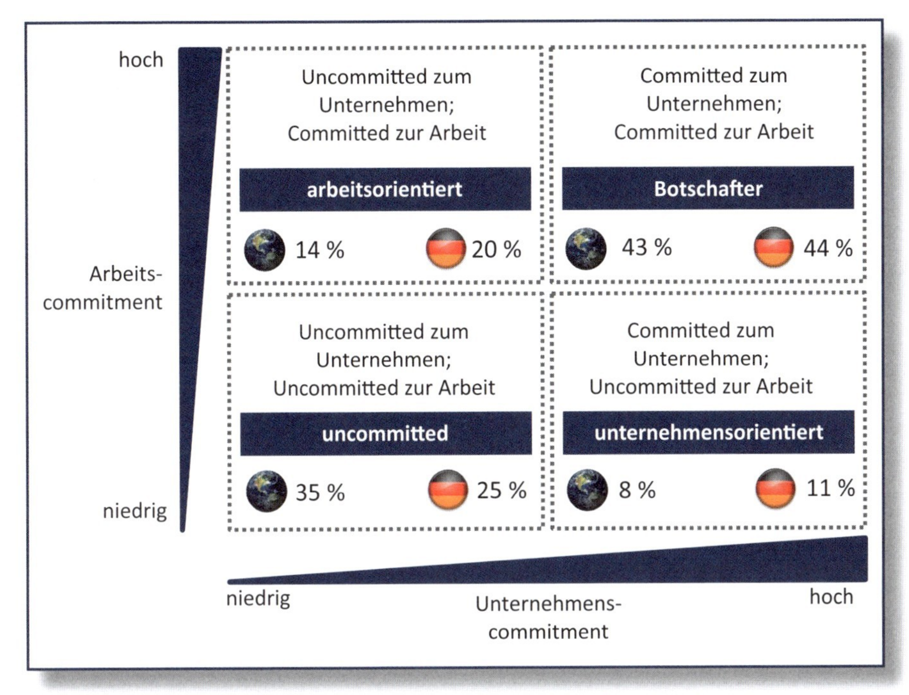

Abbildung 6: Commitment in Deutschland und weltweit
Quelle: TNS 2002

Mitarbeiter ihr Unternehmen verlassen würden, wenn ihnen von einem anderen Unternehmen die gleiche Arbeit unter besseren Konditionen geboten würde.

Die Ursachen für mangelndes Commitment sind jedoch nicht allein bei den Mitarbeitern zu suchen. Denn:

Mitarbeiter kommen wegen Marken und Produkten und gehen wegen Chefs und Kollegen.

Oftmals ist es die unmittelbare Führung sowie die Orientierungslosigkeit im Unternehmen, die zu fehlendem Commitment bei Mitarbeitern führt. D.h. es muss für den Mitarbeiter auch verständlich sein, wofür er sich eigentlich einsetzen soll. Marken und Unternehmen fehlt es oftmals an Identität und Selbstverständnis, um als Identifikationsanker für die Mitarbeiter dienen zu können. In einer Studie von Towers Watson (2012) konnten bei insgesamt 40.000 Mitarbeitern aller Hierarchiestufen folgende drei Herausforderungen identifiziert werden:

1) **Mangelnde Information:** Nur 58 Prozent der Manager kommunizieren eine klare Vision und Ziele.

2) **Mangelnde Konsistenz:** Gerade einmal 54 Prozent der Manager handeln auch nach den selbst definierten Grundsätzen.
3) **Enablement von Mitarbeitern:** Nur 49 Prozent der Manager ermutigen und befähigen Mitarbeiter dazu, die Leistung zu verbessern.

Nur wenn das Top-Management die Marke vorlebt, kann die Marke auch bei den Mitarbeitern durchgesetzt werden. Es darf deshalb nicht verwundern, dass Mitarbeiter in Unternehmen wie Würth oder dm die Markenwerte aktiv leben und ein hohes Commitment zum Arbeitgeber aufweisen. Unternehmerpersönlichkeiten wie Reinhold Würth oder Götz Werner haben die Unternehmen mit ihrer Philosophie über Jahre geprägt. Die Gemeinsamkeit dieser Unternehmen lässt sich in der Bedeutung der Marke und einer klaren Identität erkennen. Unternehmen müssen sich ihrer Identität bewusst sein, damit sie als Identifikationsanker für die Mitarbeiter dienen können.

B. Mitarbeiter in die Markenstrategie einbeziehen

1. Markenidentität und -positionierung mit Handlungsrelevanz entwickeln

Die Markenidentität drückt aus, wofür eine Marke steht und beschreibt deren wesensprägenden Merkmale. Während das Markenimage das Fremdbild in den Köpfen der Anspruchsgruppen ist, handelt es sich bei der Markenidentität um das Selbstbild der Marke aus Sicht des Unternehmens und dessen Mitarbeiter. Die Markenidentität gibt vor, welche Nutzen, Eigenschaften, Gefühlswelten und Erlebnisse einer Marke an externe Anspruchsgruppen zu vermitteln sind. Nach innen vermittelt sie die Leitplanken für das Handeln, damit alle für den Kunden sichtbaren Maßnahmen aus einem Guss gestaltet werden können und die Inhalte der Markenidentität konsistent vermittelt werden.

Die Markenidentität gibt die Leitplanken für markenorientiertes Handeln und die wirksame Umsetzung der Marke in kommunikative Maßnahmen vor.

Die Markenidentität steht im Zentrum der Markenstrategie und bildet das Fundament der Markenführung. So wie ein starkes Fundament sollte sie einer Marke Halt und Kontinuität geben. Für viele Unternehmen ist die Suche nach der eigenen Identität jedoch eine Dauerbeschäftigung. Je nach Zeitgeist und Mode werden unterschiedliche Werte fokussiert – heute traditionell, morgen umweltbewusst. Die Marke Opel ist dafür ein Beispiel. Als eine der starken Marken mit hohem Marktanteil ist Opel heute nach jahrelangen Zick-Zack-Bewegungen fast in der Bedeutungslosigkeit verschwunden. Dem Erfolg stehen nicht die Modelle und die Qualität im Wege, sondern das Markenimage. Marken müssen sich selbst treu bleiben und können nur den Raum belegen, der glaubhaft und authentisch für die Marke steht. Als Wurzel der Marke spiegelt die Identität alle charakteristischen Merkmale einer Marke wider. Diese gilt es zukunftsorientiert zu interpretieren. Gerade bei starken Marken ist die Identität über Jahre hinweg gereift und das Markenimage im Zuge eines langfristigen Lernprozesses in den Köpfen der Zielgruppen fest verankert.

Marketingmaßnahmen wirken häufig implizit und beiläufig, das heißt ohne dass man viel darüber nachdenkt, so dass die Inhalte zur Marke ohne gedankliche Kontrolle aufgenommen werden. Man sieht ein Auto flüchtig im Straßenverkehr, das einem gefällt oder man schaut beiläufig einen Werbespot für eine Automobilmarke. Deshalb ist es sinnvoll, zwischen expliziten und eher impliziten Inhalten zu unterscheiden. Gerade bei vergleichbaren Angeboten verlieren „hard facts", mit denen man sich gedanklich gesteuert auseinandersetzt, an Bedeutung. Umgekehrt wächst die Bedeutung so genannter „soft facts", also von Gefühlen und nonverbalen Eindrücken in der Kommunikation, die das Bild zur Marke prägen. Neueren Erkenntnissen zufolge besteht der zentrale Unterschied zwischen starken Marken und schwachen Marken darin, dass starke Marken wie BMW, Porsche oder Google positive Emotionen hervorrufen, schwache Marken wie Opel oder Privileg hingegen negative Gefühle auslösen (Möll 2007; Esch et al. 2008; 2012). Es gilt sie demnach entsprechend zu bestimmen und zu managen. Dies wird bei dem Markensteuerrad berücksichtigt (Abbildung 7).

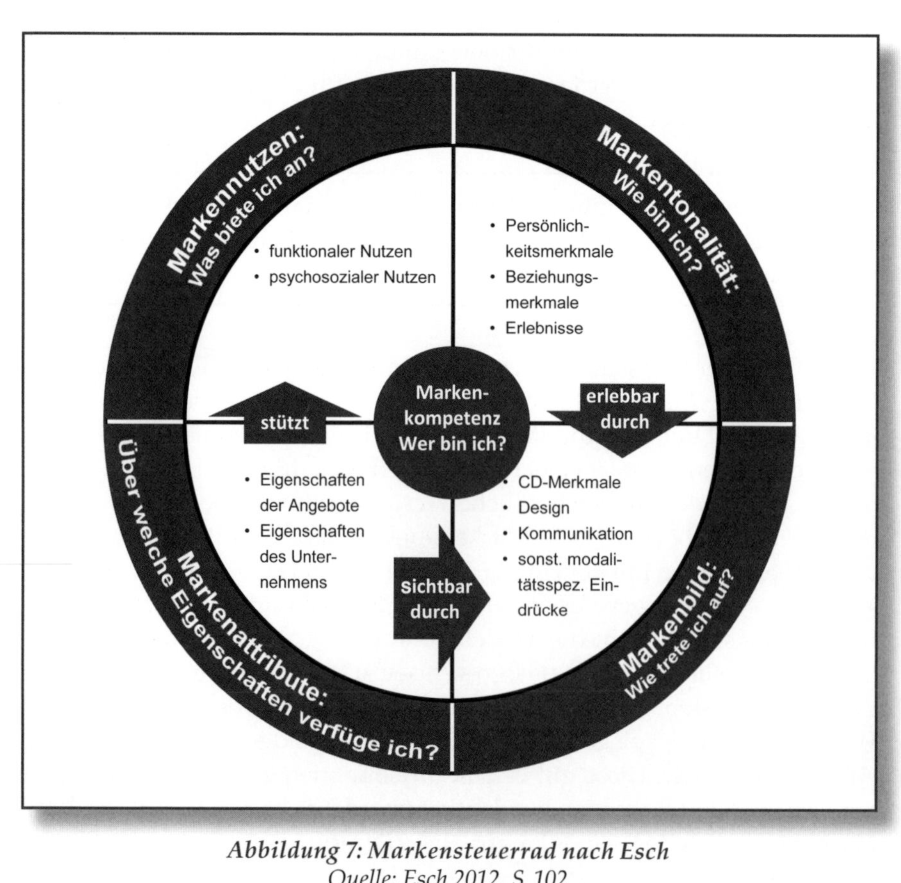

Abbildung 7: Markensteuerrad nach Esch
Quelle: Esch 2012, S. 102

Im linken Teil des Markensteuerrads werden die **„hard facts" zur Marke** erfasst.

1) **Markenattribute: Über welche Eigenschaften verfügt die Marke?** Hierbei kann es sich um Eigenschaften des Angebots selbst handeln (z. B. Allradantrieb oder eine Aluminiumkarosserie bei Audi) oder um Eigenschaften des Unternehmens (z. B. Toyota: weltweit größter Automobilhersteller).
2) **Markennutzen: Was biete ich an?** Grundsätzlich gilt: Kunden kaufen keine Eigenschaften, sondern Nutzen (Rothschild 1987, S. 156). Deshalb ist die Trennung zwischen Nutzen und Eigenschaften wichtig. Zudem bedarf es zur Erbringung eines Nutzens immer einer Begründung durch entsprechende Eigenschaften, z. B. ist ein Mercedes-Benz ein besonders sicheres Auto, weil es über eine Fülle von Assistenz-Systemen zur Erhöhung der Sicherheit verfügt. Bei den Nutzen wiederum lassen sich vereinfacht gesprochen eher sachlich-funktionale („Skoda hat ein sehr gutes Preis-Leistungs-Verhältnis") und psychosoziale Nutzen („Mercedes-Benz bietet mir Prestige") unterscheiden.

In dem Feld der Nutzen und Attribute fühlen sich Manager meist zu Hause. Allerdings klafft hier meist eine Lücke hinsichtlich der Relevanz der Nutzen für Kunden sowie der Hierarchisierung der Nutzen. Hier geht es darum konkret zu ermitteln, welche Nutzen bei welchen Kundenzielgruppen und Segmenten wichtig sind und wie die Reihenfolge der Wichtigkeit ist. Zudem werden teilweise auch Nutzen genannt, die noch nicht hinreichend mit Attributen hinterlegt sind, was darauf schließen lässt, dass die Marke den Nutzen noch nicht in der Form erbringen kann, wie es wünschenswert wäre (Esch 2012, S. 103 f.). Sicherlich wollen viele Automobilmarken für sportliches Fahren stehen, es wird aber nur mit wenigen verbunden.

Auf der rechten Seite des Markensteuerrads werden die **„soft facts" zur Marke** erfasst. Dies sind (Esch/Hanisch 2013):

Markentonalität: Wie bin ich? Diese dient der Erfassung der Emotionen und Gefühlswelten, die mit einer Marke verknüpft werden sollen. Zur Erfassung der Tonalitäten dienen drei Zugänge:

1) Der Zugang über die **Markenpersönlichkeit:** Marken können wie Menschen Persönlichkeitsmerkmale aufweisen. Oft werden Marken deshalb präferiert, weil sie der Persönlichkeit des Kunden entsprechen oder eine Persönlichkeit aufweisen, die sich der Kunde wünscht. Man kauft einen Porsche, weil man sportlich ist oder es gerne wäre. Mini wird sicherlich eher als jung, Mercedes-Benz hingegen als eher älter und seriös beschrieben.
2) Der Zugang über **Markenbeziehungen:** Marken können Beziehungen zu Kunden pflegen und umgekehrt. So ist die Beziehung zu Mercedes-Benz

eher autoritär und formell, zu Mini hingegen eher freundschaftlich und unkompliziert.

3) Der Zugang über **Markenerlebnisse**: So wird BMW mit Sportlichkeit verknüpft, Ferrari mit italienisch, rassig und schön, Bentley hingegen als gediegen.

Markenbild: Wie trete ich auf? Hierbei kann es sich um visuelle Merkmale handeln, wie z. B. CD-Merkmale wie den Mercedes-Stern oder das prägnante BMW-Logo, Farben und Formen (z. B. das Rot von Ferrari), Produktformen wie die des klassischen Porsche 911, Schlüsselbilder wie der Marlboro-Cowboy bzw. die Insel im See bei Krombacher oder Präsenzsignale wie das Michelin-Männchen oder das Lacoste-Krokodil bis hin zu Gebäuden wie den BMW-Turm in München, aber auch um markenspezifische Gerüche (z. B. der Leder- und Holzgeruch in einem Bentley), Klangerlebnisse wie bei dem Sound-Logo von Audi oder auch haptische Erlebnisse, z. B. bei den Bedienelementen im Auto (Esch 2012, S. 314 ff.).

In der Mitte des Markensteuerrads wird die **Markenkompetenz** festgehalten:

Wer bin ich?

Die Markenkompetenz kann sich auf die Markenhistorie und die Zeitdauer der Marke im Markt beziehen (Mercedes-Benz: der Erfinder des Automobils, seit 125 Jahren im Markt), die Herkunft der Marke (Volkswagen: Made in Germany), die Rolle der Marke im Markt (Volkswagen als Marktführer in Deutschland, Dacia als billiger Herausforderer der etablierten Marken) oder auf zentrale Markenassets, etwa durch spezielle Produktionsverfahren, Fertigungstechniken, Forschungs- und Entwicklungs-Know-how, Wissensvorsprung, Kundenzugang usw. (z. B. die Modularisierung im Volkswagen-Konzern oder das Design bei Audi) (Esch/Hanisch 2013).

Für die Markenidentität gilt: Das Ganze ist mehr als die Summe seiner Teile.

Demzufolge ist es essentiell zu prüfen, ob die einzelnen Quadranten des Markensteuerrades wie Zahnräder ineinander greifen: Diese sollen sich gegenseitig ergänzen und verstärken, um somit ein „Big Picture" zur Marke zu erzeugen. Der Grund ist einfach: Viele darin festgelegte Eigenschaften beeinflussen sich gegenseitig. So schließt man z. B. vom Design eines Autos darauf, ob dieses robust ist (wie beim Range Rover) oder sportlich und schnell (wie bei Ferrari). Das Geräusch beim Zuschlagen der Autotür kann die Solidität und Qualität des Autos unterstreichen, ebenso wie der Sound des Motors die Einschätzung der Sportlichkeit beeinflusst. Entsprechend ist zu prüfen, dass sich die in den jeweiligen Quadranten festgelegten Identitätsmerkmale auch wirklich ergänzen und nicht in gegenläufige Richtungen gehen.

Abbildung 8: Linke und rechte Hemisphäre des menschlichen Gehirns
Quelle: Mercedes-Benz 2011

Die Markenidentität stellt den Ausgangspunkt für die **Markenpositionierung** dar. Vor dem Hintergrund der heute herrschenden, drastischen Markt- und Kommunikationsbedingungen wäre es ein hoffnungsloses Unterfangen, eine Markenidentität in ihrer Gänze mit allen unterschiedlichen Identitätsfacetten in der Kommunikation vermitteln zu wollen. Deshalb bildet heute eine prägnante Positionierung mehr denn je die Grundlage des Markenerfolgs.

Die Markenpositionierung dient zur Abgrenzung der eigenen Marke von Konkurrenzmarken. Die gewählten Positionierungseigenschaften müssen dabei den Wünschen und Bedürfnissen der Konsumenten entsprechen und für diese relevant sein (Esch 2012, S. 157 ff.). Im Zuge der Positionierung erfolgt eine Fokussierung auf die wichtigsten Facetten der Markenidentität. Es gilt die Attribute zu identifizieren, die langfristig über die größte Kundenrelevanz verfügen und die die Marke von konkurrierenden Angeboten deutlich abgrenzen.

Best Practice-Fallstudie: BASF – Identität für „The Chemical Company"

Herausforderung:
Im Jahr 2002 analysierte das Führungsteam der BASF intensiv die Rahmenbedingungen des Unternehmens und stellte die bisherige Unternehmensstrategie auf den Prüfstand. Das Ergebnis war die Strategie BASF 2015. Verbunden mit der Entwicklung der Strategie BASF 2015 war die Erarbeitung einer Positionierung für die Unternehmensmarke BASF und eine daraus abgeleitete Überarbeitung des kommunikativen Auftritts der BASF.

Vorgehensweise:
Im ersten Schritt wurde durch Befragungen und Imagestudien in Asien, Europa, Nord- und Südamerika ermittelt, wie die BASF von ihren externen Zielgruppen gesehen wird. Zur Ermittlung der internen Sicht auf das eigene Unternehmen wurden Management-Interviews und Mitarbeiter-Fokusgruppen durchgeführt.

In Workshops mit Top-Führungskräften aus allen Regionen wurde auf Grundlage der internen und externen Sichtweise auf die BASF sowie der BASF-Strategie die Markenpositionierung entwickelt. Dies geschah in enger Koordination mit der Zentralabteilung Strategische Planung und ausgewählten operativen Geschäftseinheiten aus allen Regionen. Die Entscheidung über die Einführung der neuen Markenpositionierung sowie des neuen Markenauftritts traf der Vorstand der damaligen BASF Aktiengesellschaft.

Ergebnisse:
Allgemein zeigte sich: Die BASF genießt ein hohes Niveau an Sympathie, Vertrauen und Loyalität. Dennoch war das Wissen der Kunden, der Öffentlichkeit und selbst der eigenen Mitarbeiter über die BASF oft lückenhaft.

Die Kernaussage der Positionierung lautet: BASF will erlebt werden als das führende Unternehmen der chemischen Industrie, das gemeinsam mit seinen Partnern zukünftige Erfolgspotenziale erschließt. Hierzu pflegt und entwickelt die BASF Partnerschaften, die von Vertrauen und gegenseitigem Respekt gekennzeichnet sind. Mit intelligenten Lösungen trägt die BASF dazu bei, die Zukunft erfolgreich und nachhaltig zu gestalten.

Der Schlüssel zum Erfolg des Unternehmens sind die Mitarbeiter, die mit Leidenschaft, Pioniergeist und Kompetenz dazu beitragen wollen, die Zukunft der BASF erfolgreich zu gestalten. Basierend auf der Positionierung entwickelte die BASF aus diesem Grund die Brand Vision und -Mission sowie drei Markenkernwerte, um den Mitarbeiter der BASF kurze und prägnante Leitlinien zu geben.

1) In der **Brand Vision** formulierte die BASF den Zukunftsanspruch an sich selbst:

   BASF ist das weltweit führende Unternehmen der chemischen Industrie.

2) Die **Brand Mission** formuliert, wie die BASF ihre Brand Vision verwirklichen kann:

   Mit intelligenten Lösungen helfen wir, Zukunft erfolgreich zu gestalten.

3) **Markenkernwerte:**

   Grundlage für die Konsistenz der Kommunikationsthemen und -auftritte ist die aus der Markenpositionierung abgeleitete Werte-Themen-Matrix. Wesentlicher Zweck dieses Werkzeugs ist die Fokussierung der Darstellung der BASF und damit der wahrgenommenen Markenpersönlichkeit.

   Die drei definierten Markenwerte machen den langfristigen Ansatz der Markenpositionierung der BASF deutlich. Sie sollen langfristig die Außenwahrnehmung prägen. Die drei Markenwerte ergänzen sich und bilden zusammen die Basis des Verhaltens aller BASF-Mitarbeiter. Sie drücken aus:

Wie die Mitarbeiter denken:	in neuen, von Pioniergeist geprägten Ansätzen;
Wie sie handeln:	fachgerecht und kompetent;
Wie sie sich emotional engagieren:	mit größter Begeisterung für ihre Aufgaben.

   Ausformuliert heißen diese Werte für alle BASF-Mitarbeiter:

   Pioneering: Gemeinsam mit unseren Partnern suchen wir nach neuen Möglichkeiten und Herausforderungen. Mit unseren einzigartigen Möglichkeiten streben wir aus eigenem Antrieb danach, die gesteckten Ziele zu erreichen.

   Professional: In allem, was wir tun, versuchen wir die höchsten Anforderungen an unser Können und unsere Einsatzbereitschaft zu erfüllen. Wir sind fachlich kompetent, vertrauen auf dieses Können und setzen es gezielt ein.

   Passionate: Jeder von uns setzt sich persönlich – mit ganzem Herzen und größter Begeisterung – für unsere Partner und den gemeinsamen Erfolg ein.

Durch den Markenrelaunch sollte eine klare und unverwechselbare Identität der Marke BASF geschaffen werden, um das Unternehmen auf die Herausforderungen der Zukunft vorzubereiten. Dazu sollten Bekanntheit und Wertschätzung der BASF bei den definierten Zielgruppen gesteigert werden, um Präferenz zu schaffen und Loyalität zu fördern.

Quellen: Gress/Kiefer/Esch/Roth 2008; Schubert/Grünewald 2007

2. Markenkernwerte als Nukleus für das Denken, Fühlen und Handeln der Mitarbeiter ableiten

Die Identität einer Marke bildet das umfassende Rückgrat einer jeden Marke und definiert umfassend ihren wesensprägenden Charakter. Darüber hinaus empfiehlt sich für eine Operationalisierung für Mitarbeiter die Definition von Markenkernwerten:

1) Die Markenkernwerte sind die essenziellen und dauerhaften Grundsätze einer Marke und definieren konkret, wofür diese steht. Sie sind ein fokussiertes Set von zeitlos geltenden Prinzipien, die als Richtschnur für alle Mitarbeiter Gültigkeit hat.
2) Sie drücken die Überzeugungen einer Marke aus und wie sich die Mitarbeiter verhalten sollen. Sie sind Grundlage für alles, was eine Marke macht und wie sie es macht – innerhalb des Unternehmens und gegenüber Kunden, Geschäftspartnern. Damit gewinnen die Markenkernwerte für die interne Markenführung besonders an Relevanz.
3) Generell schaffen Markenkernwerte eine sinnvolle und einfach nachvollziehbare Konkretisierung der Markenidentität. Die Identität der Marke BMW steht z. B. für Freude am Fahren. Die Markenkernwerte sind herausfordernd, kultiviert und dynamisch. Sie eignen sich für die Kommunikation an die breite Masse an Mitarbeitern auf allen Hierarchieebenen. Für eine breite Kommunikation und Umsetzung bei allen Mitarbeitern ist es sinnvoll, die Markenidentität in drei bis vier Kernwerten zu fokussieren.
4) Zielgruppe der Markenkernwerte sind die eigenen Mitarbeiter, aktuelle und potenzielle Kunden. Nur wenn die eigenen Mitarbeiter verstanden haben, wofür die Marke einsteht, kann ein Leistungsversprechen konsistent an den Kunden gegeben werden.
5) Die Kernwerte dürfen allerdings nicht mit Geschäftsstrategien, Handlungspraktiken oder kulturellen Normen verwechselt werden. Sie un-

terliegen hierdurch keiner Mode oder Trenderscheinung. Oberflächliche Formulierungen, Slogans oder Standardfloskeln sind daher zu vermeiden.

Die Marke Faber-Castell hat sich für eine konsequente Markenführung vier Kernwerte als Richtschnur für das Handeln des Unternehmens, seiner Mitarbeiter und seiner Geschäftspartner definiert. So hält Graf von Faber-

KOMPETENZ & TRADITION

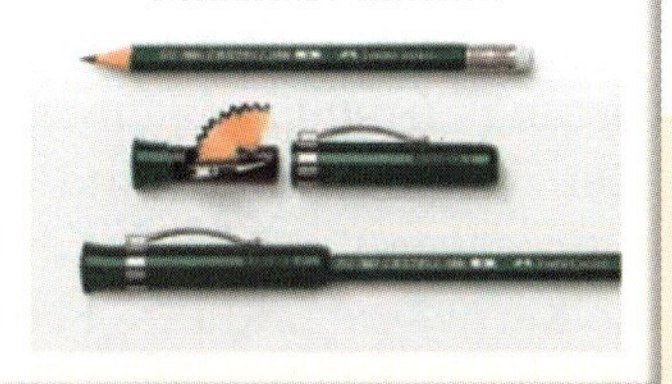

Die Kompetenz von Faber-Castell basiert auf unseren Wurzeln, unserer Geschichte und unserer Erfahrung, und wir nutzen sie, um die Zukunft unternehmerisch zu gestalten.

Durch solides Wissen erreichen wir Marktführerschaft und Glaubwürdigkeit und sichern ein starkes, weltweites Kommunikations- und Vertriebsnetz, das auf fairen Geschäftsbeziehungen beruht.

HERAUSRAGENDE QUALITÄT

Wir wollen in allen Produktkategorien und Dienstleistungen das Bestmögliche leisten. Wir berücksichtigen lokale Marktbedürfnisse, ohne unsere internationalen Ziele aus den Augen zu verlieren. Wir verstehen Qualität als:

- „Point of Difference“, erkennbarer und sinnvoller Zusatznutzen;
- ausgezeichnete Produkteigenschaften;
- charakteristisches und zeitloses Design.

INNOVATION & KREATIVITÄT

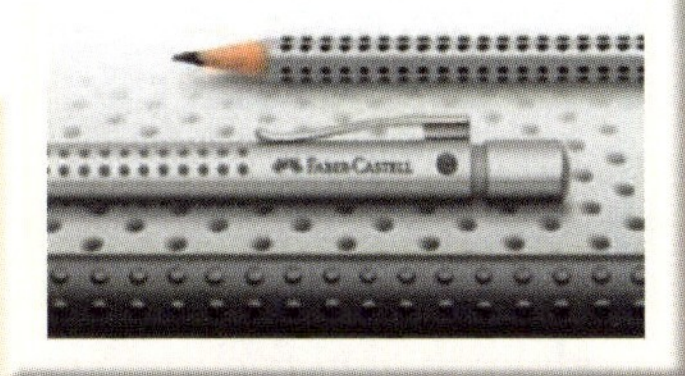

Wir streben nach stetiger Verbesserung unserer Produkte und Prozesse und sind stets offen für neue kreative Ideen. Wir überraschen unsere Kunden mit einzigartigen und innovativen Produktlösungen.

Im Sinne unserer Kunden pflegen wir einen aktiven und offenen Umgang mit Fehlern, die für uns Ansporn für weitere Verbesserungen sind.

Wir fördern Kreativität und persönliches Engagement unserer Mitarbeiter durch eine offene Arbeitsatmosphäre und internationale, interdisziplinäre Projektgruppen.

SOZIALE & ÖKOLOGISCHE VERANTWORTUNG

Wir fühlen uns dem Menschen und der Umwelt verpflichtet. Wir leben unsere soziale Verantwortung innerhalb des Unternehmens und im Umgang mit Geschäftspartnern. Unsere Rolle in der Gesellschaft nehmen wir ernst.

Wir legen Wert auf umweltgerechtes Handeln, um unseren Beitrag zur Zukunftssicherung zu leisten. Wir wollen eine Führungsrolle bei der Entwicklung nachhaltiger Technologien einnehmen.

Abbildung 9: Brand Essentials von Faber-Castell
Quelle: Faber-Castell

Castell auch fest: „Tradition bedeutet, nicht die Asche zu bewahren, sondern die Glut. Der Erfolg von Faber-Castell über die Jahrhunderte hinweg basiert auf der Wertschätzung langjähriger Erfahrung, dem Streben danach, gewöhnliche Dinge ungewöhnlich gut zu machen, der Aufgeschlossenheit gegenüber neuen Ideen sowie einem verantwortungsvollen, unternehmerischen Handeln. Diese Werte gelten nicht nur für die Marke, sondern für das gesamte Unternehmen und sichern unsere Identität sowie unseren langfristigen Erfolg."

Dementsprechend lauten die vier Markenkernwerte „Kompetenz & Tradition", „Herausragende Qualität", „Innovation und Kreativität" sowie „Soziale und ökologische Verantwortung" (Abbildung 9). Diese vier Markenkernwerte werden für Mitarbeiter weiter definiert und für acht Unternehmensbereiche spezifisch operationalisiert. So werden für F&E über Einkauf bis hin zum Controlling die Kernwerte und ihre Bedeutung für den Bereich konkretisiert sowie Do's und Don'ts bei der Umsetzung definiert (Faber-Castell 2013).

Best Practice-Fallstudie: DHL – Markenkernwerte handlungsrelevant formulieren

Herausforderung:
In den vergangenen Jahrzehnten hat sich DHL zur globalen Dachmarke für das weltweite Brief-, Express-, Speditions- und Supply-Chain-Geschäft entwickelt. Die Erfolgsstory von DHL hat ihren Ursprung in einer revolutionären unternehmerischen Idee. Im Jahr 1969 begannen Adrian Dalsey, Larry Hillblom und Robert Lynn als erste damit, den Frachtschiffen die Frachtbriefe vorauszuschicken. Dadurch ließ sich die Zollabwicklung extrem beschleunigen. Aus ihrem Pioniergeist und ihrer Kundenorientierung entstand eine völlig neue Branche. Auch heute noch sind dies zwei der wichtigsten Merkmale der Marke DHL. Weitere Akquisitionen haben DHL zu einem Bündel von Unternehmen gemacht, die es zu einer Einheit zu verschmelzen galt. Daher war es für DHL besonders wichtig, ein Gefühl für eine gemeinsame Richtung zu entwickeln, egal von welchem Unternehmen oder aus welchem Kulturkreis ein Mitarbeiter kommt. Um diese Einheiten jedoch unter der Marke DHL verschmelzen zu lassen, bedarf es mehr als die Farben Gelb und Rot.

Vorgehensweise:
DHL ist heute der weltweit größte Anbieter von Luft- und Seefracht sowie Kontraktlogistik. Der Marke wurde durch die Entwicklung einer einzigartigen Identität Leben eingehaucht. Für die Entwicklung der Markenidentität erfolgte eine Erfassung der internen und externen Sicht

der Marke. Die interne Wahrnehmung konnte durch Managementinterviews konkretisiert werden, während bei den Kunden differenzierende und relevante Eigenschaften der DHL erfragt wurden. Hieraus erfolgt die Ableitung von Kernkompetenzen sowie der Operationalisierung für spätere Markentrackings. Eine Wettbewerbsanalyse stellte darüber hinaus die Differenzierungskraft sicher. Ergebnis dieses Prozesses stellt das „DHL Brand Positioning Statement" dar.

Die DHL ist das Logistikunternehmen für die Welt. DHL steht für höchste Servicequalität durch engagierte Mitarbeiter, proaktive Lösungen und lokaler Stärke bei globaler Präsenz. Dieses Positioning Statement lieferte einen entscheidenden Beitrag für das Bewusstsein der gemeinsamen Ziele sowie eine gemeinsame Sprache. Die Markenblume von DHL erklärt das Selbstverständnis der Marke DHL, die drei zentrale Eigenschaften umfasst, die die Kunden mit der Marke DHL in Verbindung bringen sollen: Persönlicher Einsatz, proaktive Lösungen und lokale Stärke weltweit. Die drei zentralen Kernwerte der Marke DHL werden durch weitere Eigenschaften hinterlegt und somit konkretisiert. Durch diese Überarbeitung wird der Marke deutlich mehr Profil verliehen. Die Marke kann sich durch dieses Markenversprechen noch stärker von der Konkurrenz abheben und mehr bieten als branchengenerische Hygienefaktoren.

Abbildung 10: Markenwerte von DHL
Quelle: Baumgarten/Esch/Strödter 2008, S. 272

Ergebnisse:
In der Markenkommunikation hinterlegt DHL das Markenversprechen mit konkreten und nachvollziehbaren Inhalten. Die Zuverlässigkeit wird durch die konsequente Einhaltung der Abhol- und Zustellzeiten belegt, die weltweit im Vorfeld des Versandes tag- bzw. stundengenau kommuniziert werden. Die Verfügbarkeit wird durch den Customer Service, der 24 Stunden, sieben Tage die Woche erreichbar ist, erlebbar (Giehl/Lotze/Schmidt 2005, S. 119). Die einfache Nachvollziehbarkeit ist allein schon deshalb wichtig, da auch externe Dienstleister im Rahmen von Service Level Agreements für die Marke eintreten müssen.

Quellen: Baumgarten/Esch/Strödter 2008; Giehl/LePla 2012

3. Employer Branding und Internal Branding unterscheiden

In der Praxis werden die Begriffe Employer Branding, Internal Branding und Behavioral Branding oft synonym und ohne klare Begriffsabgrenzung genutzt. Diese thematisieren allerdings unterschiedliche Facetten, die jedoch eine wesentliche Gemeinsamkeit haben – die eigenen Mitarbeiter.

Um die wesentlichen Unterschiede aufzuzeigen, erfolgt eine kurze Begriffsabgrenzung:

1) Das **Employer Branding** zielt auf potenzielle, aktuelle und ehemalige Mitarbeiter ab. Zielsetzung ist der Aufbau eines attraktiven Images zur Profilierung einer Arbeitgebermarke, um eine erleichterte und fokussierte Gewinnung von Right Potentials zu erreichen. Nach dem Unternehmenseintritt muss das Leistungsversprechen des Employer Branding an die Mitarbeiter durch HR-Maßnahmen eingelöst werden. Dies schließt auch die Betreuung nach Ausscheiden aus dem Unternehmen ein. Demnach geht es im Employer Branding darum, die Bekanntheit der Unternehmensmarke bei potenziellen Mitarbeitern und ein entsprechendes Arbeitgeberimage aufzubauen, um dadurch ins Relevant Set potenzieller Mitarbeiter zu gelangen und bei diesen erste Wahl zu werden.

   Entsprechend ist hier eine Employer Value Brand Proposition aus der Identität der Unternehmensmarke abzuleiten. Typische Fragestellungen, die es zu beantworten gilt, sind hier:

   - **Wer** ist die Corporate Brand?
   - **Was bietet** mir die Corporate Brand? Warum soll ich mich dort bewerben?

- **Welche Eigenschaften** zeichnet die Corporate Brand aus?
- **Wie tritt** die Corporate Brand auf?
- **Welche Gefühle** löst der Umgang mit der Corporate Brand aus?
- Wie lautet die **Great Place to Work**-Botschaft?

Das Hauptziel liegt hier klar in der Gewinnung von Mitarbeitern. Dies umfasst in der Regel klassische Kommunikationsmaßnahmen bis hin zur Gestaltung von Arbeitskonzepten (Förderprogramme, Incentivierungs- und Zeitmodelle, Zusatzleistungen etc.). Mit Eintritt in das Unternehmen endet das Employer Branding nicht. Neue Mitarbeiter werden vom ersten Tag bis zu ihrem Austritt aus der Organisation kontinuierlich durch das Employer Branding zur Stärkung der Arbeitgebermarke betreut. Ziel hierbei ist die aktive Bindung und Motivation der Mitarbeiter bis zu Ihrem Ausscheiden.

In einigen Branchen betreiben Unternehmen auch nach Ausscheiden der Mitarbeiter ein starkes Employer Branding durch Alumni-Systeme (wie z. B. die Business Schools oder Unternehmensberatungen). Hierzu können auch Praktikantenprogramme/Förderprogramme gezählt werden, bei denen Unternehmen engen Kontakt zu den frisch kennengelernten Mitarbeitern halten können. Hierdurch kann der Pool an geeigneten Kandidaten vorab selektiert werden.

Zentrale Zielgruppe des Employer Branding sind potenzielle, aktuelle und ehemalige Mitarbeiter. Daher sind in der Regel Personalabteilungen in Zusammenarbeit mit der Unternehmenskommunikation verantwortlich für diese Aufgabe. Als zentrales Identifikationsobjekt dient in der Regel eine mitarbeiterorientierte Version der Corporate Brand (z. B. Arbeitnehmer bei Daimler).

2) Das **Internal Branding** (Interne Markenführung) zielt darauf ab, die Markenwerte und das Leistungsversprechen durch Mitarbeiter im Kundenkontakt sowie mit anderen Anspruchsgruppen zum Leben zu erwecken. Innerhalb des Internal Branding kann zwischen dem markenorientierten Verhalten und markenorientierten Strukturen und Prozessen unterschieden werden:

   Behavioral Branding (Markenorientiertes Verhalten): Zentrales Instrument für die Einlösung des Leistungsversprechens ist das markenorientierte Verhalten des Mitarbeiters. Also geht es hier konkret um den Transfer der Werte der Corporate Brand in Denken, Fühlen und Handeln der Mitarbeiter. Typische Fragestellungen lauten hier:

   - Was bedeuten die Markenwerte für mich persönlich?
   - Was bedeuten die Markenwerte für mein tägliches Handeln?
   - Was bedeuten die Markenwerte für meine Abteilung?
   - Was bedeuten die Markenwerte für das Unternehmen?

Der Fokus auf Einstellung und Verhalten der Mitarbeiter im Sinne der Markenwerte wird auch als Behavioral Branding bezeichnet. Hierbei geht es darum, die Marke in Denken, Fühlen und Handeln zu verankern. Dadurch soll die Identifikation mit der Unternehmensmarke und das Commitment mit dieser erhöht werden. Im Fokus stehen hier verstärkt Mitarbeiter im direkten Kundenkontakt (z. B. Vertrieb) sowie Mitarbeiter, die mittelbar zentrale Kundenschnittstellen mit gestalten (z. B. Mitarbeiter in der Produktentwicklung, im Marketing usw.).

Markenorientierte Systeme und Prozesse: Darüber hinaus beinhaltet die interne Markenführung jedoch auch die Bereitstellung markenorientierter Prozesse, Vorgehensweisen und Strukturen. So stellen auch Arbeitskleidung, technische Hilfsmittel, Arbeitsabläufe oder Freiheitsgrade Gestaltungselemente der internen Markenführung dar, die das markenorientierte Verhalten unterstützen sollen. Hierdurch geht die interne Markenführung über den rein verhaltensorientierten Aspekt hinaus und beinhaltet alle Stellhebel, welche die Einlösung des Markenversprechens beinhalten.

Zentrale Zielgruppe des Internal Branding ist der Kunde. Dieser soll ein einzigartiges Erlebnis mit der Marke erfahren. Hierfür sind die Mitarbeiter der wichtigste Stellhebel. Durch diesen kundenorientierten

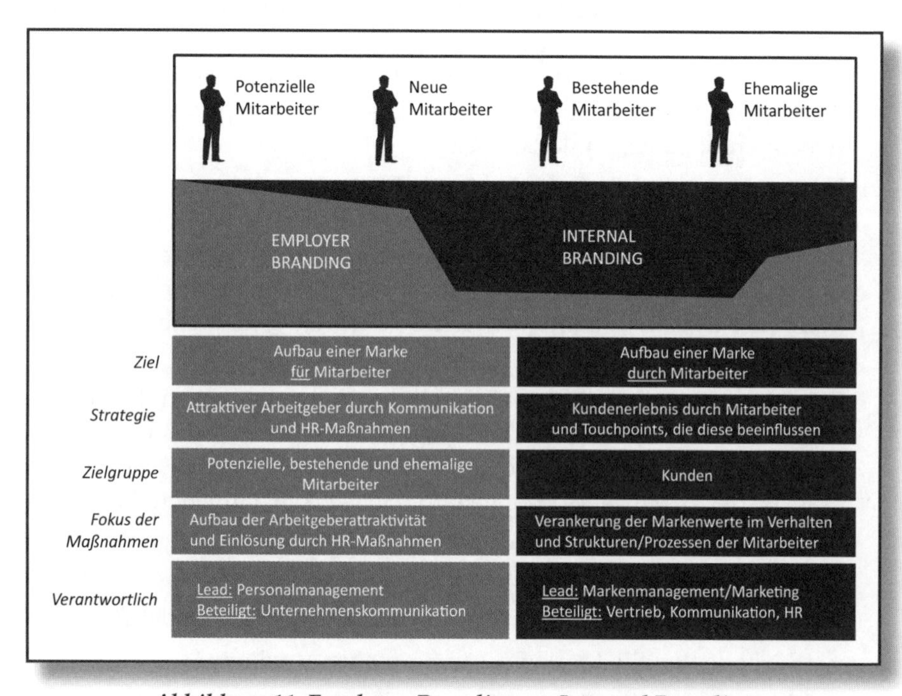

Abbildung 11: Employer Branding vs. Internal Branding

Fokus sind in der Regel Markenmanagement, Marketing oder Vertrieb zentrale Verantwortliche für die interne Markenführung. Zudem wird das Personalmanagement meist stark einbezogen. Zentrales Identifikationsobjekt für die interne Markenführung sind in der Regel die direkten Produktmarken (z. B. Mitarbeiter bei der Marke Mercedes-Benz, gleichzeitig jedoch Arbeitnehmer von Daimler).

Im idealtypischen Verlauf eines Arbeitnehmers kommt der Mitarbeiter zunächst mit den Employer Branding-Maßnahmen in Kontakt (Bewerbung, Unternehmenseintritt etc.). Mit Eintritt in das Unternehmen setzen verstärkt Maßnahmen ein, um die Mitarbeiter zu der jeweiligen Marke hinzuführen. Diese sorgen letztlich dafür, dass der Mitarbeiter sein Engagement und Talent gegenüber Kunden im Sinne des Markenversprechens einsetzt.

Aufgrund dieser sachlogischen Abfolge erfolgen in den nächsten Kapiteln zunächst die Vorstellung des Employer Branding und anschließend die Hinführung zur internen Markenführung.

C. Employer Branding: Aufbau einer Arbeitgebermarke als Startpunkt für die interne Markenführung

1. Employer Branding zur Schaffung von Arbeitgeberattraktivität

Mitarbeiter sind zentrale Erfolgsfaktoren, um das Kundenerlebnis und Leistungsversprechen einer Marke wirkungsvoll mit Leben zu füllen. Hierzu sind zwei wesentliche Phasen zu unterscheiden:

1) die **Phase vor dem Eintritt in das Unternehmen**, in der man mit entsprechenden **Employer Branding-Maßnahmen** „Right Potentials" und nicht nur „High Potentials" gewinnen möchte und
2) die **Phase im Unternehmen**, bei der es darum geht, durch **Behavioral Branding-Maßnahmen** Mitarbeiter für die Marke zu begeistern, dauerhaft zu binden und markenorientiertes Verhalten zu bewirken (s. Kapitel D). Bevor diese Aufgabe in Angriff genommen werden kann, muss vor dem Eintritt des Mitarbeiters in ein Unternehmen mit der Umsetzung der Markenorientierung begonnen werden. Markenorientierung startet also schon vor dem Eintritt potenzieller Mitarbeiter in das Unternehmen.

Vor diesem Kontext ist es von außerordentlicher Bedeutung, **nicht nur High Potentials, sondern Right Potentials für ein Unternehmen zu gewinnen und zu binden**.

Dies bedeutet konkret, Mitarbeiter müssen nicht nur die richtigen Fähigkeiten aufweisen (Können), sondern auch den entsprechenden Fit zu einer Marke aufweisen (Wollen). Die Idee dahinter ist einfach: Mitarbeiter, die sich bereits vor dem Einstieg in ein Unternehmen mit einer Marke identifizieren, sind leichter auf das Leben der Marke im Kundenkontakt einzuschwören.

Bei der Suche nach den richtigen Mitarbeitern für die Marke sehen sich die Unternehmen allerdings zunehmend mit neuen und komplexen Herausforderungen konfrontiert:

1) Der demographische Wandel führt zu **Mangel an talentierten und hoch motivierten Mitarbeitern**. 82 Prozent der Firmen sehen sich schon heute mit einem Engpass an qualifizierten Köpfen konfrontiert (Hewitt 2008). Dies verschärft die Suche nach den richtigen Mitarbeitern.

2) Die **veränderten Lebensziele und der digitale Kommunikationsstil** der jungen Zielgruppen (Generation Y bzw. Digital Natives) führen dazu, dass sich Leistungsangebote für potenzielle Mitarbeiter und deren Ansprache grundlegend ändern müssen.

3) Die **Macht der großen und bekannten Unternehmen** führt zu einer systematischen Wettbewerbsverzerrung. Häufig stürzen sich Bewerber auf bekannte und hoch reputierliche Unternehmen. Dies sind häufig solche Unternehmen, mit denen man auch schon im tagtäglichen Leben vorher in Kontakt gekommen ist. Insofern sind z. B. für Ingenieure Audi oder BMW heiß begehrte Kandidaten, während B2B-Unternehmen wie Schaeffler bei der Begehrlichkeit noch hinterherhinken.

4) **Vorurteile durch Branchenimages und Unternehmensgröße** stellen eine besondere Herausforderung bei der Suche nach potenziellen Mitarbeitern dar. Dies erschwert es insbesondere mittelständischen und B2B-Unternehmen, neue Mitarbeiter für ihre Branche zu begeistern. So gelten Mittelständler entgegen der Realität als weniger attraktiv und altmodisch. Nur selten gelingt es Unternehmen, die historisch geprägten Vorurteile zu überwinden und in Vorteile umzuwandeln.

5) Vielfach führt **die positive Arbeitgeberkommunikation** dazu, dass sich Arbeitgeber in eine Austauschbarkeitsfalle begeben. Mit generischen Schlagwörtern wie z. B. „führend", „begeistern", „Chancen", „teamfähig", „erfolgreich", „Karriere", „ausgezeichnet" und „Perspektive" versucht man ein positives Bild zu zeichnen. Dies bewirkt jedoch meistens die vollständige Austauschbarkeit. Der inflationäre Gleichklang in den Aussagen der Unternehmen findet ihr Spiegelbild in den Reaktionen der Bewerber. Diese fangen ebenfalls an, im Gleichstrom zu schwimmen und erschweren hierdurch die Personalarbeit. Im Jahre 2012 stellte zum Beispiel die jährliche Studie von LinkedIn erneut die selbstbescheinigte Schöpfungskraft deutscher Mitglieder fest. So bezeichnen sich in den deutschen Selbstbeschreibungen die Mehrzahl der Mitglieder als „kreativ", „analytisch" und „verantwortungsbewusst" (LinkedIn 2012). Zudem werden Auszeichnungen als „bester Arbeitgeber" geradezu inflationär vergeben.

Angesichts dieser Herausforderungen einer erschwerten Arbeitgeberkommunikation bietet das Employer Branding einen zentralen Lösungsansatz für die strategische Personalgewinnung. **Unter Employer Branding wird der strategische Aufbau einer in den Köpfen der Anspruchsgruppen klar und eindeutig definierten Arbeitgebermarke verstanden**. Das Unternehmen gibt mit einer Employer Brand an potenzielle Mitarbeiter ein einzigartiges Leistungsversprechen ab. Dieses Leistungsversprechen sollte bei Eintritt in das Unternehmen erlebbar werden. Begeisterte und gut ausgebildetete Mitarbei-

Die beliebtesten Arbeitgeber von Wirtschaftswissenschafts-absolventen:		Die beliebtesten Arbeitgeber von Ingenieursabsolventen:	
1	Audi	1	Audi
2	BMW Group	2	BMW Group
3	Volkswagen	3	Porsche
4	Porsche	4	Volkswagen
5	adidas	5	Siemens
6	Daimler/Mercedes-Benz	6	Daimler/Mercedes-Benz
7	Bosch Gruppe	7	Bosch Gruppe
8	Google	8	EADS
9	Deutsche Lufthansa	9	Fraunhofer-Gruppe
10	Siemens	10	Bilfinger

■ Diese Marken zählen laut Interbrand (2013) zu den 100 wertvollsten Marken der Welt.

Abbildung 12: Beziehung zwischen Markenstärke und Arbeitgeberattraktivität
Quelle: Esch/Eichenauer 2014; in Anlehnung an trendence 2013 und Interbrand 2013

ter gehören zum Kapital eines Unternehmens und sind deren Visitenkarte, daher sind diese auch markenorientiert zu rekrutieren.

Im Gegensatz zum eher kurzfristigen und nachfragegetriebenen Recruiting fokussiert Employer Branding auf die langfristige Imagebildung und ist auch in Zeiten sinnvoll, in denen nur wenige Mitarbeiter eingestellt werden. Während das traditionelle Recruiting tendenziell eher funktionale Job-Benefits wie z. B. Gehalt oder Aufstiegsmöglichkeiten thematisiert, spielen beim Employer Branding auch weiche Faktoren wie z. B. starker Teamgeist oder gute Führungskultur eine essenzielle Rolle. Zielgruppe sind hierbei potenzielle Mitarbeiter, bereits im Unternehmen beschäftigte Mitarbeiter und die Öffentlichkeit.

Employer Branding ist eng verzahnt mit der internen Markenführung, fokussiert sich jedoch primär auf die Phase vor Eintritt in das Unternehmen und auf die Interaktion von Arbeitgeber und potenziellem Mitarbeiter. Die interne Markenführung hingegen beginnt mit Eintritt in das Unternehmen. Sie aktiviert und verankert markenorientiertes Verhalten bei den Mitarbeitern im Unternehmen mit der Zielsetzung, das Leistungsversprechen an Kunden zu beleben. Die Mitarbeiter sind in diesem Fall also nicht finale

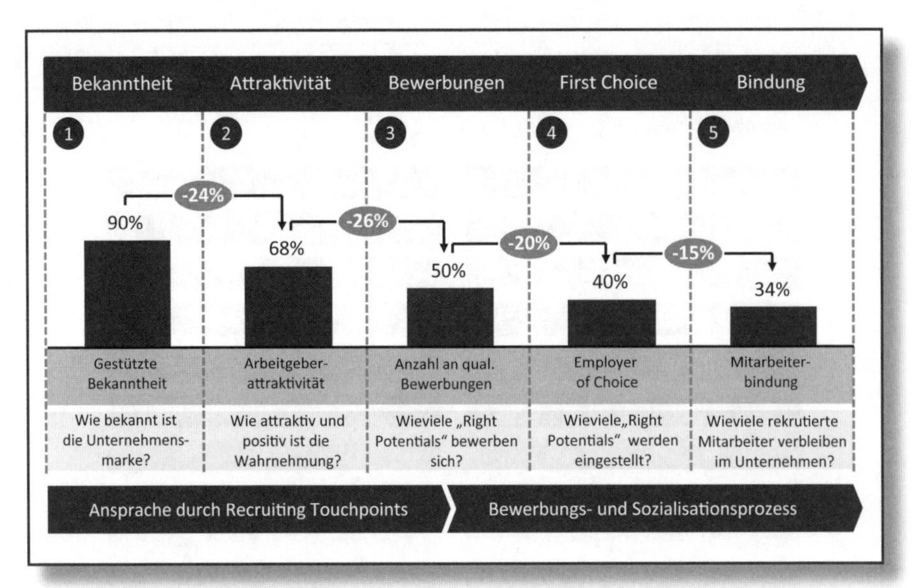

Abbildung 13: Employer Recruting Trichter
Quelle: in Anlehnung an Gelbert/Inglsperger 2008, S. 17

Adressaten, sondern erfüllen eine aktive Rolle in der Erfüllung des Markenversprechens.

Erfolgreiches Employer Branding deckt die gesamte HR-Wertschöpfungskette von „Positionierung" über „Gewinnung" bis hin zu „Bindung" ab. Der Employer Branding-Trichter zeigt eine solche Wirkungskette auf mit exemplarischen Messgrößen, die auf jeder Wirkungsstufe systematisch mit KPIs hinterlegt und gesteuert werden müssen.

Marke und Realität dürfen beim Employer Branding allerdings nicht auseinanderdriften, sonst ist der erste Arbeitstag auch der Tag der Ernüchterung für neue Mitarbeiter. Allerdings ist dies für 80 Prozent der Mitarbeiter laut einer Studie von Stepstone in der Realität der Fall (Stepstone 2012). Nach dem Recruiting sind die Talente durch Unterstützung beim schnellen Aufbau eines Netzwerkes sowie durch intensives Mentoring in das Unternehmen zu integrieren und langfristig an das Unternehmen zu binden. Darüber hinaus müssen alle Unternehmen ihr Produkt – den Arbeitsplatz – so gestalten, dass sie die Talente aus den erfolgskritischen Zielgruppen wie z. B. Auszubildende, Young Professionals oder erfahrene Mitarbeiter frühzeitig identifizieren, gewinnen und auch langfristig binden können. Entscheidend ist hierbei ein ganzheitlicher Talent-Management-Ansatz, der die besten Talente im Unternehmen durch den gesamten Berufslebenszyklus von Praktikum über Einstieg, erste Führungsposition bis sogar hin zur Rückgewinnung oder Weiterempfehlung im Rahmen von Alumni-Management begleitet.

Das Employer Branding erfüllt vier **strategische Zielsetzungen**, die in der Regel mit diesem Konzept verfolgt werden:

1) **Arbeitgeberattraktivität:** Den Aufbau einer einzigartigen Arbeitgebermarke mit charakteristischem Profil zur Schaffung von Bekanntheit und einem positiven Image. Branchengenerische Kommunikation und Vorurteile können systematisch abgebaut werden. Arbeitgebermarken mit klarem Profil ziehen somit bessere Kandidaten an. So geben in einer Befragung von Stepstone im Jahre 2012 75 Prozent der Befragten an, sich eher bei einem Unternehmen mit einer guten Reputation zu bewerben. Ein Unternehmen mit schlechter Reputation schließen 88 Prozent der Befragten kategorisch aus.

   So hatte sich 3M mit einer breiten Marken- und Produktpalette von knapp 1.000 Namen bereits im Jahr 2006 dazu entschieden, sich mit 3M als Dachmarke neu zu positionieren und mit dem Slogan „3M – die Erfinder" auf den Punkt zu bringen. Das Unternehmen beschreibt sich selbst: „3M beherrscht die Kunst, zündende Ideen in Tausende von einfallsreichen Produkten umzusetzen – kurz: ein Innovationsunternehmen, welches ständig Neues erfindet. Die einzigartige Kultur der kreativen Zusammenarbeit stellt eine unerschöpfliche Quelle für leistungsstarke Technologien dar, die das Leben besser machen." (Terpitz 2008).

2) **Zielgruppengenauigkeit:** Zielsetzung des Employer Branding ist es, möglichst einfach die richtigen Mitarbeiter zu finden, ohne massenhaft Bewerbungen zu generieren. Die zielgerichtete Ansprache der potenziellen und bestehenden Mitarbeiter erleichtert somit die Personalsuche, was in Folge auch mit geringerem Personalaufwand einhergeht. Nach Eintritt sind zielgruppenspezifische Arbeitszeitmodelle und Entwicklungspfade zu gestalten.

   So konnten durch die neue Employer Branding-Kampagne gezielt innovationsfreudige Mitarbeiter gewonnen werden. Infolge bewerten 96 Prozent der Mitarbeiter bei 3M ihren Arbeitsplatz als sehr gut. Die 3Mler sind über Aktienprogramme zudem direkt am Erfolg und Misserfolg der Firma beteiligt – das verbindet.

3) **Effizienz durch geringere Recruiting- und Trainingsinvestments:** Die Steigerung der Zielgenauigkeit bei der Mitarbeitersuche sowie Erleichterung dieses Suchvorgangs durch eine hohe Arbeitgeberattraktivität, Weiterempfehlungen von Bewerbern und eigenen Mitarbeitern erleichtern die Personalakquise. Dies zahlt sich aus. Bei 3M werben die eigenen Mitarbeiter ohne Incentive neue Kollegen. Dies ist glaubwürdiger und kostengünstiger als jede Werbekampagne.

4) **Effektivität durch motivierte und länger verweilende Mitarbeiter:** Zufriedene Mitarbeiter bleiben einem Unternehmen länger erhalten. Erfahrene

Mitarbeiter können die Markenwerte besser in ein nachhaltiges Kundenerlebnis transportieren und hierdurch neue Kunden gewinnen. Dieses Kundenerlebnis erzielt höhere Zufriedenheit und schafft loyale Kunden. Auch dies lässt sich am Beispiel 3M eindrucksvoll nachvollziehen: Wer einmal anfing, der geht ungern wieder. Die Fluktuationsrate beträgt nur 0,6 Prozent – weit unter Branchenschnitt.

Abbildung 14: 3M Employer Branding-Kampagne
Quelle: 3M

2. Employer Branding-Prozess zur Gewinnung der richtigen Mitarbeiter

Der Aufbau und die Entwicklung eines Employer Brandings bzw. ihre strategische Umsetzung umfasst fünf Schritte, die parallel von Prozess- und Strukturthemen des Employer Branding begleitet werden. Die Bedeutung dieser einzelnen Schritte zum Employer Branding wurde im Rahmen der Employer Branding Studie 2014 von ESCH. The Brand Consultants evaluiert. Hierbei konnte festgestellt werden, dass die Relevanz dieses systematischen Prozesses des Employer Branding zwar hoch eingestuft wurde, die Umsetzung allerdings meist noch ausbaufähig war (ESCH. The Brand Consultants 2014).

Abbildung 15 gibt einen umfassenden Überblick über den Gesamtprozess, der mit der Definition der Employer Brand beginnt und in der Formulierung einer Employer Brand Value Proposition, dem Werteversprechen der Arbeitgebermarke, mündet. Dieses muss schließlich konsistent in bestehende und neu zu schaffende Recruiting Touchpoints eingeflochten werden. Die Touchpoints zielen auf die Schaffung des notwendigen Bewerberpools ab, um in der Bewerberselektion die richtigen Mitarbeiter auszuwählen.

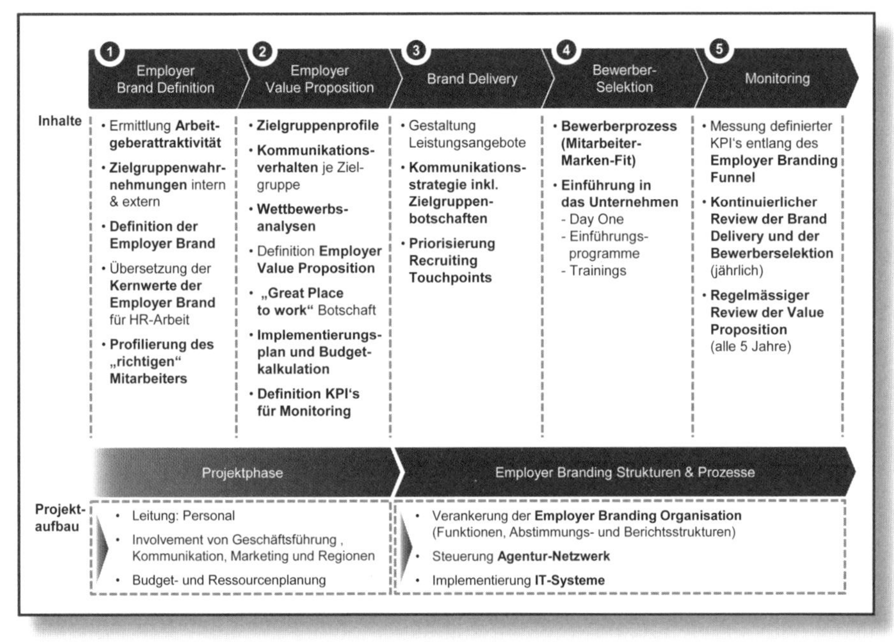

Abbildung 15: Employer Branding-Prozess

Über die inhaltlichen Prozessschritte hinaus sind persönliche Durchsetzungsfähigkeit, personelle und finanzielle Ressourcen erfolgskritisch:

1) **Durchsetzungsfähigkeit:** Da Employer Branding einen längerfristigen Prozess umfasst, müssen politische Fallstricke sowie realistische Erwartungshaltungen gemeistert werden. Dies erfordert oftmals gute Argumentation sowie die notwendige Unterstützung von Vorgesetzten. Daher ist der Personalvorstand oder höchste Personalverantwortliche ein erfolgskritischer Treiber des Projekterfolgs.

2) **Personelle Ressourcen:** Die Herausforderung Employer Branding startet in den meisten Fällen aus der Personalabteilung heraus und involviert verschiedene Abteilungen wie z. B. Markenführung/Marketing, Kommunikation, aber auch Vertrieb und F&E oder Produktion. Dennoch ist Employer Branding „Chefsache“. Die Geschäftsführung sollte daher

hinter dem Vorhaben stehen und im Idealfall das Thema zu ihrem persönlichen Anliegen machen. Neben einer funktionsübergreifenden Teambesetzung sollte darüber hinaus je nach Aufstellung des Unternehmens auch auf eine interkulturelle Besetzung geachtet werden.

3) **Finanzielle Ressourcen:** Die für die Implementierung und Pflege einer Arbeitgebermarke erforderlichen finanziellen und personellen Ressourcen sollten sichergestellt werden. So müssen unter anderem **Personalkosten für Mitglieder der Projektgruppe** kalkuliert werden, die während der Tätigkeit im Rahmen des Employer Branding für ihre normalen Tätigkeiten nur begrenzt zur Verfügung stehen. Darüber hinaus müssen Budgets für die notwendige Markenentwicklung und Recruiting Touchpoints sowie die professionelle Begleitung des Prozesses eingestellt werden.

2.1 Statusbestimmung der Employer Brand durchführen

Am Anfang oder vielmehr Auslöser des Employer Branding-Prozesses steht in der Regel eine Statusbestimmung der Arbeitgeberattraktivität. Folgende Schritte bieten sich hierzu an:

Erfassung der internen Sicht zur Erhöhung der Glaubwürdigkeit der Employer Brand

Bevor man eine Employer Brand ableiten kann, ist zunächst die Wahrnehmung aus interner Sicht zu erfassen. Konkret geht es darum festzustellen, was Mitarbeiter als charakteristische Merkmale der Marke sehen, wie sie Stärken und Schwächen der Marke wahrnehmen und wie sie wesentliche Markenwerte beurteilen. Zusätzlich ist zu ermitteln, wie stark die Identifikation mit dem Unternehmen ist, die Werte also tatsächlich auch gelebt werden.

Dieser Schritt ist besonders wichtig, weil man dadurch vermeidet, dass es zu große Abweichungen der Employer Brand vom aktuellen Status im Unternehmen gibt. Dies ist notwendig für die Glaubwürdigkeit der Aussagen. Zum Beispiel ist es für ein Unternehmen mit einem anspruchsvollen und arbeitsintensiven Umfeld nicht zweckmäßig, die Arbeitgebermarke über die vielfach geforderte Work-Life-Balance zu positionieren, da dies im Widerspruch zu den Erfahrungen der eigenen Mitarbeiter steht und Konflikte auslösen kann. Auch das Ziel, neue Arbeitskräfte zu gewinnen, wird hierdurch nicht nachhaltig realisiert: Nicht erfüllte Erwartungen führen zu Unzufriedenheit und einer entsprechend kurzen Verweildauer im Unternehmen. Die Überprüfung des Potenzials der Arbeitgebermarke muss daher auch vorhandene Personalkonzepte und die Führungskultur einbeziehen, um nicht an der Realität vorbei zu planen (Esch/Schmitt 2012, S. 14 f.). In diesem Schritt empfiehlt sich die Einbeziehung möglichst vieler

Mitarbeiter. Dadurch wird nicht nur ein guter Ausgangspunkt geschaffen, sondern durch die Partizipation bereits Mitarbeiterbindung aufgebaut (Esch/Schmitt 2012, S. 14).

Erfassung der externen Sicht zur Ermittlung der Attraktivität der Employer Brand

Die externe Analyse umfasst zwei Perspektiven: die Wünsche, Bedürfnisse und differenzierten Anforderungen der potenziellen Arbeitnehmer sowie die differenzierte Analyse des Wettbewerbs (Abbildung 16). Im ersten Fall gilt es, das eigene Arbeitgeberimage, die Idealvorstellungen und die Abweichung beider aus externer Sicht zu hinterfragen (Esch/Schmitt 2012, S. 15). Diese Auskunft der potenziellen Arbeitnehmer kann bereits existierenden Studien entnommen werden, die einen Überblick über allgemeine Bedürfnisse liefern (z. B. Arbeitsplatzsicherheit, Work-Life-Balance oder individuelle Entfaltungsmöglichkeiten).

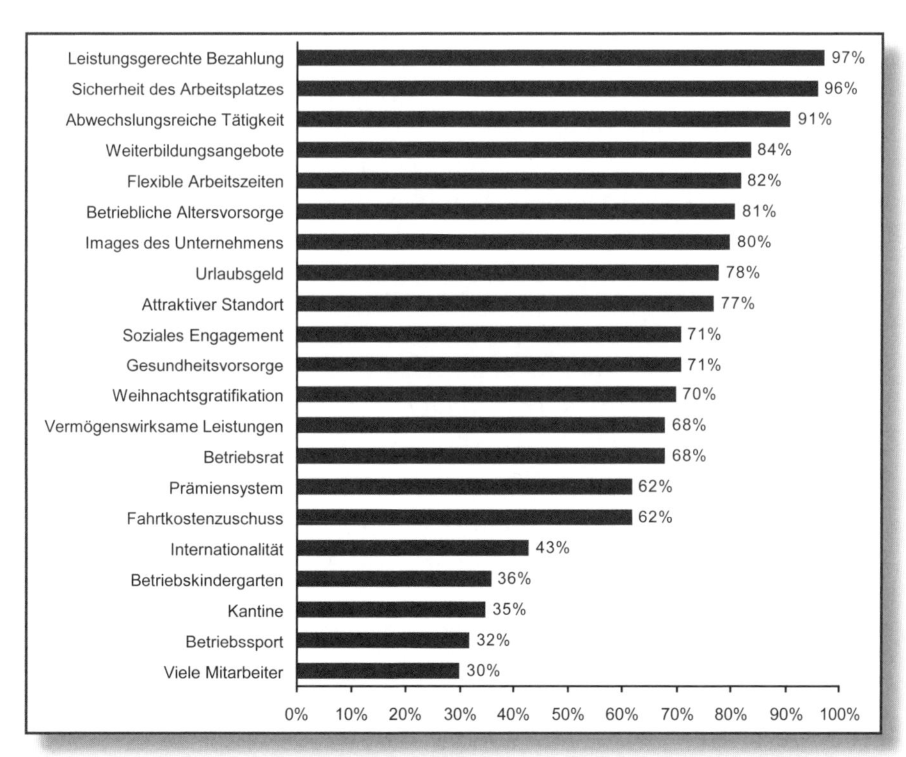

Abbildung 16: Wesentliche Anforderungen an Arbeitgeber aus Sicht potenzieller Arbeitnehmer
Quelle: o.V. 2013

Zudem existieren **etablierte Rankings**, wie z. B. von Trendence, Great Place to Work usw., anhand derer man die Bewertung des eigenen Unternehmens ablesen kann, so es denn gelistet ist. So werden inzwischen über 80 unterschiedliche Rankings bzw. Arbeitgebersiegel angeboten (teilweise in länderspezifischer bzw. regionaler Ausprägung). Diese jährlichen Studien eröffnen Unternehmen einen Einblick, wo sich ihr Unternehmen in der allgemeinen Wahrnehmung potenzieller Bewerber befindet. Allerdings finden sich hierin oft nur große Unternehmen mit starken Produktmarken, die nicht zwangsläufig durch ihre ausgefeilten Personalaktivitäten oder eine gute Unternehmenskultur punkten. So zählen zwar einige Unternehmen regelmäßig zu den beliebtesten Arbeitgebern bei Absolventen, nach innen besitzen viele jedoch bürokratische und wenig motivierende Unternehmenskulturen. In Folge verlassen Praktikanten, Berufseinsteiger und Mitarbeiter frustriert das Unternehmen. Auch wenn das Ergebnis in diesen Studien Auslöser von Employer Branding-Aktivitäten und großzügiger Budgets sein können, dürfen hier keine falschen Erwartungen geweckt werden.

Bessere und validere Instrumente sind daher **Studien bei potenziellen Zielgruppen sowie Mitarbeitern**, die gerade frisch gewonnen wurden. Hierbei ist eine detaillierte Eingrenzung der Zielgruppen (Ausbildungsgrad, Fachrichtungen, Erfahrungen und Kenntnisse) sowie des notwendigen Personalbedarfs der nächsten Jahre vorzunehmen. So können leicht Schwerpunkte und Segmente über die Zielgruppen hinweg identifiziert werden. Diese Zielgruppensegmente sind zum Bild des Unternehmens, relevanten Kriterien zur Arbeitgeberwahl und zu Beweggründen für die Bewerbung zielgenau auf das Unternehmen zu erheben. Dies kann durch Fragebögen, Onlinestudien oder auch qualitative Erhebungen erfolgen. Zudem lassen sich geographische Eingrenzungen für die spätere Umsetzung vornehmen. Eine Spiegelung mit den Erkenntnissen der internen Analyse kann darüber hinaus sehr hilfreich sein, um z. B. falsche Erwartungshaltungen aufzudecken.

Durchführung einer Wettbewerbsanalyse

Die Wettbewerbsanalyse ist unerlässlich, um eine eigenständige Arbeitgebermarke zu etablieren. Nur wenn man die Maßnahmen und Stoßrichtungen der Wettbewerber kennt, kann man Austauschbarkeit vermeiden. Pflicht ist hier die Analyse des engeren Branchenwettbewerbs mit den zentralen Wettbewerbern im Marktumfeld. Es kann aber auch hilfreich sein, eine erweiterte Perspektive einzunehmen und Best-Practice-Beispiele anderer Branchen einzubeziehen, um daraus Anregungen gewinnen zu können (Esch/Schmitt 2012, S. 15). Sehr schnell kann man bei diesen Betrachtungen branchentypische Inhalte sowie trendbezogene Themen ermitteln, bei deren Nutzung man entsprechend vorsichtig sein sollte. Z. B. kommunizieren derzeit sehr viele Unternehmen die Themen Diversity und Chancengleichheit. Nicht zuletzt deshalb gab Mars die Recruiting-Kampagne „Entfalte dich" wegen mangelnder Differenzierung zur Konkurrenz auf. Es folgte eine

Darstellung, die mehr Wert auf die Schärfung des Unternehmensprofils legte und dadurch eine bessere Wirkung erzielen konnte (W&V 2008, S. 10).

Definition der Employer Brand: Für den Aufbau einer Arbeitgebermarke sind Informationen zur Unternehmenskultur, den praktizierten HR-Konzepten, dem Führungsstil, dem bestehenden Unternehmens- und Arbeitgeberimage, den Werten bestehender Marken, den Qualitäten bestehender Arbeitnehmer sowie der Produkt- bzw. Servicequalität zu nutzen, um hieraus einen zu vermittelnden Wertekanon auszuformen (auch Backhaus/Tikoo 2004, S. 502).

1) Was zeichnet das Unternehmen als Arbeitgeber aus? Warum sollen sich Fachkräfte bei dem Unternehmen bewerben?
2) Welche Programme oder Leistungsangebote bietet das Unternehmen? (rationale Ebene)
3) Welche Werte vertritt das Unternehmen? Wie kann die Unternehmenskultur beschrieben werden? (emotionale Ebene)
4) Was sind Alleinstellungsmerkmale als Arbeitgeber?

Employer Brand entsteht jedoch in aller Regel nicht aus dem Nichts. Deshalb muss sich eine Employer Brand stets an der Identität einer Unternehmensmarke orientieren. Der Grund hierfür ist einfach:

Eine Marke ist nicht teilbar.

Neben Bewerbern kommen die meisten Menschen in der Regel als Kunde mit einer Unternehmensmarke oder deren Produktmarken in Kontakt. Auch wenn sich der Hintergrund für die Interaktion mit einer Marke verändert, so müssen doch die wesensprägenden Merkmale einer Marke weiterhin konsistent und in sich stimmig sein. Employer Brands sind somit konsistent mit der Corporate Brand- und Produktmarkenidentität zu entwickeln. Grundlage hierfür ist die Identität der Unternehmensmarke (Corporate Brand), die um spezifische Aspekte der Arbeitgeberprofilierung angereichert wird. In jedem Fall ist eine Employer Brand im Zusammenhang mit der Markenführung zu gestalten. Entsprechend eng sollte die Zusammenarbeit zwischen dem Personal- und dem Markenbereich sein. Erweist sich das kommunizierte Leistungsversprechen als leere Hülse, erodiert die Employer Brand von innen heraus. Daher ist eine klare Beweisführung für ein Leistungsversprechen zu führen.

Zur Erfassung der Employer Brand kann somit das Markensteuerrad herangezogen und um mitarbeiterspezifische Aspekte ergänzt werden. Die beiden Seiten des Steuerrades spiegeln sich in folgenden Fragen potenzieller Arbeitnehmer wieder: **„What's in it for me?"** spricht den Bereich der Nutzenversprechen an, die durch Markeneigenschaften unterstützt werden.

Es sind somit die Hard Facts der Marke. Bei IKEA sind solche Eigenschaften z. B. die Einbindung in ein soziales Netzwerk mit 126.000 Mitarbeitern, Läden und Geschäftsstellen in 44 Ländern mit der gleichen starken Vision sowie eine familienfreundliche Umgebung. Apple nennt folgende Nutzen: „You'll be challenged", „You'll be inspired and you'll be proud", „Being part of something amazing" sowie „Creating best loved technology on earth" (Apple 2013).

"How do I feel about it?" repräsentiert hingegen die rechte Seite des Markensteuerrads, also wie es sich anfühlt, in dem Unternehmen zu arbeiten. Es ist die weiche Seite der Marke. Hier ist ein besonderes Augenmerk auf die mit der Marke verknüpften Erlebnisse, Gefühle, Persönlichkeitseigenschaften und Beziehungen zu legen, um den potenziellen Mitarbeitern einen emotionalen Mehrwert bieten zu können (E-fellows 2009; Esch 2012; S. 101 f.; Esch/Schmitt 2012, S. 15; Statista 2012; Wirtschaftswoche 2011). Coca-Cola nimmt für sich z. B. die Tonalitäten „happy" und „full of joy" in Anspruch, Google hingegen „inclusive", „collaborative", „innovative", „joyful" und „transparent". Gelingt es, beide Seiten des Markensteuerrades, also Herz und Hirn gleichermaßen miteinander zu verknüpfen, ist der Weg zur attraktiven Employer Brand geebnet.

Die Marke kann, wie bereits angesprochen, ihre charakteristischen Merkmale in Richtung dieser Bedürfnisse anpassen, darf aber ihre charakteristischen Merkmale nicht aufgeben. Diese Gratwanderung zwischen der eigenen Identität und den Wünschen und Bedürfnissen potenzieller Mitarbeiter kann mit dem Zusammenspiel von Yin und Yang verglichen werden: Das eine geht nicht ohne das andere. Ohne Frage muss man für die Zielgruppe attraktiv sein, allerdings sollte man hier eben auf den Stärken und der DNA der Marke aufbauen (Esch/Schmitt 2012, S. 15; Abbildung 17). Anderenfalls droht die Verwässerung der Marke. Nur so viel Abweichung wie nötig ist hier die Maxime.

Auswahl der richtigen Arbeitgebermarke: Da Markenarchitekturen je nach Unternehmensgröße, Branche und strategischer Ausrichtung unterschiedlich ausfallen können (z. B. „House of Brands" oder „Branded House"), ist die Entwicklung einer Employer Brand in einem markenstrategischen Kontext unternehmensindividuell zu betrachten. Somit wäre bei Beiersdorf zu entscheiden, ob z. B. die Unternehmensmarke oder Nivea im Zentrum stehen, beim Volkswagen Konzern hingegen, ob dies der Konzern oder eine Unternehmensmarke wie Audi ist. Im letztgenannten Fall liegt der Fokus beim Employer Branding klar auf Audi, im erstgenannten Fall klar bei Beiersdorf, wobei allerdings gerade große Konsumgüterunternehmen häufig bekanntere Produkt- oder Unternehmensmarken in solche Employer Branding-Maßnahmen im Sinne der Darstellung eines Markenportfolios einbeziehen (Esch/Brunner 2012).

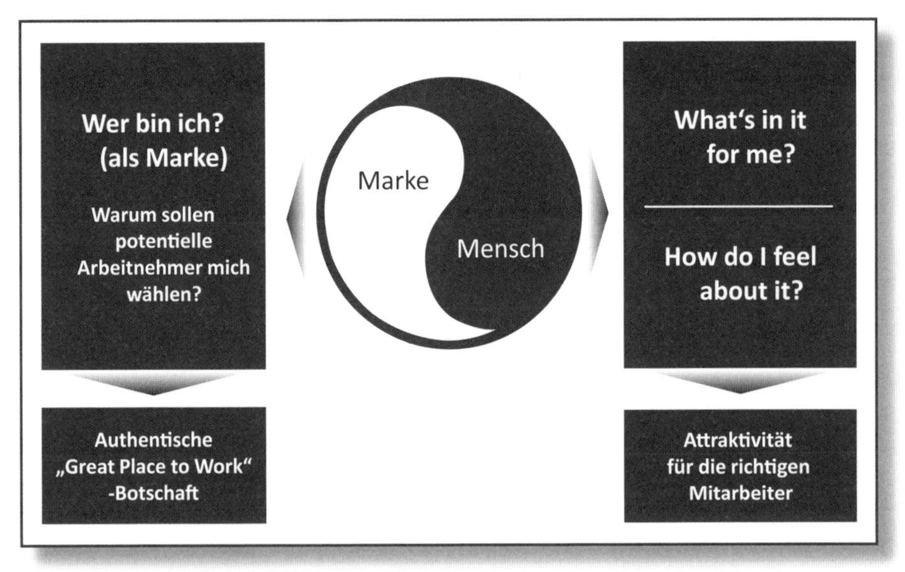

Abbildung 17: Yin und Yang des Employer Branding
Quelle: Esch/Schmitt, 2012, S. 15; ESCH. The Brand Consultants 2012

Der Aufbau einer Employer Brand ist auf Basis von Informationen zur Unternehmenskultur, den bestehenden Personal-Konzepten, dem gepflegten Führungsstil, dem bisher etablierten Unternehmensimage sowie den Werten der Marke zu gestalten.

2.2 Employer Value Proposition definieren

Um die zentralen Aspekte der Employer Brand für die relevanten Zielgruppen zu fokussieren und auf den Punkt zu bringen, ist eine Employer Brand Value Proposition abzuleiten. Dieses Werteversprechen enthält eine zentrale „Great-place-to-work"-Botschaft. Hierin sollen die wesensprägenden und zugleich am meisten differenzierenden Aspekte des Leistungsversprechens einer Employer Brand transportiert werden. Eine herausragende Arbeitgeberpositionierung (Employer Brand Value Proposition) muss:

1) in Einklang mit der Unternehmens- und Markenstrategie stehen,
2) die Unternehmensbesonderheiten unverwechselbar herausstellen,
3) zielgruppenrelevant und attraktiv sein,
4) eigene personalstrategische Akzente setzen.

Diese Positionierung ist durch die Ableitung aus interner und externer Perspektive kein leeres Versprechen, sondern bleibt der Marke treu. Ein sehr gelungenes Beispiel für eine schlüssige Ableitung der Employer Brand Value Proposition liefert 3M. In diesem Unternehmen wurde auf Basis der Mission, der Markenwerte und der Markenpositionierung eine überzeugende „Great Place to Work"-Botschaft abgeleitet, die sich stark am Unternehmenszweck „We want to solve unsolved problems innovatively" orientiert. Sie lautet folgerichtig: „Freedom to think and shape – to solve unsolved problems". Diese Employer Brand Value Proposition findet z. B. in der 15-Prozent-Regel Verankerung, wonach 15 Prozent der Arbeitszeit auf Projekte verwendet werden soll, die neue Innovationen schaffen sollen (3M 2013).

Zur Ableitung einer solch stringenten Employer Brand Value Proposition sind folgende Aspekte zu beachten:

Schritt 1: Einklang mit Unternehmens- und Markenstrategie

Eine Employer Brand ist stets im Zusammenspiel mit der Corporate Brand zu entwickeln. Die Employer Brand ist also keine zweite Marke. Darüber hinaus müssen sich zentrale Eckpunkte der Unternehmensstrategie auch im Employer Branding reflektieren. Falls ein Unternehmen stark in der Region verwurzelt ist, sollten diese Besonderheiten hervorgehoben werden. Allerdings existieren hier auch Fallstricke, die es zu berücksichtigen gilt: Die Automobilmarke Dacia weist ein sehr klares Profil auf: Es ist eine Billigmarke, mit der man günstig und gut von A nach B fahren und die ein Statement gegen das Establishment darstellt, weil man eben nicht mit dem Auto protzen und seinen sozialen Status unter Beweis stellen muss. Gerade dies kann allerdings ein echter Hemmschuh bei der Gewinnung von Ingenieuren sein. Man könnte z. B. daraus schließen, dass die Bezahlung unterdurchschnittlich wäre. Also gilt es hier Brücken zu bauen, glaubwürdig an das aufgebaute Image anzuknüpfen und dennoch relevant und attraktiv zu sein. Eine solche Brücke könnte etwa darin liegen, dass gerade die Vereinfachung von Technik, um etwas günstig und gut anbieten zu können, höchste Ingenieurskunst und neues Denken erfordert und somit eine besonderre Herausforderung für die besten Ingenieure darstellt, die entsprechend honoriert wird.

Schritt 2: Besonderheiten des Unternehmens unverwechselbar herausstellen

Da sich funktionale Nutzenaspekte kaum noch unterscheiden, liegt die Stärke einer Employer Brand vor allem in der Vermittlung von symbolischen Werten, die das allgemeine Unternehmens- und/oder Markenimage, aber auch die Unternehmenskultur und die darin enthaltenen Werte einschließen. Die Stärke des Symbolismus kann eine Arbeitgebermarke von einem Wettbewerber differenzieren – allerdings nur, wenn diese realistisch und glaubwürdig sind. So können bei IKEA die einzigartige Kultur sowie die damit verbundenen Charakteristika der Marke hervorgehoben werden.

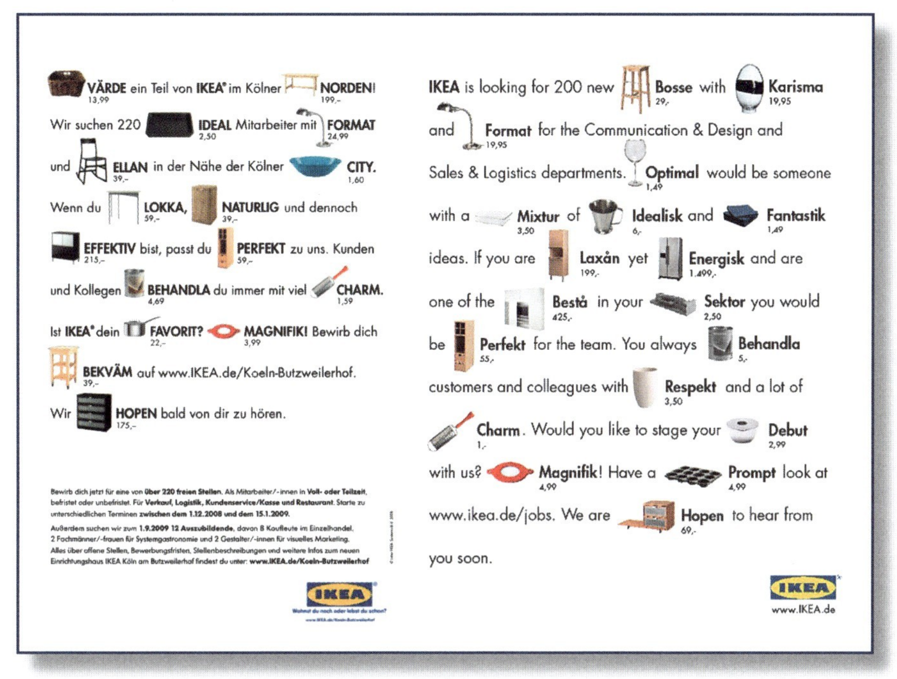

Abbildung 18: Employer Branding Kampagne von IKEA
Quelle: IKEA

Schritt 3: Zielgruppenrelevanz und Attraktivität erreichen

Die konsequente Ausrichtung des Arbeitsangebots entlang ausgewählter unternehmensspezifischer und jobbezogener Kerntreiber ist die Zielsetzung der Employer Value Proposition. Diese soll in der Umsetzung konsistent und authentisch über alle Kontaktpunkte vermittelt werden und muss wirkungsvoll die identifizierten Kerntreiber adressieren. Hierzu ist die frühzeitige Generierung von Zielgruppenerkenntnissen entscheidend. Je nach Zielgruppe – Hochschulabsolventen der Ingenieurs-, Wirtschaftswissenschaften oder Informatik, MBA-Absolventen oder Young Professionals – sind spezifische Treiber der Arbeitgeberwahl zu differenzieren und entsprechend zu berücksichtigen.

Zur Erhebung bieten sich neben Sekundärstudien wie Arbeitgeber-Rankings, qualitative Befragungen von potenziellen Bewerbern wie auch bestehenden Mitarbeitern in Einzelinterviews an. Sehr aufschlussreich ist hierbei auch die Befragung von ehemaligen Mitarbeitern (sog. Alumni) sowie von Bewerbern, die sich gegen ein Jobangebot des Unternehmens entschieden haben.

Aus Sicht der Absolventen sind neben **rationalen Auswahlkriterien** wie Gehaltsvorstellungen, Entwicklungsmöglichkeiten oder Tätigkeitsumfang auch zunehmend **emotionale Kriterien** wie Work-Life-Balance, freundschaftliches Arbeitsklima und begeisternde Produkte bedeutend (E-fellows 2009; Wirtschaftswoche 2011; Statista 2012). Darüber hinaus kann das generelle Image einer Branche sowohl positive als auch negative Effekte auf die Attraktivität als Arbeitgeber haben (Erz/Henkel/Tomczak 2008, S. 22 f.; Burmann/Schaefer/Maloney 2008, S. 159). Ein positiv belegtes Branchenimage – wie es bei der Automobilindustrie der Fall ist – ist einerseits eine Chance, auf der „Welle der Begehrlichkeit" mitzuschwimmen. Andererseits besteht so das Risiko der Austauschbarkeit mit anderen Automobilmarken. Durch die Begehrlichkeit der Branche verschwimmen die Grenzen zwischen den potenziellen Arbeitgebern. Den Bewerbern mangelt es an Orientierungs- und Differenzierungskriterien zwischen den Herstellern und den Zulieferern.

Schritt 4: Personalstrategische Akzente setzen

Schließlich sind aus personalstrategischer Perspektive zu untersuchen, welche Spitzenleistungen und Besonderheiten das Unternehmen bieten kann. Entsprechend sind Leistungsmerkmale zu identifizieren und zu schärfen, die für Bewerberzielgruppen bei der Arbeitgeberwahl relevant sind. Diese Begehrlichkeit soll durch die erfolgreiche Umsetzung der „Great place to work"-Botschaft erzielt werden. Die Stärke einer Employer Brand liegt dabei darin, (a) nach innen einen symbolischen Wert zu fokussieren und (b) nach außen Differenzierungsaspekte zu schaffen. An den Beispielen DHL und McDonald's kann die Employer Brand Value Proposition nachvollzogen werden.

DHL	DHL Employer Brand Value Proposition
Growth	We **offer current and potential employees a diverse range of opportunities to develop professionally**
Impact	We **empower them to contribute their ideas and competencies** and **influence the success** of the company
Proud	We encourage them to be a **part of an organization** that makes a **contribution to society** as well as to the postal and logistics industries

Abbildung 19: Employer Brand Value Proposition von DHL
Quelle: DHL Employer Branding Handbook

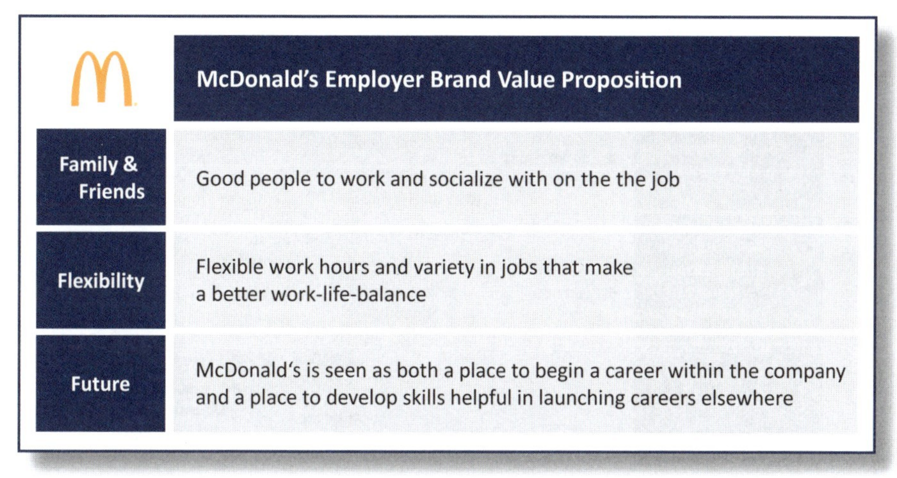

Abbildung 20: Employer Brand Value Proposition von McDonald's
Quelle: McDonald's 2013

2.3 Umsetzung des Employer Branding zum Leben erwecken

Die zentrale Herausforderung für die Umsetzung der Value Proposition der Employer Brand liegt darin, innovative Mittel und Wege zu finden, die „richtigen" Mitarbeiter über die effizientesten Marketingkanäle anzusprechen, zu gewinnen und auszuwählen. Arbeitgeber müssen dabei, wie jedes andere Produkt, überzeugen – durch ihre Attraktivität als Arbeitgeber.

Die Employer Branding-Botschaft kann heutzutage mit einer Fülle von Instrumenten aktuelle und potenzielle Mitarbeiter adressieren. Um einen einheitlichen Arbeitgeberauftritt und damit ein klares Profil zu entwickeln, ist jedoch die zentrale Steuerung imagebildender, konsistenter Botschaften über alle zielgruppenrelevanten „Recruiting Touch Points" wie z. B. Internet, Hochschulveranstaltungen, Recruiting-Events, Broschüren etc. entscheidend. Die Vielzahl an Instrumenten unterscheidet sich hinsichtlich Intensität, Reichweite und Glaubwürdigkeit der Botschaft. Praktika weisen z. B. eine hohe Intensität auf, allerdings ist die Reichweite hier gering, während Kommentare von Mitarbeitern in Blogs eine weitaus höhere Glaubwürdigkeit aufweisen als Employer Brand-Anzeigen. Die Instrumente müssen je nach Zielsetzung von Information über direkte Erfahrung unterschieden und dementsprechend priorisiert werden. Abbildung 21 gibt einen Überblick über etablierte Interaktionsmaßnahmen mit potenziellen Bewerbern.

Der Mix an relevanten Recruting Touchpoints ist für jedes Unternehmen individuell und bezogen auf die adressierten Zielgruppen zu entwickeln.

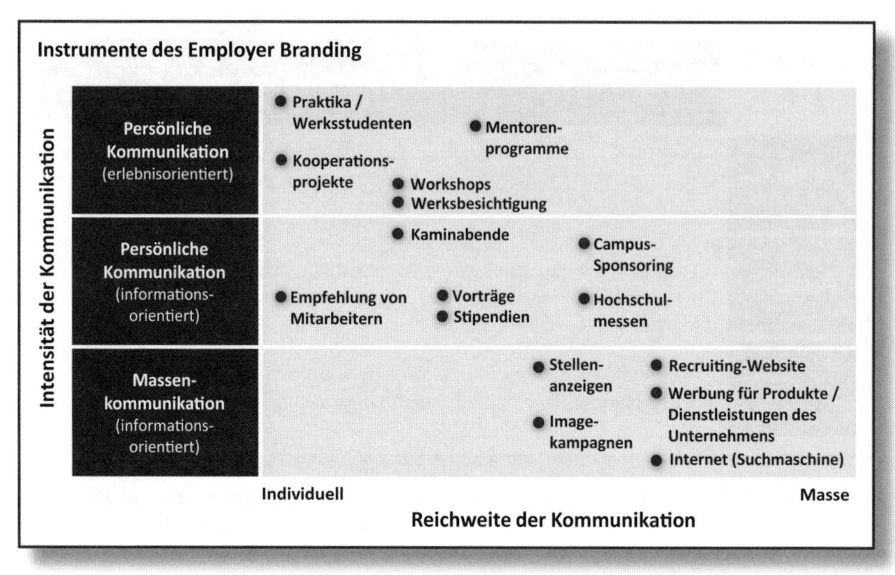

Abbildung 21: Instrumente des Employer Branding
Quelle: in Anlehnung an Hieronimus/Schaefer/Schröder 2005

Hierbei sind jedoch auch zentrale Touchpoints zu definieren, die entscheidend zur Markenprägung beitragen. Über die Branchen hinweg hat sich jedoch die Unternehmenswebsite als zentrales Instrument des Employer Branding kristallisiert. Verwendeten potenzielle Mitarbeiter noch vor wenigen Jahren Stellenanzeigen in der Tages- und Fachpresse, ist heute das Internet auf dem Vormarsch: 94 Prozent nutzen die Unternehmenshomepage, welche deswegen als Leading Touchpoint bezeichnet werden kann, und jeweils ein Viertel greift auf Jobbörsen bzw. Business Networks wie Xing zurück (Kienbaum 2012). Wie wichtig das Internet bei der Jobsuche geworden ist, lässt sich leicht erahnen, wenn man die deutlich gestiegenen Nutzungszeiten betrachtet: 2012 wird es durchschnittlich 83 Minuten am Tag verwendet. Das sind täglich 66 Minuten mehr als noch im Jahr 2000, was praktisch einer Verfünffachung der Nutzungszeit entspricht (ARD/ZDF 2013).

Demgegenüber nutzt die Arbeitgeberseite das Internet noch sehr viel verhaltener. Nur etwa 17,2 Prozent schalteten Anzeigen auf der Plattform Xing, 18 Prozent suchen auch aktiv über das gleiche Social Media Tool und 12,9 Prozent setzen Imagewerbung auf Facebook ein. Informationsangebot und Informationsnachfrage sind im Bereich Internetkommunikation also noch nicht im Gleichgewicht. Hier geht Potenzial ungenutzt verloren. Dies spiegelt sich eindrucksvoll in der Einstellung der Arbeitgeber: 84,2 Prozent sehen notwendige Veränderungen auf sich zukommen und nur ca. die Hälfte beurteilt Social Media als positive Entwicklung (Wenzel et al. 2011,

S. 5 ff.). Als weiterer wichtiger Kontaktpunkt ist aber noch die Empfehlung von bestehenden Mitarbeitern (45 Prozent) zu nennen. Sie spiegelt sich auch im hohen Einsatz der eigenen Mitarbeiter in Kommunikationskampagnen (Kienbaum 2012).

Über alle Touchpoints hinweg ist zudem eine **Leitkampagne** zu verwenden, um die Integration aller Maßnahmen zu einem stimmigen Gesamtbild sicherzustellen. Die persönliche Empfehlung von bestehenden Mitarbeitern steht neben der Karriere-Website des Unternehmens an oberster Stelle. Die Mitarbeiter selbst fungieren am glaubwürdigsten als Botschafter des Unternehmens. Daher bedienen sich viele Unternehmen ihrer Mitarbeiter als zentrale Werbeträger für ihre Kampagnen. Hochschulveranstaltungen, Workshops und Planspiele schaffen eine direkte Interaktion mit den Unternehmen und ermöglichen auch der Unternehmensseite einen tieferen Einblick. Weitere wichtige Informationskanäle sind Erfahrungen aus der direkten Interaktion mit den Unternehmen im Rahmen

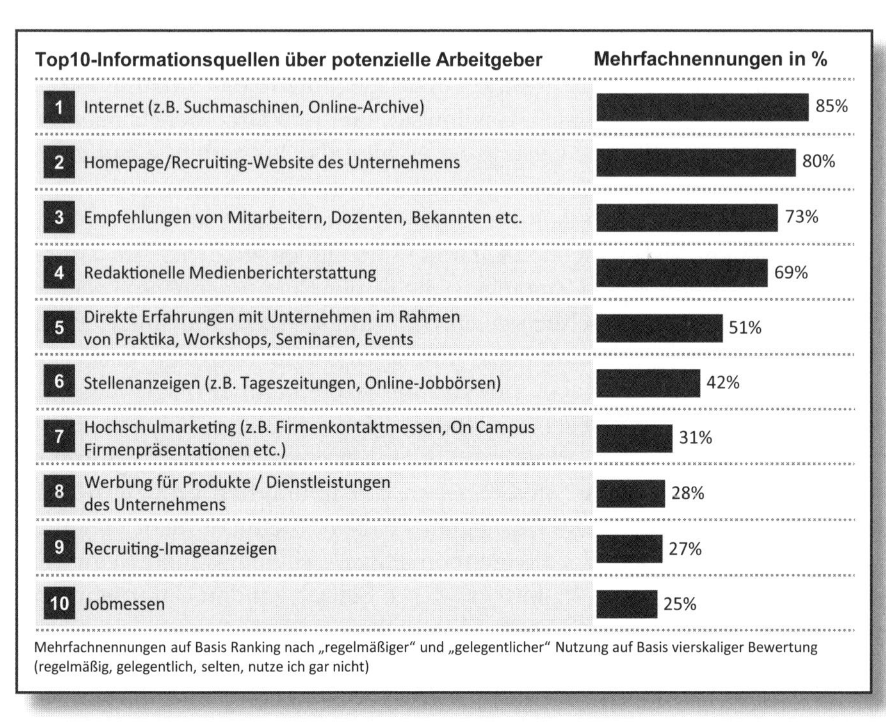

	Top10-Informationsquellen über potenzielle Arbeitgeber	Mehrfachnennungen in %
1	Internet (z.B. Suchmaschinen, Online-Archive)	85%
2	Homepage/Recruiting-Website des Unternehmens	80%
3	Empfehlungen von Mitarbeitern, Dozenten, Bekannten etc.	73%
4	Redaktionelle Medienberichterstattung	69%
5	Direkte Erfahrungen mit Unternehmen im Rahmen von Praktika, Workshops, Seminaren, Events	51%
6	Stellenanzeigen (z.B. Tageszeitungen, Online-Jobbörsen)	42%
7	Hochschulmarketing (z.B. Firmenkontaktmessen, On Campus Firmenpräsentationen etc.)	31%
8	Werbung für Produkte / Dienstleistungen des Unternehmens	28%
9	Recruiting-Imageanzeigen	27%
10	Jobmessen	25%

Mehrfachnennungen auf Basis Ranking nach „regelmäßiger" und „gelegentlicher" Nutzung auf Basis vierskaliger Bewertung (regelmäßig, gelegentlich, selten, nutze ich gar nicht)

Abbildung 22: Top10-Informationsquellen über potenzielle Arbeitgeber
Quelle: Gelbert/Inglsperger 2008, S. 17

von Praktika, Seminaren etc. Auch die redaktionelle Berichterstattung in Tages- und Fachzeitungen über Geschäftsmodell und Produkte/Dienstleistungen eines Unternehmens ist meinungsbildend für potenzielle Bewerber.

Verstärkte Bedeutung erfährt im Zeitalter von Web 2.0 der nutzerbasierte Erfahrungsaustausch in Blogs und Social Networks, die von Unternehmen nur bedingt steuerbar sind. Tools wie Jobstriker eignen sich perfekt zur Ausweitung von Mitarbeiter-werben-Mitarbeiter-Programmen ins Social Web. Entscheidend für den Erfolg solcher Maßnahmen in sozialen Netzwerken wie Facebook ist aber, dass sie ohne jeglichen Zwang oder Wettbewerbsdruck auf die Mitarbeiter erfolgen sollten. Jobs und Aktivitäten des Arbeitgebers im privaten Facebook-Profil zu veröffentlichen ist bereits ein großes Zugeständnis an den Arbeitgeber. Die direkte und authentische Interaktion mit der Zielgruppe stellt wohl den größten Vorteil der Social Networks dar (Esch/Eichenauer 2014). Auch wenn es so einfach wie nie ist, mit potenziellen Bewerbern ins Gespräch zu kommen, muss auch der Einsatz dieser Instrumente gezielt und nach Regeln erfolgen. Mit 1,06 Mrd. Nutzern eignet sich Facebook z. B. besonders, um das Unternehmen bekannt zu machen, also Traffic zu generieren, da die Nutzung sich häufig auf das Privatleben beschränkt (Esch/Gawlowski/Hanisch 2012, S. 12 f.; Facebook 2012). Eine unterhaltsame Gestaltung ist hier also besonders wichtig. Porsche gelingt dies mit attraktiven Arbeitgeber- und Imagevideos, welche auf dem Internetportal Youtube hinterlegt sind. Hier besteht für Unternehmen die Möglichkeit, einen eigenen Channel mit Videos einzurichten. Xing ist gegenüber diesen beiden Zugängen, die in der Prägungsphase eingesetzt werden können, im tatsächlichen Rekrutierungsprozess relevant. Kontakte entstehen hier auf professioneller Ebene und Unternehmen haben Zugriff auf detaillierte Angaben potenzieller Arbeitnehmer (Esch/Hanisch/Gawlowski 2013, S. 287 f.; Esch/Gawlowski/Hanisch 2012, S. 12 f.) Der Einsatz von Social Media erfordert allerdings eine entsprechende Pflege seitens des Unternehmens. Diese Medien leben von Interaktion und Authentizität. Eine Vielzahl an wenig gepflegten Profilen, die nicht mehr bieten als die Informationen auf der Firmenhomepage, bringen keinen Mehrwert. Einblicke in die Mission, Vision und deren Beitrag für den Unternehmensalltag sowie Berichte von eigenen Mitarbeitern sind für einen erfolgreichen Einsatz unerlässlich. „In sozialen Netzwerken erwarten Nutzer Gefühle, Privates und Erlebnisse" meint Prof. Dr. Thorsten Petry im Interview mit der Zeit (2010). Um diese Art von Storytelling erbringen zu können, muss entsprechend die Bereitschaft der Mitarbeiter, sich einzubringen, vorhanden sein. Bayer setzt diese Forderung gut um: Im Facebook-Profil findet man Erfahrungsberichte von Mitarbeitern aus den unterschiedlichsten Bereichen sowie Informationen über die unternehmenseigene Kinderbetreuung.

Trotz dieser starken Orientierung in die Online-Welt darf die Integration von Online- und Offline-Kommunikation nicht vernachlässigt werden. BMW setzt dies vorbildhaft mit der Aurasma-App um. Diese aktiviert die Kamera eines Smartphones und kann die herkömmliche Print-Anzeige zum Leben erwecken und ein Video starten, das BMW als Arbeitgeber präsentiert (Esch/Gawlowski/Hanisch 2012, S. 13).

Die **frühzeitige Ansprache zukünftiger Talente** ist ebenfalls sehr wichtig. Unternehmen wie BMW und General Electric sichern sich ihren Führungsnachwuchs rechtzeitig, indem sie ehemalige Praktikanten nach dem Studium erneut ansprechen oder sie bereits mit einem Vertrag an die Universität verabschieden. Zudem kann man durch die **Originalität der Maßnahmen** zur Ansprache potenzieller Mitarbeiter auch geringere finanzielle Möglichkeiten ausgleichen. Bosch tourte mit einem Truck durch deutsche Universitäten, um auf innovativem Weg Hochschulabsolventen und Young Professionals zu gewinnen. Das Motto lautet: Rechtzeitig die Saat säen, die jungen Pflänzchen gut schützen, dann erntet man auch gute „Früchte".

Zusammenfassend sollten vor Einführung von Kommunikationsmaßnahmen folgende Fragen gestellt werden, um die Effektivität und die Effizienz der Maßnahmen sicherzustellen (Esch/Eichenauer 2014).

1) **Werden die Markenwerte klar vermittelt?** BASF konnte das lückenhafte Wissen, selbst bei den eigenen Mitarbeitern, über Analysen und die konsistente Umsetzung der Markenwerte „Pioneering" „Professional" und „Passionate" hinter sich lassen und Sympathie, Vertrauen und Loyalität aufbauen. Im Gegensatz dazu vermittelt Axel Springer mit einem Spot, der einen unhöflichen Bewerber zeigt, der dem Vorstand vorschreibt, wie das Unternehmen zu führen ist, vermutlich nicht die tatsächlichen Unternehmenswerte.

2) **Ist die Recruiting-Maßnahme inhaltlich und formal an die Anforderungen der Marke angepasst?** Audi erfüllt mit dem Einsatz der Farben grau bzw. silber und rot die formalen Anforderungen und sichert damit ein schnelles Erkennen des Absenders auch bei Employer Branding-Maßnahmen. Zusätzlich werden auch inhaltlich konsistente Werte wie Innovativität und Stolz angesprochen. Nike trägt die inhaltliche Integration der Markenwerte sogar bis in die Bestätigungs-E-Mail mit dem Statement: „Use your imagination. If you are sure about what you want to do, you're half way there. There are no limits. Everyone at Nike has a dream. We use our life skills and professional talents to work towards it every day of our lives." (Ind 2004, S. 139). Keine gute Umsetzung findet man hingegen bei der Stellenanzeige von Nestlé. Anonymisiert könnte diese nicht dem Unternehmen zugeordnet werden (Abbildung 23).

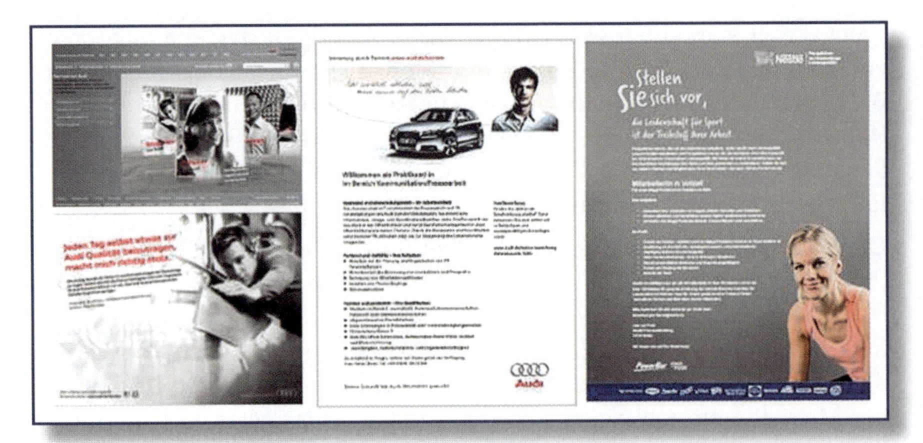

Abbildung 23: Integrierter Auftritt bei Audi versus mangelnde Anpassung an die Marke bei Nestlé
Quelle: Audi, Nestlé

Ist die Recruiting-Maßnahme eigenständig gestaltet?
IKEA bindet seine Produkte sehr geschickt in jeden Kontaktpunkt im Employer Branding-Bereich ein. Sei es in einer Anzeige, der Webseite oder dem Tool, um den Brand-Person Fit des Bewerbers zu messen (Abbildung 24). Aldi und Deloitte gelingt es hingegen nicht, sich eigenständig und kreativ zu präsentieren. Die Anzeigen gleichen sich wie ein Ei dem anderen (Abbildung 25).

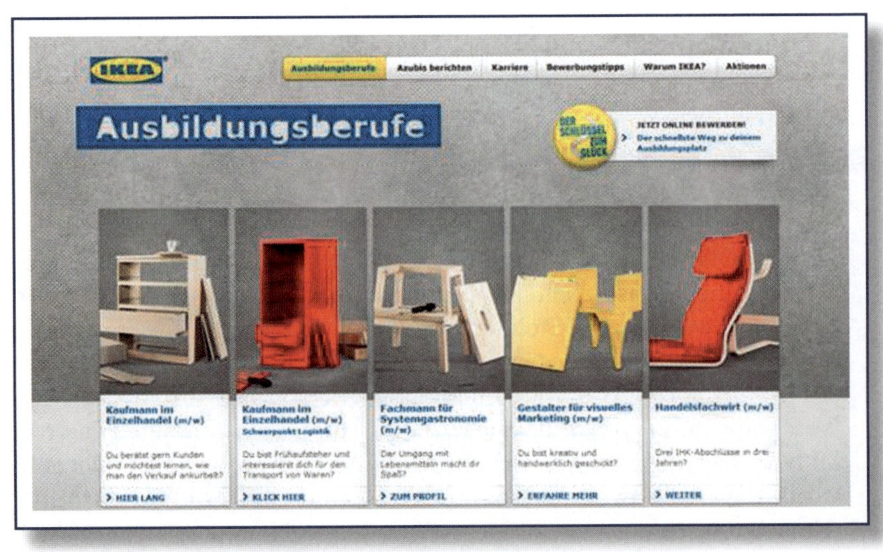

Abbildung 24: Eigenständige Gestaltung bei IKEA
Quelle: IKEA

Abbildung 25: Austauschbare Gestaltung bei Aldi (links) und Deloitte (rechts)
Quelle: Aldi, Deloitte

Werden relevante Bedürfnisse und Wünsche der Zielgruppe angesprochen?
McDonald's nahm eine Umpositionierung als Arbeitgebermarke vor, um den Wünschen der Zielgruppe zu entsprechen. So konnte es sich vom einst ungeliebten Arbeitgeber zu einem wandeln, der Spaß bei der Arbeit und Förderung von Talenten groß schreibt. Im Falle der Kampagne „Thank God, it's Monday" von Henkel ist jedoch fragwürdig, ob selbst hoch motivierte Bewerber diese Aussage unterstützen.

Sind die Maßnahmen direkt der Marke zurechenbar und sind sie auf die Informationsüberlastung abgestimmt?

Als Musterbeispiel der Zurechenbarkeit kann erneut IKEA genannt werden, aber z. B. auch DHL sichert durch die dominanten Farben gelb und rot das Wiedererkennen. DHL setzt darüber hinaus auf eine klare Hierarchisierung der Informationen (Abbildung 26). Nestlé hingegen kann weder bei der Zurechenbarkeit noch einer Anpassung auf die Informationsüberlastung punkten (Abbildung 23).

Abbildung 26: Klare Hierarchisierung der Informationen bei DHL
Quelle: DHL

Best Practice-Beispiel: McDonald's – Mit Employer Branding zum attraktiven Arbeitgeber

Ausgangssituation:
Trotz umfassender Bemühungen existierte eine große Kluft zwischen Innen- und Außenwahrnehmung der Marke McDonald's als Arbeitgeber. Internen Umfragen zufolge hatten rund 85 Prozent der McDonald's-Mitarbeiter Spaß an ihrer Arbeit. 81 Prozent der deutschen Bevölkerung lehnte allerdings McDonald's als guten Arbeitgeber ab. In der öffentlichen Wahrnehmung war McDonald's stark mit Kritik an historischen Fehlern behaftet. Neben allgemeinen Vorurteilen galt die Systemgastronomie zudem als Sackgasse ohne Perspektive. Um die Diskrepanz zwischen Innen- und Außenwahrnehmung abzubauen, entschied das Unternehmen, selbstbewusster als Arbeitgeber aufzutreten und dies zu kommunizieren – mithilfe einer ungewöhnlichen Kampagne.

Vorgehensweise:
McDonald's investiert langfristig in Maßnahmen des Employer Branding, um diese Vorurteile gegen das Unternehmen als Arbeitgeber zu

Abbildung 27: Employer Branding Kampagne zum Defizitausgleich bei McDonald's

widerlegen. Die jahrzehntelange Weiterentwicklung des Unternehmens im Umgang mit seinen Mitarbeitern bildete die Grundlage für die Entstehung einer Arbeitgeberkampagne und ermöglichte es, den Ansprüchen von Glaubwürdigkeit und Authentizität im Arbeitgeberimage gerecht zu werden.

Zunächst nutzte man Fehler der Vergangenheit als Ausgangspunkte zur Weiterentwicklung. Daraufhin investierte man in die Schaffung und den Ausbau interner Strukturen:

- Der Dialog mit der Gewerkschaftsseite wurde intensiviert und mündete im Abschluss des Tarifvertrages mit der Gewerkschaft Nahrung-Genuss-Gaststätten (NGG), der eine faire, leistungsgerechte Bezahlung aller Mitarbeiter garantiert.
- Die enge Zusammenarbeit im Bundesverband der Systemgastronomie (BdS) ermöglichte die Einführung des Ausbildungsweges „Fachkraft im Gastgewerbe in der Systemgastronomie“ im Jahr 2007. Die Ausbildung richtet sich vor allem an Hauptschüler und trägt damit zur Vielfalt im Ausbildungsangebot der Branche bei. Seit 2008 wurde zudem die Möglichkeit geschaffen, bei McDonald's ein duales Studium (Abschluss: Bachelor of Arts/Science) zu absolvieren, das Theoriephasen an einer Berufsakademie direkt mit praktischer Berufserfahrung im Restaurant verknüpft.
- Durch die Entwicklung eines speziellen Talentförderungsprogramms stehen allen Mitarbeitern vom Crew-Mitarbeiter bis zum Manage-

ment individuelle Weiterbildungs- und Qualifizierungsmöglichkeiten offen. Ein Beispiel ist hier das „Crew College", das 2007 in Kooperation mit den Volkshochschulen etabliert wurde und einen wichtigen Baustein im Förderungsangebot darstellt. Die Mitarbeiter erhalten so die besten Chancen zur beruflichen und persönlichen Weiterbildung.

- Schließlich wurde zur Förderung der Mitarbeiterbindung und -zufriedenheit eine neutrale Vertrauensstelle geschaffen, die Mitarbeitern in Konfliktsituationen Beratungshilfe anbietet.
- Ein betriebseigener Kindergarten und eine Kinderkrippe am Standort München sowie flexible Teilzeitmodelle unterstützen Eltern durch größere Flexibilität im Alltag.

Erst diese internen Maßnahmen schufen den Nährboden, um zentrale Leistungen und Angebote von McDonald's als Arbeitgeber glaubwürdig und authentisch an potenzielle Mitarbeiter zu kommunizieren. Die Employer Brand von McDonald's wurde mit Mitarbeitern in Workshops erarbeitet. Der Gesamtprozess wurde durch den Personalvorstand und dessen Abteilungen sowie Corporate Affairs koordiniert.

Ziel des Employer Branding ist die Information über McDonald's als attraktiven Arbeitgeber, mit Vorurteilen aufzuräumen und zu demonstrieren, dass jeder bei McDonald's eine Perspektive hat. Dementsprechend ist der Leitgedanke des Employer Branding Vielfalt sowie Aufstiegschancen unabhängig von Nationalität oder sozialem Status. Zentrale Zielgruppen für die Systemgastronomie sind vorrangig Hauptschüler mit unterschiedlichem kulturellem Hintergrund.

Kommunikationsstrategie: Die Erarbeitung des McDonald's-Kommunikationskonzepts erfolgte in Workshops und einem internen Casting-Wettbewerb. Ergebnis war die Kampagne „Mach Deinen Weg", mit der man Anfang 2010 echte Mitarbeiter mit ihren individuellen Geschichten vorstellte. Zielsetzung war es, jede einzelne Persönlichkeit offen und authentisch darzustellen. Ausschlaggebend für eine auf die Problemstellung zugeschnittene Konzeption als auch Evaluation der Kampagne war das Vertrauen in die Ergebnisse von Marktforschung und internen Umfragen. McDonald's führt regelmäßig anonyme Befragungen zur Mitarbeiterzufriedenheit und Wahrnehmung als Arbeitgeber durch.

Employer Branding-Kampagne: Schlüsselelement der Kampagne „Mach Deinen Weg" sollte die hohe Authentizität bei der Darstellung des Unternehmens als attraktiver Arbeitgeber sein. Um diese Glaubwürdigkeit zu erreichen, entschied man sich für einen riskanten Schritt mit dem

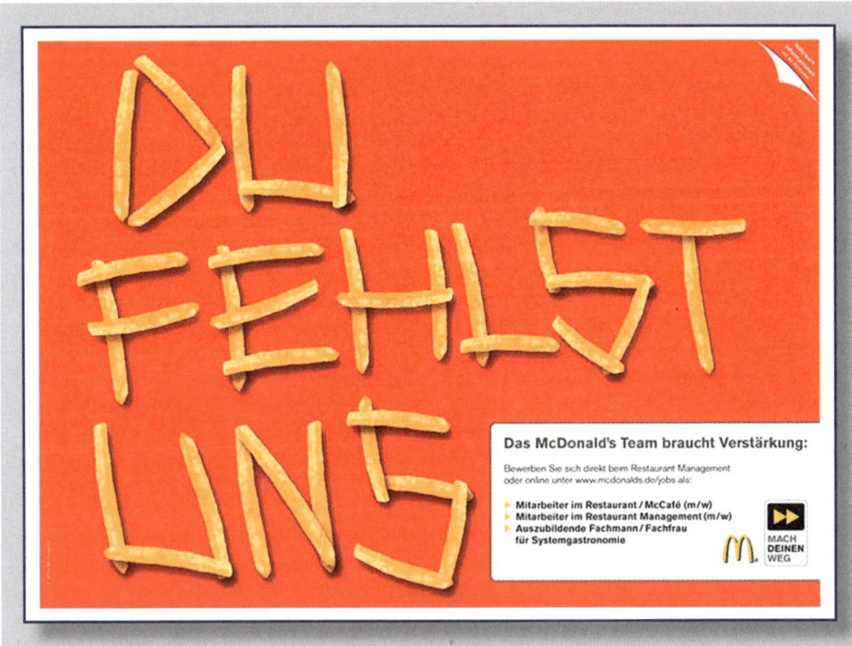

Abbildung 28: Tablettaufleger zur Suche nach Mitarbeitern von McDonald's
Quelle: McDonald's

Umgang mit Vorurteilen in der Öffentlichkeit. In der Kommunikation wurden die eigenen Mitarbeiter als Botschafter vor der Kamera eingesetzt, um die individuellen Vorteile eines Arbeitsplatzes bei McDonald's zu verdeutlichen. So warb eine Protagonistin mit „Du bist ja verrückt sagte meine Mutter erst. Heute ist sie wahnsinnig – wahnsinnig stolz auf mich." (Abbildung 27). Dieses Konzept erhöhte nicht nur die Authentizität der Kommunikation, sondern es verdeutlichte auch, dass die reale Mitarbeiterzufriedenheit in keiner angemessenen Relation zur externen Wahrnehmung steht. Die zentralen Aspekte der Employer Value Proposition wurden ebenfalls eingeflochten: „Hier zählt deine Leistung, wo du herkommst ist egal". Die Entscheidung für das Casting von eigenen Mitarbeitern war also eine logische Konsequenz auf dem Weg zum Abbau von alten Vorurteilen der allgemeinen Öffentlichkeit. Im Rahmen der begleitenden Einführungskampagne kommen verschiedene zielgruppengerechte Kommunikationskanäle zum Einsatz. Über Social Media-Plattformen und Online-Werbung werden Jugendliche dort angesprochen, wo sie sich im Netz bevorzugt bewegen. Mittels Hörfunkspots in Ballungszentren informiert McDonald's gezielt auch Eltern, die bei der Ausbildungswahl weiterhin eine wichtige Mittlerfunktion übernehmen. Restaurantkommunikation via Tablettaufleger, Broschüren oder Instore-TV ergänzt die Kampagne.

Mit dem neuen Ausbildungsclaim „Du hast die Zukunft! Wir haben den Plan." knüpft McDonald's inzwischen an seine erfolgreiche Mitarbeiterkampagne „Mach Deinen Weg" an. Die aktuelle Kampagne setzt dabei noch stärker auf ein zielgruppengenaues Informationsangebot: Entsprechend der drei Ausbildungswege, die McDonald's anbietet, können sich Interessierte in drei farblich codierten Themenwelten umfassend über die jeweiligen Einstiegsvoraussetzungen und Karrierewege informieren. Dabei werden Interessenten vom Banner bis zur Online-Bewerbung über die gesamte Informationssuche differenziert angesprochen und geführt. Portraits aus dem Arbeitsalltag von McDonald's Auszubildenden, umfassender Einsatz von Bewegtbild und dialogorientierte Social Media-Elemente machen den potenziellen Arbeitgeber transparenter und verständlicher.

Zentrale Recruiting Touchpoints waren vor allem die lokalen Filialen an 1.400 Standorten in Deutschland. Neben Instore Recruiting wurden auch regionale Print-Anzeigen geschaltet. Hintergrund ist, dass die potenziellen Mitarbeiter in den Restaurants vorrangig auf regionaler Ebene nach Jobs suchen und somit auch eine regionale Präsenz von Bedeutung ist. Darüber hinaus wurden jedoch auch Kooperationen mit Stellenbörsen wie z. B. meinestadt.de und Social Media-Netzwerken wie Xing und Facebook aufgebaut.

Ergebnis:
Im Rückblick konnte die Kampagne die kommunikativen Ziele erfüllen und teilweise übertreffen. Das Unternehmen hat seinen Wandel als Arbeitgeber authentisch kommuniziert und damit eine entscheidende Weiche gestellt, um auch zukünftig die Versorgung mit Fachkräften sicherzustellen. 2012 knüpfte bereits die vierte Fortsetzung an die Kampagne an.

- Sowohl die Wahrnehmung von McDonald's als guter Arbeitgeber als auch die Entwicklung der Bewerbungen hat sich positiv entwickelt. Die Qualität und Quantität der eingegangenen Bewerbungen hat seitdem stark zugenommen.
- Das Ziel, die positive Wahrnehmung als Arbeitgeber zu erhöhen, wurde erreicht: Die Umfragewerte zur Wahrnehmung als attraktiver Arbeitgeber stiegen um 44 Prozent.
- Auch in der Öffentlichkeit konnte ein positiveres Arbeitgeberimage verankert werden. So erlangte McDonald's durch verschiedene Nominierungen und Auszeichnungen öffentliche Anerkennung als

> Arbeitgeber. Die Kampagne wurde bei der Vergabe des „Employer Branding Award 2010" des Trendence Instituts in der Kategorie „Größter Imagewandel" mit dem 1. Platz ausgezeichnet. Weiterhin konnte sich McDonald's beim Employer Branding Award 2011 des Trendence Instituts erneut in der Kategorie bestes Schülermarketing auf dem ersten Platz durchsetzen.
>
> Auch nach innen konnten Erfolge verzeichnet werden. Die umfassende Zustimmung der Mitarbeiter ließ sich aus entsprechenden Umfragewerten und dem allgemein sehr positiven Feedback ableiten. Damit trägt die Kampagne zu einer stärkeren Mitarbeiterbindung bei und erhöht das Zusammengehörigkeitsgefühl.
>
> *Quelle: http://www.employerbranding-blog.de/ (offizieller Blog von McDonald's Deutschland)*

2.5 Passung zwischen Marke und Mitarbeiter in die Bewerberselektion einbeziehen

Eine Employer Brand bündelt das Leistungsversprechen, um neue potenzielle Mitarbeiter zielgenau anzusprechen. Für die potenziellen neuen Mitarbeiter geht es darum, sich bei der Wahl und Bewerbung ihres künftigen Arbeitgebers möglichst so entscheiden, dass sie ihre Talente und Fähigkeiten bestmöglich einsetzen können. Für Unternehmen ist zwar eine hohe Anzahl an Bewerbern schmeichelhaft, bedeutet jedoch auch erhöhten administrativen Aufwand. Ziel eines Unternehmens ist es daher, einen effizienten Weg zur Findung des richtigen Mitarbeiters zu beschreiten. Ein wirkungsvolles Instrument, um dies zu gewährleisten, ist der **Brand-Person Fit**. Hierunter versteht man die Passung von individuellen Wertevorstellungen mit denen des Unternehmens (Esch/Strödter 2012, S. 141 ff.). Die Persönlichkeitswerte eines Arbeitnehmers müssen idealerweise zu den Markenwerten des Unternehmens passen. Liegt eine hohe Übereinstimmung vor, ist die Wahrscheinlichkeit für eine erfolgreiche Bewerbung höher. Man kann sich vorstellen, für ein Unternehmen zu arbeiten. Teilen Mitarbeiter und Unternehmen tatsächlich die gleichen Werte, kann nach Eintritt in die Organisation leichter Motivation und Mitarbeiterbindung erreicht werden. Für Unternehmen ist dies ein attraktiver Weg, um effizient die „Right Potentials" zu finden und den administrativen Aufwand zu reduzieren.

Der Prozess zur Selbst-Selektion bei potenziellen Mitarbeitern erfolgt anhand folgender Dimensionen:

1) **Aufgabenprofil** und **fachliche Kenntnisse des Bewerbers (Fachprofil)**

2) **Branchen- und Arbeitgeberimage** und **Selbstbild des Bewerbers (Persönlichkeit)**
3) **Unternehmenskultur** und **individuelle Wertevorstellungen (Wertevorstellungen)**

Diese abstrakten Dimensionen sowie der Prozess sollen anhand der Marken Apple und IBM kurz erläutert werden: Während Apple als einer der ältesten Computermarken als jung, designorientiert und innovative Marke gilt, ist IBM konservativ, kompetent und eine sichere Wahl in der IT-Branche. Auch wenn die Bewerber beider Unternehmen sicherlich eine hohe IT-Kompetenz aufweisen, werden sich junge, dynamische Absolventen eher an Apple orientieren, während andere Bewerber eher zu IBM tendieren. Ähnliches lässt sich bei stark profilierten Marken über alle Branchen beobachten. Sind die Arbeitgebermarken jedoch austauschbar, fehlt die Orientierung und somit die Favorisierung eines Arbeitgebers am Markt.

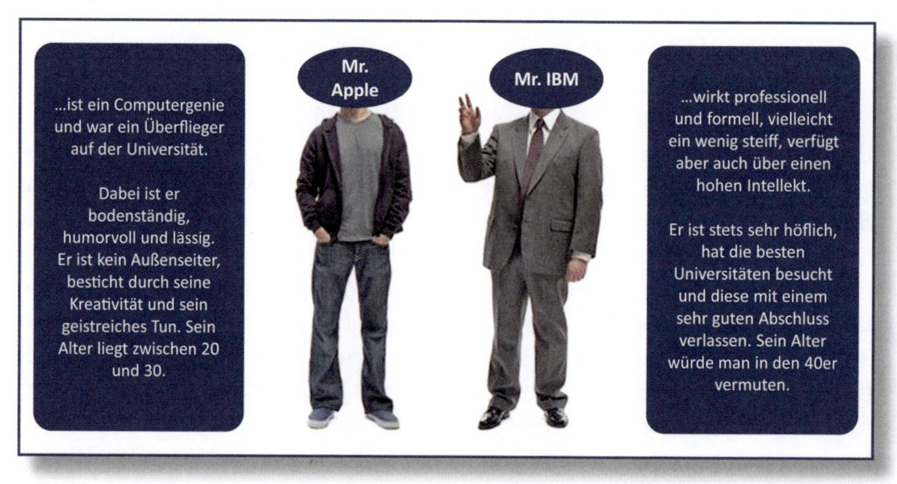

Abbildung 29: Mr. Apple und Mr. IBM
Quelle: Prof. Meffert, Marketing Centrum Münster; Riesenbeck/Perrey, 2004

Um diesen Prozess frühzeitig einzuleiten und bei der Personalauswahl angemessen zu berücksichtigen, erfolgt die **Integration der Markenwerte zum Self-Assessment**

1) **vor der Bewerbung** durch Online-Plattformen,
2) **im Bewerber-Prozess** (Assessment und Interviews).

1) Vermittlung der Markenwerte durch Online-Plattformen:
Um den Brand-Person Fit aktiv zu nutzen, verlassen sich Unternehmen allerdings nicht nur auf Employer Branding-Kampagnen oder die Ausgestaltung der verschiedenen Recruiting Touchpoints. Bereits vor der Bewerbung

nutzen viele Unternehmen mittlerweile die Möglichkeit, den Bewerbern das Werte-Set des Unternehmens spielerisch zu vermitteln.

Self-Assessment durch Online-Szenarien: BP nutzt ein umfassendes Online-Tool mit 55 Fragen. Anhand der Beantwortung dieser Fragen erfolgt eine anonyme Auswertung von (a) geeigneten Stellen für den Bewerber (nach Funktion, Profil etc.) als auch (b) eine Auswertung des Fits mit den Markenkernwerten von BP. So erfolgt ein Abgleich der Antworten mit den drei Kernwerten „Relating to others", „Quality of Thinking" und „Passion to Excel".

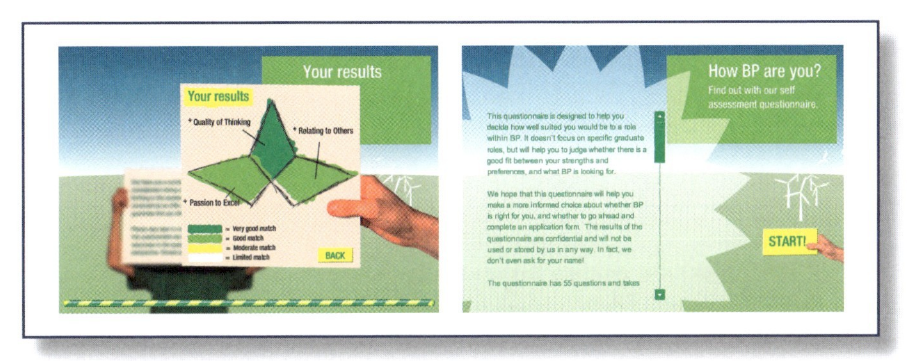

Abbildung 30: Marken-Werte Fit im Bewerbungsprozess von BP
Quelle: BP

IKEA bietet seinen potenziellen Interessenten einen vereinfachten Test an, mit dem jeder Bewerber einfach prüfen kann, wie er zur Unternehmenskultur und zur Marke IKEA passt. Denn „Nicht jedes Sofa passt zu jedem unserer Kunden. Und nicht alle unsere Jobs sind für alle Bewerber gleich

Abbildung 31: Marken-Werte-Fit als Spiel bei IKEA
Quelle: IKEA

attraktiv.", schreibt das Unternehmen selbst auf seiner Website. Bei Eingabe der falschen Antworten wird dem Interessenten auch nahe gelegt, dass er sich bei IKEA nicht richtig zu Hause fühlen würde.

Self-Assessment durch Spiele zu Markenwerten, Produktportfolio und Job: Der Konsumgüterhersteller Reckitt Benckiser informiert spielerisch über alle relevante Facetten der Bewerbung. Anhand eines „Core Values Game" werden die Markenkernwerte erläutert und anhand praktischer Arbeitssituationen in einen Kontext gerückt. Dies gibt dem Bewerber einen Einblick, wie Reckitt Benckiser ist und welche Art von Personen gesucht werden. Im zweiten Schritt erfolgt im Spiel „powerRBrands" und „Match the Brand Game" eine Vorstellung des Produktspektrums sowie des umfassenden Markenportfolios. Schließlich kann in einem „Virtual Career Center" ein passender Arbeitsplatz gesucht werden.

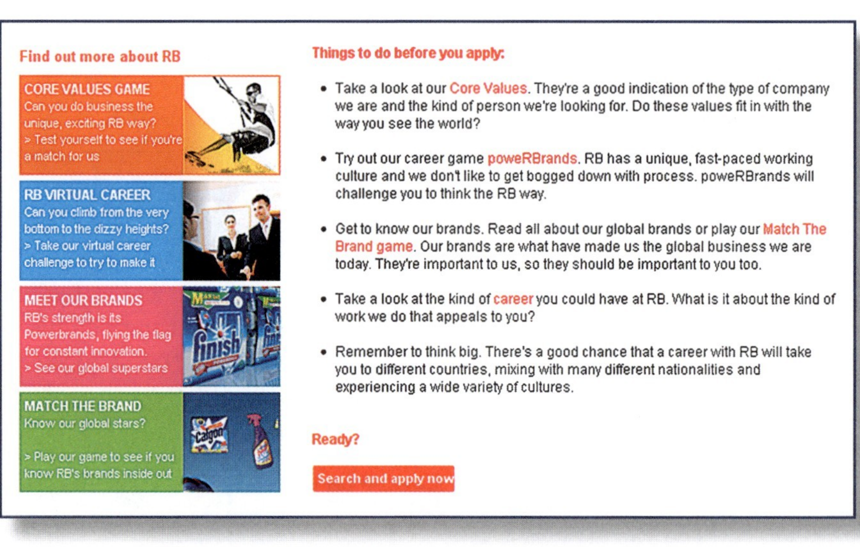

Abbildung 32: Marken-Werte-Fit bei Reckitt Benckiser
Quelle: Reckitt Benckiser

Self-Assessment durch Recruiting-Events: In Recruiting-Events haben Bewerber und Unternehmen gleichermaßen die Möglichkeit, Einblicke in das Werteverständnis jedes Einzelnen zu erhalten. In Rollenspielen werden Situationen konkret mit anderen Bewerbern vollzogen, um zu sehen, wie Bewerber reagieren. Danone führt dreitägige Recruiting-Events durch, um über verschiedene Aktivitäten, wie eine interdisziplinäre Fallstudie, ein Krimi-Dinner, Kletteraktivitäten und andere Maßnahmen Einblicke in die Stärken und Schwächen der Teilnehmer und deren Passung zur Marke zu erhalten (Esch 2008, S. 11).

2) Integration der Markenwerte in den gesamten Bewerbungsprozess:
Die Prüfung des Marken-Fits ist insbesondere während des Recruitingprozesses essenziell für die Selektion der Right Potentials.

Erst wenige Unternehmen integrieren die Markenwerte in den Recruitingprozess (Ind 2004, S. 139). Ein Best-Practice-Beispiel ist hier Nike. Anstatt bei einer Bewerbung lediglich die Nachricht „Danke für Ihre Bewerbung" zu senden, wird diese bei Nike um ein starkes Statement bereichert: „Use your imagination. If you are sure about what you want to do, you're half way there. There are no limits. Everyone at Nike has a dream. We use our life skills and professional talents to work towards it every day of our lives." (Ind 2004, S. 139). Durch diese ehrliche und inspirierende Antwort wird bereits eine wertelastige Nachricht an den potenziellen Mitarbeiter kommuniziert, der so seine Absicht auf diese Ansprüche nochmals überprüfen kann.

Für Auswahlgespräche kann dies zudem bedeuten, verstärkt bestehende Mitarbeiter einzusetzen, die meist ein gutes Gespür dafür besitzen, ob ein zukünftiger Arbeitnehmer in die bestehende Kultur passt, sie bereichert und bestimmte Werte auch an Kunden oder andere Externe vermitteln kann. Für Virgin ist diese Form das Recruiting z. B. ein äußerst wichtiges Instrument. Über unkonventionelle Interviewfragen wird ein Gefühl für die betreffende Person entwickelt. Drei Aspekte sind für Virgin von besonderer Relevanz: ob der Bewerber anders ist als die Masse, er mit Druck umgehen kann und einen guten Sinn für Humor hat. Denn diese drei Eigenschaften erwecken die Brand Virgin zum Leben (Colyer 2003).

Bei Southwest Airlines werden die zentralen Markenselektionskriterien wie Freundlichkeit, Spontaneität, Teamfähigkeit und Humor in der unmittelbaren Interaktion mit zukünftigen Kollegen geprüft – und dies ganz ohne Umwege. Durch konkrete Rollenspiele wird getestet, ob ein Bewerber in einer kniffligen Situation spontan sowie freundlich und humorvoll reagiert (Esch et al. 2012, S. 172 ff.).

Lufthansa hat ein Konzept zur Gewinnung von Mitarbeitern entwickelt, bei dem über unterschiedliche Stufen und Tests die Right Potentials markenorientiert ermittelt werden. Hierfür erfolgten zunächst die Entwicklung eines ganzheitlichen Ansatzes, einer gemeinsamen IT-Infrastruktur sowie ein konzernweites Bewerbermanagement. Der aufwändige Prozess der Bewerbungsabwicklung wich einer durchgängigen Digitalisierung, um Abläufe zu straffen, Kosten zu reduzieren und den Prozess zu beschleunigen.

Eine erste Orientierung und Informationen zur Lufthansa erhalten potenzielle Kandidaten durch das Internet. Zentrale Plattform für diese Interaktion ist das Job- und Karriereportal „Be-Lufthansa.com". Hier erfolgt auch die Identifikation der Kandidaten und die Erfassung ihrer persönlichen Daten. In Online-Assessments erfolgt eine erste Prüfung der fachlichen und überfachlichen Qualifikation. Hierbei erfolgt neben fachlichen Tests auch eine Abfrage zahlreicher Szenarien und Alltagssituationen, in denen die Mitarbeiter von morgen ihr Rollenverständnis der Marke Lufthansa unter Beweis stellen müssen. Durch den Einsatz internetfähiger Auswahltools können diese Qualifikationen frühzeitig den Anforderungsprofilen der Fachbereiche zugeordnet werden. Diverse Online-Assessment-Tools erleichtern das Bewerbungs-Screening und vereinfachen hierdurch die Auswahl des Bewerberpools. Dies reduziert die Menge der Teilnehmer für die anschließenden Telefoninterviews, die Eignungsuntersuchung sowie die Assessment Center. Fünf verschiedene Jobfamilien dienen dazu, die verschiedenen Geschäftsbereiche sowie deren Stellen, basierend auf den Qualifikationen, in Gruppen zusammenzufassen. Ein hinterlegter Algorithmus ermöglich digital den Abgleich des Bewerberprofils mit verschiedenen Anforderungsprofilen (Job Matching). Dies beschleunigt den Gesamtprozess enorm. Die Auswahl und Entscheidung sowie die Einstellung erfolgt wiederum in Abstimmung mit der Personalabteilung, der Fachabteilung und der Mitbestimmung. Auch bei einer negativen Entscheidung besteht die Möglichkeit, zukünftig auf das Potenzial eines Interessenten, bei eigenem Wunsch, zuzugreifen. Die klassische Initiativbewerbung wird nun durch eine dauerhafte Bindung externer Talente über ihren Karrierezyklus abgelöst.

Abbildung 33: Online-Bewerbungsportal der Lufthansa
Quelle: Lufthansa AG

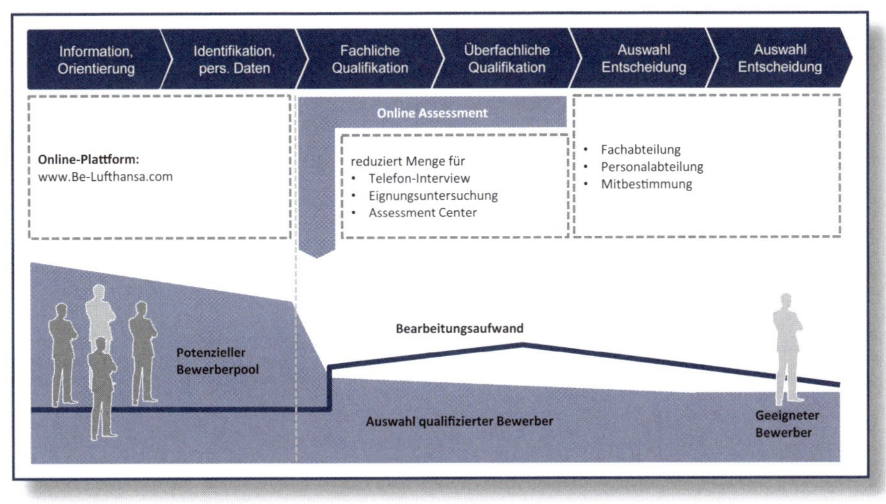

Abbildung 34: Ablauf der Bewerbungen bei Lufthansa
Quelle: Krüger 2012, S. 322

Fazit: Employer Branding ist weitaus mehr als eine integrierte Kommunikationskampagne. Im Gegensatz zum Recruiting steht nicht die kurzfristige Personaldeckung im Vordergrund, sondern eine langfristige Positionierung bei potenziellen Mitarbeitern, um die richtigen Mitarbeiter zu gewinnen und dadurch besser an das Unternehmen zu binden. Starke Employer Brands müssen die mitarbeiterrelevanten Aspekte der Unternehmensmarke extrahieren und ihre charakteristischen Wesensmerkmale herausarbeiten. Nur wenn es gelingt, diese entlang aller Recruiting Touchpoints zu orchestrieren, ist es möglich, die Employer Brand zu stärken und die Recrutingeffizienz nachhaltig zu erhöhen.

Erfüllt die Positionierung die genannten Anforderungen und wird sie entsprechend umgesetzt, dann ergibt sich in den Köpfen der Anspruchsgruppen eine einzigartige Stellung und ein positives „Great place to work"-Image, wenn diese Werte im Unternehmen auch gelebt werden.

D. Behavioral Branding – Vom Mitarbeiter zum Markenbotschafter

1. Prozess zur Verankerung der Markenorientierung gestalten

Bei der Verankerung der Marke nach innen spricht man in der Regel von einem Brand Engagement-Prozess. Dieser wird zu Beginn der Verankerung der Marke im Unternehmen als Change Management-Prozess betrachtet. Zentraler Startpunkt ist die klare Definition der Ziele sowie des Customer Brand Experience-Konzepts. Damit gilt der Leitsatz von Steve Jobs: **"You've got to start with the customer experience and work back toward the technology – not the other way around."** Ist die Richtung klar definiert, fokussiert die interne Markenführung die Strategie, um dieses Ziel zu erreichen. Marke schafft nach innen den notwendigen Fokus für Mitarbeiter, motiviert diese und erleichtert Entscheidungen im Alltag, die getroffen werden müssen. Das Markencommitment und Handeln der Mitarbeiter sind gewissermaßen die Blutbahnen, um Prozesse und Systeme mit Leben zu füllen. Ziel ist es, die Mitarbeiter stärker über ein Markenversprechen auf den Kunden zu fokussieren. Ein nachhaltiges Kundenerlebnis erzeugt wiederum Zufriedenheit (bei bestehenden Kunden) und Weiterempfehlungen (wodurch neue Kunden generiert werden). Über diese zwei Effekte erfolgt eine positive Beeinflussung des wirtschaftlichen Markterfolgs. Die Verankerung der Marke nach innen ist also kein Selbstzweck, sondern ein wirksamer Hebel zur Schaffung von Wertschöpfung.

Da das Verständnis der Markenwerte und deren Übernahme in das Verhalten kein trivialer Prozess ist, muss mehr erfolgen als nur interne Werbekampagnen oder Faltblätter mit Informationen. Mitarbeiter müssen ermutigt und befähigt werden, eigenverantwortlich Lösungen im Sinne des Leistungsversprechens zu erarbeiten. Wertvollste zu entwickelnde Ressource sind das Wissen, Begreifen und Können der Mitarbeiter. Dies geschieht nicht über Nacht. Die interne Markenführung ist ein Change Management-Prozess, der in die Organisation getragen werden muss und schließlich in einer Daueraufgabe mündet.

Die zentrale Herausforderung stellt die **Transformation vom reinem Wissen über die Markenwerte in das Verhalten der Mitarbeiter** dar, um das Markenerlebnis (Brand Experience) zu aktivieren. Jürgen Hambrecht, ehemaliger

Vorstandsvorsitzender der BASF SE, betont daher (2013): „Wir brauchen mehr Verstand, vielleicht weniger Wissen. Mehr Durchdenken, als schnelles Aufladen von irgendwelchen Informationen" (Hambrecht 2013). Das Verständnis für die Markenwerte und die Übernahme in das persönliche Werteset der Mitarbeiter bildet das Ziel der Anstrengungen der internen Markenführung. Erst wenn dies erfolgt, kann die Aktivierung eines differenzierenden Kundenerlebnisses gelingen, welches sich im wirtschaftlichen Erfolg niederschlägt. Es gilt somit letztlich: „Behavior drives performance".

Der Prozess zur internen Markenführung soll in Anlehnung an den Change-Management Prozess von Aiken/Keller sowie Keller/Price (2011) anhand von fünf Phasen durchlaufen werden. Im Rahmen des Change Management Prozesses müssen fünf zentrale Fragestellungen beantwortet werden:

1) **Aspire:** Welches Ziel wollen wir erreichen?
2) **Assess:** Wie bereit sind wir, den Weg zu diesem Ziel einzuschlagen?
3) **Architect:** Was benötigen wir, um das Ziel zu erreichen?
4) **Act:** Wie wird die Reise zur Transformation gemanagt?
5) **Advance:** Wie machen wir nach der Implementierung weiter?

Diese fünf Phasen decken alle Aufgaben und Prozesse der internen Markenführung ab (siehe Abbildung 35):

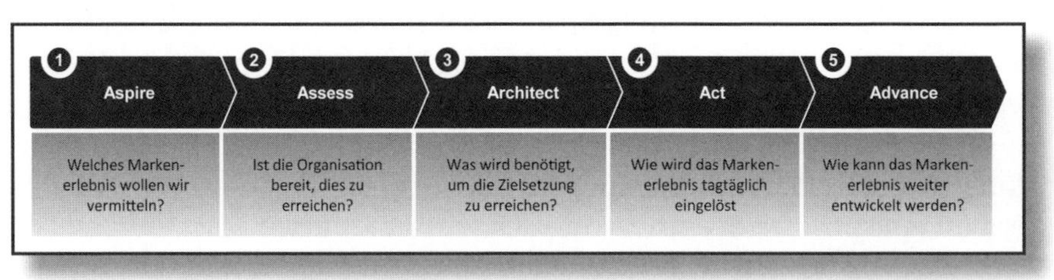

Abbildung 35: Change Mangagement Prozess des Internal Branding
Quelle: in Anlehnung an Keller/Price 2011

Zu 1) Aspire – Welches Ziel wollen wir erreichen?

Zu Beginn des Prozesses zur internen Markenführung ist eine **klare Zielsetzung** zu formulieren, die **messbar ist**.

- **Klare und erreichbare Zielsetzung:** Bevor ein Prozess zur internen Markenführung eingeleitet wird, stellt sich zunächst die Frage nach der Zielsetzung. Die Zielsetzung des Change Management muss hierbei so klar und deutlich wie möglich formuliert sein und sollte die Anzahl von drei bis fünf Zielen nicht überschreiten. Wirkungsvolle Zielsetzungen müssen daher in ihrer Formulierung (1) spezifisch, (2) messbar, (3) erreichbar, (4) relevant und (5) zeitlich fixiert sein. Vielfach scheitern Unternehmen an unklaren oder unrealistischen Zielsetzungen bei der Transformation zu markenorientierten Vorgaben. Die „Marke ins Unternehmen tragen" ist z. B. kein konkretes Ziel, das für Mitarbeiter oder andere Funktionsbereiche klar nachvollziehbar ist. Um möglichst spezifisch zu sein, müssen Ziele konkret und plastisch formulieren, wie das Ergebnis aussehen soll. Dieser Zielzustand muss in Kenngrößen messbar quantifiziert werden können. Zudem müssen die Ziele anspruchsvoll formuliert sein, jedoch auch realistisch erreicht werden können. Schließlich muss das „Warum" der internen Markenführung klar hinterlegt sein und zeitlich in einem Erreichungshorizont definiert werden.

- **Eindeutig definiertes Markenerlebnis:** Um die Zielformulierung anhand der Marke zu kanalisieren ist es hilfreich, ein zu erzielendes Markenerlebnis zu definieren. Dies ist besonders wichtig, um den Mitarbeitern eine klare Vision des Zielbildes zu geben. Gleichzeitig kann das Erlebnis in Ursache-Wirkungs-Zusammenhängen mit externen und internen Erfolgsgrößen verknüpft werden. Hierdurch werden Ergebnisse und Wirkungen bei den Kunden ebenso klar eingegrenzt wie konkrete Erwartungen an die Mitarbeiter.
- **Performance-Ziele:** Anhand der definierten Zielsetzungen sind KPIs zur Erfolgsmessung zu definieren. Diese stellen die klare Ausrichtung auf die Zielsetzung sowie den Implementierungserfolg sicher. Hierbei ist bereits auf die Verknüpfung von Ursache-Wirkungs-Zusammenhängen zu achten, die KPIs der internen Markenführung (z. B. Commitment) bis hin zum wirtschaftlichen Erfolg (z. B. zusätzlicher Umsatz durch Weiterempfehlungen) berücksichtigen. Gleichzeitig stellt dies die Verbindlichkeit des Prozesses sicher und sollte die Integration in das bestehende Anreizsystem ermöglichen.

Zu 2) Assess – Wie bereit ist die Organisation für dieses Ziel?

In einem zweiten Schritt ist zu identifizieren, welche **Stärken und Schwächen** die Organisation aktuell aufweist und welche **Barrieren im Mindset** existieren.

- **Fähigkeit und Bereitschaft zum Wandel:** Nach der Definition der Zielsetzungen sind Fähigkeiten (Können) und Bereitschaft (Wollen) der Organisation zu einem tiefgreifenden Wandel hin zu einer stärkeren Markenorientierung zu prüfen. Stärken und Schwächen in den Kenntnissen sind ebenso zu bestimmen, wie Barrieren im Mindset der Mitarbeiter. Insbesondere der letzte Aspekt ist wichtig, um neben faktenorientierten Zielsetzungen auch persönliche Widerstände und politische Interessen mit zu berücksichtigen.
- **Prozesse und Strukturen:** Strukturen und Prozesse sowie das Anreizsystem sind für die interne Markenführung ein wichtiger Erfolgsfaktor.

Daher gilt es vor der Implementierung zu verstehen, welche Strukturen und Prozesse aktuell die Leistungserfüllung ermöglichen oder behindern. Gleichzeitig ist zu bestimmen, welche Strukturen und Prozesse in Zukunft notwendig wären.

- **Baseline für die Erfolgsmessung:** Um eine stringente Projektsteuerung und Erfolgsmessung zu ermöglichen, ist frühzeitig die „Baseline", also die Ausgangsbasis für die interne Markenführung festzulegen. D. h. konkret, der Status quo muss anhand der gewählten KPIs bestimmt werden, um einen Fortschritt nach Projektbeginn sicherzustellen. Hierzu sollte eine Nullmessung im Unternehmen durchgeführt werden.

Zu 3) Architect – Was wird benötigt, um die Zielsetzung zu erreichen?
Das Herzstück jedes Brand Engagement-Prozesses ist die Fragestellung, **welche** Veränderungen im Unternehmen erreicht werden sollen und vor allem **wie**.

- **Konkrete Definition von Initiativen für das Brand Engagement-Programm:** Für die Akzeptanz und den Erfolg der Umsetzung ist es besonders wichtig, die Akzeptanz der Mitarbeiter zu erzielen. Daher ist die frühzeitige Einbindung jener Mitarbeiter in den Gestaltungsprozess sinnvoll, die auch am stärksten von der Veränderung betroffen sind. Nach der ersten Zieldefinition durch das Top Management ist daher das Involvement von Führungskräften und Mitarbeitern in den betroffenen Bereichen notwendig. Dies schafft die notwendige Bodenhaftung für konkrete Initiativen sowie die klare Zurechenbarkeit der Verantwortung. Darüber hinaus können Kunden aktiv in den Prozess zur Gestaltung der Initiativen mit einbezogen werden. Zum Beispiel hatte sich eine Bank zum Ziel gesetzt, ein flexibleres und kundenzentriertes Erlebnis zu verankern. Hierzu wurden ausgewählte Kunden eingeladen, Call Center, Bankschalter etc. mit zu optimieren. Mit diesem Input wurden die 100 vielversprechendsten Initiativen ausgewählt und die entsprechenden Verantwortlichen für die dahinterliegenden Prozesse stärker involviert. Hierdurch wurde die klare Verantwortung und Kundennähe sichergestellt. Mitarbeiter erhielten zusätzliche Tools, um den Kunden maßgeschneiderte Angebote machen zu können. Führungskräfte wurden durch Entwicklungsprogramme befähigt. Gleichzeitig wurden jedoch auch die individuellen Leistungsbeurteilungen und Entlohnungssysteme direkt an die neu geschaffenen Initiativen gekoppelt.
- **Entwicklung einer packenden Change Story:** Für den Erfolg einer erfolgreichen Transformation ist nicht nur ausschlaggebend, wie einflussreich die Führung, sondern auch wie empfänglich die interne Zielgruppe ist. Um Mitarbeiter zur Transformation zu motivieren, ist eine packende Change Story zu entwickeln. Allerdings ist dies in der Realität nicht immer einfach umzusetzen. Was das Top Management oder die Füh-

rungskräfte motiviert, muss nicht zwingend die Mitarbeiter motivieren. In Unternehmen sind in der Regel zwei Ansätze zu finden: (1) Entweder die Story „Wir waren in der Vergangenheit gut, allerdings müssen wir uns ändern, um wieder an der Spitze zu sein" oder (2) die Turnaround-Story „Wir schneiden aktuell schlechter ab als unsere Wettbewerber und müssen uns ändern, um zu überleben". Diese Ansätze sind rationale Ansätze um den „Sense of Urgency" – also der Notwendigkeit zum Wandel – zu schaffen. Allerdings scheitern diese Ansätze oft, die breite Masse an Mitarbeitern zu mobilisieren. Studien der Sozialwissenschaften zeigen, dass in der Regel fünf Elemente einen Mitarbeiter motivieren können (Aiken/Keller 2009):

- Einfluss auf die **Gesellschaft** (z. B. Beitrag zur lokalen Gemeinschaft etc.)
- Einfluss auf die **Kunden** (z. B. besserer Kundenservice etc.)
- Einfluss auf das **Unternehmen** (z. B. Größe, Umsatz etc.)
- Einfluss auf das **Arbeitsteam** (z. B. Stellen, Wertschätzung etc.)
- Einfluss auf die **Person** (z. B. Karriereentwicklung, Gehalt oder Bonus etc.)

Dies verdeutlicht, dass die meisten Unternehmen knapp 80 Prozent der motivationalen Kraft bei der Gestaltung der Change Story ignorieren. Eine gute Change Story muss daher alle fünf Elemente abdecken, um eine breite Motivation zu entfalten.

Visionäre Führungskräfte wenden viel Zeit und Energie auf, um eine nachhaltige Change Story zu vermitteln. Den größten Buy-in erhalten Unternehmen jedoch, wenn die **Change Story von den Mitarbeitern selbst geschrieben** wird.

So konnte in Studien mehrfach festgestellt werden, dass Menschen viel eher zu einem selbst gewählten Ziel stehen. Die Forscherin Ellen Langer gab in einem Experiment Fabrikarbeitern die Möglichkeit, an einer Lotterie teilzunehmen. Die eine Hälfte der Mitarbeiter erhielt Lose mit Zahlen, die andere Hälfte durfte die Zahl selbst aufschreiben. Am nächsten Tag bot sie jedem Losbesitzer an, für etwas Geld das Los zu tauschen. Die Mitarbeiter mit den selbstgeschriebenen Losen bestanden weitgehend darauf, ihre Nummer zu behalten. Menschen zeigen also stärkeres Commitment, wenn das Ziel selbst gewählt ist (Langer 1975, S. 311 ff.).

Dementsprechend hat der Konzern BP im Rahmen seines Change Programms die Verantwortlichen einzelner Initiativen aufgefordert, die eigene Change Story aufzuschreiben. Schließlich wurden die Inputs aggregiert und zu einer zentralen Change Story geformt. Der Buy-in bei Führungskräften und deren Mitarbeitern ist hierdurch wesentlich stärker als bei einer reinen Top-Down Change Story.

- **Rollendefinition des Project Management Office (PMO):** Bei größer angelegten Brand Engagement-Programmen ist das Project Management Office (PMO) das verbindende Element von Daten, Initiativen der Linienverantwortlichen sowie der Entscheidungen des Top Managements. Das zentrale Projektsteuerungsteam koordiniert alle Initiativen und schafft die notwendige Transparenz über Fortschritte und Erfolge. Es definiert die Geschwindigkeit und die Zeitplanung der internen Markenführung und stellt die Einhaltung von Meilensteinen und Terminen sicher. Gleichzeitig initiiert es die Diskussion von zentralen Themen sowie der Konsistenz der inhaltlichen Ausrichtung des Brand Engagement-Programms. Es ist damit gleichzeitig das wichtigste interne und externe Kommunikationsteam für die interne Markenführung.

Zu 4) Act – Wie wird das Markenerlebnis tagtäglich umgesetzt?

- **Pilot-Initiativen zum Testen und Anpassen:** Um den Erfolg einer breit angelegten internen Markenführung sicherzustellen, ist der stufenweise Einsatz von Pilotprojekten sinnvoll. Dies erlaubt eine fokussierte Initiative mit voller Aufmerksamkeit der Führung bei gleichzeitiger Adjustierungsmöglichkeit des Implementierungskonzepts. Hierfür sollte ein repräsentativer Bereich ausgewählt werden, der auch einen klaren Optimierungsbedarf aufweist. Sind erste Erfolge verbucht, können Folgepiloten die Wiederholbarkeit des Erfolgs nachweisen und Ausbaustufen des Konzepts testen. Ist dies gelungen, können die nachweisbaren Erfolge als Basis für eine breite Welle an Initiativen dienen.
- **Breite Implementierung der Initiativen:** Im Rahmen eines Internal Brand Engagement-Prozesses bilden die Initiativen das Rückgrat. Im Wesentlichen sind Art und Umfang der Initiativen unternehmensspezifisch zu gestalten (Illustrative Beispiele zu Initiativen finden sich in den zahlreichen Case Studies in diesem Buch). Parallel hierzu werden verhaltens- und kulturfördernde Maßnahmen initiiert, die den Mindset der Mitarbeiter verändern sollen (hierzu vertiefend Kapitel 3).
- **Mit Change-Leadern die Kerninitiativen beleben:** Die gemeinsam entwickelten Initiativen können am besten durch eine klare Rollendefinition und Verantwortlichkeiten bei der Implementierung sichergestellt werden. Hierzu empfiehlt sich die Benennung von Change Leadern, die Gestaltungsfreiräume und Kompetenzen für die Initiativen erhalten (Empowerment). Hierdurch können Energie und Verantwortung für die einzelnen Initiativen sichergestellt werden. Diese treiben die Ausführung einzelner Initiativen voran und übernehmen die Verantwortung in der Kommunikation der Fortschritte an die restlichen Mitarbeiter über interne Foren. Sie sind die Rollenmodelle für das gewünschte Verhalten und Initiative.

- **Kontinuierliches Erfolgstracking:** Die Change Leader sind in der Verantwortung, wöchentlich Fortschritte für die Initiativen zu vermelden (Zeit, Budget und Impact), die idealerweise vierteljährlich aggregiert werden. Disziplinierter Einsatz und Nachhalten der definierten Messgrößen erlaubt die frühzeitige Nutzung von Erfolgsgeschichten oder das Nachsteuern bei Problemen. Darüber hinaus können Unternehmen die Ausrichtung der Initiativen nachschärfen oder umpriorisieren, wenn sich herausstellt, dass andere Initiativen erfolgversprechender sind.

Zu 5) Advance – Wie kann das Markenerlebnis stetig weiterentwickelt werden?

Nach dem ersten Schwung einer internen Markenführung ebben die erste Euphorie und die Erfolgserlebnisse erfahrungsgemäß sukzessive ab. Das etablierte Markenerlebnis sowie die damit verbundenen Verhaltensweisen und Prozesse werden zum neuen „Standard" im Unternehmen, sie müssen allerdings rigoros nachgehalten werden.

Wesentlich für den Erfolg und die nachhaltige Implementierung des Markenerlebnisses ist das Motto **„Steter Tropfen höhlt den Stein."** Einmal angestoßene Lernprozesse müssen in regelmäßigen Zyklen wiederholt werden. Es ist wissenschaftlich erwiesen, dass einmalige Schleifen im Sinne eines Single Loup-Learning wenig Wirkung erzielen können, hingegen durch **Double Loup Learning**, also sich stetig wiederholende Lernprozesse, Tiefenwirkungen erzielbar sind (Esch/Vallaster 2005). Genau in solchen Prozessen erhält man das notwendige kritische Feedback und Anregungen als Anstoß für kontinuierliche Verbesserungen.

Hilti verhält sich hier vorbildhaft: Man nimmt hier die Mitarbeiter in regelmäßigen Abständen mit auf eine Reise. Etwa alle anderthalb Jahre durchlaufen Mitarbeiter ein Programm, um die Hilti-Werte tiefer zu verinnerlichen. Den Kompass bilden hier die vier Werte. Zum Arbeiten mit den Mitarbeitern werden sogenannte Sherpas, also Führer, die Menschen auf Berge begleiten, über einen bestimmten Zeitraum für die Aufgabe außerhalb ihrer Linienfunktion freigestellt. Diese arbeiten mit den Mitarbeitern in Camps weltweit an den Werten. Da die Führungskräfte dieser Mitarbeiter ebenfalls einen Part in den interaktiven Trainings übernehmen, sind diese sogar noch häufiger in den Camps (Hilti 2012). Die Wirkung ist durchschlagend: Man spürt bei Hilti, dass die Mitarbeiter die Werte tief verinnerlicht haben und für die Marke brennen.

Ebenso wichtig ist die Kommunikation erfolgreicher Leuchtturmprojekte, um das Thema am Köcheln zu halten. Hinzu kommt die Notwendigkeit eines kontinuierlichen Erfolgstracking. Darauf wird verstärkt im Kapitel E eingegangen.

Best Practice-Fallstudie: Zurich – Embedding the Brand-Programm

Ausgangssituation:
Nach einem starken Einbruch der Gewinne und dem erfolgreichen Turnaround wurde im Jahr 2006 eine neue internationale Positionierung für die Marke Zurich eingeführt. Dieser waren umfangreiche Analysen in verschiedenen Ländern vorausgegangen, die in einer einheitlichen Markenkerndefinition mündeten. Erstmals trat die Zurich-Gruppe hierdurch mit einer weltweit einheitlichen Marke auf. Unter dem Slogan „Because change happenz" sprach die Kampagne das Bedürfnis der Kunden an, die Vielfalt von Veränderungen zu meistern, die das Leben für sie oder ihr Geschäft mit sich bringt. Um sicherzustellen, dass die 57.000 Mitarbeiter weltweit die Markenpositionierung verstehen, wurden zehn Monate vor dem Launch ein internes Brand Engagement-Programm gestartet. Hierdurch sollten die Mitarbeiter darauf vorbereitet werden, neue Möglichkeiten zu identifizieren, um das Markenversprechen einzulösen. Frühzeitig wurden daher lange vor der externen Kampagne alle Mitarbeiter informiert und ca. 10.000 Mitarbeiter in Workshops geschult.

Ungefähr zwölf Monate nach dem Start des Brand Engagement-Programms wurden in einer Erhebung 6.000 Mitarbeiter aus 14 Ländern zufällig für eine Befragung ausgewählt. 80 Prozent der Mitarbeiter kannten die neue Positionierung und sahen die Bedeutung für den Markterfolg. Diese waren zudem motiviert, zur Stärkung der Marke beizutragen. Allerdings war die Umsetzung der Markeninhalte in konkrete Verhaltens- und Handlungsweisen ein kritischer Faktor. Aus diesem Grund wurde das Projekt „Embedding the Brand" ins Leben gerufen, um neben der Kommunikation die Marke stärker bei Produkten, Dienstleistungen und im Mitarbeiterverhalten erlebbar zu gestalten.

Vorgehensweise:
Das Projekt „Embedding the Brand" (ETB) startete mit drei zentralen Zielsetzungen:

1) Die Mitarbeiter sollten zur konkreten Anwendung im Sinne der Marke entwickelt werden.
2) Die Mitarbeiter sollten die Marke richtig interpretieren können und selbstständig zu Verantwortlichen der internen Markenführung werden.
3) Die Organisation als Ganzes sollte das Leistungsversprechen in der Markenkommunikation auch erfüllen.

Hierzu sollten Qualifikationen und Fähigkeiten definiert werden, um die Mitarbeiter zu befähigen, das Markenversprechen in konkretes Verhalten zu übersetzen. Durch diese Qualifikationen und Fähigkeiten sollten Produkte, Prozesse und Dienstleistungen überprüft und entsprechend der Marke neu definiert werden. Angesichts der Größe des Unternehmens mit knapp 55.000 Mitarbeitern fokussierte sich „Embedding the Brand" zunächst auf Pilotprojekte in einzelnen Teilbereichen. Diese sollten in unterschiedlichen Funktionen und Ländern konkrete Anwendungsfelder der Positionierung erarbeiten. Für jedes Pilotprojekt sollten einzelne Prozessschritte und Verhaltensstandards entwickelt werden.

Project Management Office (PMO): Organisatorisch wurde ein zentrales Projektsteuerungsteam ins Leben gerufen, das aus dem zentralen Branding heraus rekrutierte. Dieses vierköpfige Projekt Management Office definierte die Pilotprojekte mit den operativen Geschäftseinheiten, evaluierte Ideen und involvierte die konzernweiten Anspruchsgruppen. Datenerhebungen und Befragungen wurden zentral gesteuert, ebenso die Dokumentation und Vernetzung der Pilotprojekte.

- **Projektleiter:** Diese trugen die Gesamtverantwortung für das „Embedding the Brand" (ETB)-Projekt. Dies umfasste die Vernetzung der Pilotprojekte, die Allokation der Ressourcen sowie den zentralen Kontakt für die konzerninternen Anspruchsgruppen in den operativen Geschäftsbereichen.
- **Projektmanager:** Diese unterstützten den Projektleiter. Sie hatten die Verantwortung für die Gesamtplanung, Koordination und Dokumentation des Projekts sowie die Initiierung der Pilotprojekte und Begleitung der Umsetzung durch die jeweiligen Verantwortlichen.
- **Branding-Spezialisten:** Zwei Mitarbeiter trieben die Ideen in den einzelnen Pilotprojekten voran und prüften die inhaltliche Konsistenz aller Ideen und Maßnahmen. Sie hatten die Verantwortung für die Genehmigung von Markenelementen sowie Vermittlung von vertieftem Markenwissen und -verständnis.

Arbeitspakete – Pilotprojekte: Alle Mitglieder des zentralen Projektteams hatten parallel die Leitung von ein bis zwei Pilotprojekten übernommen.

- **Projektsponsor für jedes Pilotprojekt:** Um die Management-Unterstützung zu sichern, wurde für jedes Pilotprojekt ein Projektsponsor aus der erweiterten Konzernleitung bestimmt.
- **Business-Team:** Jedes Pilotprojekt wurde durch ein definiertes Team von fünf bis zehn Managern aus dem operativen Geschäftsbereich

komplettiert. Diese hatten die Verantwortung, Ideen zur Operationalisierung der Positionierung zu entwickeln und direkt in ihren Bereichen umzusetzen.

Im Rahmen der ersten Projektphase wurden fünf Pilotprojekte ausgewählt:

1) **Embedding the Brand in Catastrophy Teams (USA):** Verbesserter Krisenreaktionsprozess bei Unwetterkatastrophen durch markenspezifisches Verhaltenstraining. Stärkere visuelle Präsenz der Marke im Einsatz sowie der Überarbeitung des Schriftverkehrs mit Kunden bei Katastrophenschäden.
2) **Embedding the Brand in Loss Adjusters (UK):** Hier erfolgte eine Überarbeitung der Informations- und Kommunikationsprozesse bei der externen Schadenregulierung durch Markentraining. Zudem erfolgte ein umfängliches Branding aller Materialien und Inhalte, die im Schadenfall zum Einsatz kommen.
3) **Embedding the Brand in Service Centers (Spanien):** Dies umfasste die Integration markenspezifischer Elemente in einem Service Center durch Kommunikationstraining im Call Center und die Einführung neuer Serviceleistungen im Schadensfall.
4) **Embedding the Brand in Underwriting (USA):** Es erfolgte ein intensivierter Markendialog sowie eine markenorientierte Überarbeitung der Informationsmaterialien und des Schriftverkehrs. Hierdurch wurde die markenorientierte Betreuung des Außendiensts gestärkt.
5) **Embedding the Brand in Zurich Events (gruppenweit):** Dies umfasste eine einheitliche Darstellung und Kommunikation der Marke. Richtlinien für Design, Verhaltensrichtlinien und eine sprachliche Gestaltung der Referenten von Zurich wurden festgelegt.

Unterstützungsfunktionen des Projekts:
Marktforschung und interne Kommunikation: Die Marktforschung unterstützte beratend die Methodik zur Erfolgsmessung und koordinierte die Erhebungen. Die Interne Kommunikation ermöglichte die Präsenz des Projekts in allen internen Medien.

Die Pilotprojekte wurden in vier Phasen bearbeitet:

1) **Identifikation von Differenzierungspotenzialen:** Erfassung von Detailinformationen über die Geschäftsprozesse und Definition der zentralen Customer Touchpoints. Durch die internen und externen Analysen wurden die Erwartungen und Differenzierungspotenziale ermittelt. Hieraus entstanden erste Ansätze, wie die Positionierung in den jeweiligen Kontext zu transferieren ist.

2) **Entwicklung eines Markenerlebniskonzepts:** In Workshops mit dem Business Team und dem ETB-Team wurden konkrete Maßnahmen zur Operationalisierung der Markenpositionierung erarbeitet. Durch die gemeinsamen Workshops konnten Business- und Markenperspektive miteinander verknüpft werden. So konnten gezielt Markenelemente in die bestehenden Geschäftsprozesse geflochten werden.
3) **Implementierung:** Im nächsten Schritt wurden die identifizierten Markenelemente in den Pilotprojekten durch ein zentrales Mitglied des Business-Teams umgesetzt.
4) **Verbreitung der Best Practices:** Nach erfolgreicher Implementierung und ersten Erfolgen wurden die Brand Experience-Elemente dokumentiert und intern kommuniziert. Alle Ideen wurden in einer zentralen Best Practice-Datenbank gesammelt, um einen operativen Transfer entlang der Funktionen und Länder zu ermöglichen.

Ergebnis:
Für die Nachhaltigkeit der internen Markenführung ist entscheidend, die Markenarbeit nicht nur wesentlich stärker an die operativen Geschäftsbereiche heranzutragen, sondern diese als originäre Aufgaben dort anzusiedeln. Branding kann letztlich kein Projekt sein, noch weniger eine organisatorische Einheit, sondern nur die kontinuierliche Verantwortung des Gesamtunternehmens. Im Rahmen der ersten Phase des „Embedding the Brand"-Projekts konnten folgende Key Learnings und Ergebnisse verbucht werden:

1) **Zentrale Projektsteuerung durch das Project Management Office (PMO):** In der täglichen Zusammenarbeit war die zentrale Projektorganisation die optimale Schnittstelle für alle inhaltlichen Fragestellungen. Hierdurch konnte die konsistente Interpretation der Markeninhalte sichergestellt werden. Zudem ermöglichten die einheitlich definierten Prozesse in mehrfacher Hinsicht eine hohe Effektivität. Die verstärkte Einbeziehung in den Workshops schaffte eine stärkere Integration des Branding in die tägliche Arbeits- und Denkwelt der operativen Geschäftseinheiten. Durch den zeitlichen Versatz der Teilprojekte konnten die Ressourcen fokussiert werden. Durch die klare Benennung von Verantwortlichen für jedes Teilprojekt und jedes Markenelement konnte ein hohes Commitment für die Umsetzung sichergestellt werden. Die frühzeitige Erfolgsmessung stellte die Verbindlichkeit der Implementierung sicher.
2) **Erfolgsgeschichten der Pilotprojekte:** Das Pilotprojekt „ETB in Loss Adjusters" konnte die Wahrnehmung der Marke Zurich deutlich verbessern. So wurde die Schadenregulierung als zentrale Versiche-

rungsleistung stärker positiv mit der Marke Zurich in Verbindung gebracht. Durch die neu gestaltete Kommunikation der Call Center-Mitarbeiter sowie den verbesserten Follow-up-Prozess konnte im Pilotprojekt „ETB in Service Centers" die Kundenzufriedenheit um 10 Prozent gesteigert werden. Durch das „ETB in Underwriting" konnte ein deutlich verbessertes Verständnis bei den Vertriebsmitarbeitern für die Marke und die Services von Zurich erzielt werden. Hierdurch ist es gelungen, die Zahl der angeforderten Angebote signifikant zu steigern. Das Pilotprojekt „ETB in Zurich Events" hat zur konsistenten Umsetzung der Marke in der Organisation, Ästhetik und Inhalten geführt, wodurch die Marke zu 60 Prozent besser und klarer wahrgenommen wurde. Zudem konnten die Entwicklungskosten für Material auf ein Drittel des ursprünglichen Niveaus gesenkt werden.

3) **Ausblick: Ausweitung des Brand Engagement-Programms auf die gesamte Organisation** Die Pilotprojekte konnten wichtige Akzente setzen und nachweisbare Erfolge verbuchen. Im nächsten Schritt sollte daher ein breiterer kultureller Wandel anhand eines Geschäftssegments in einem Land konzentriert werden. Entlang spezifischer Kundengruppen innerhalb eines Geschäftssegments sollten weiterhin Projekte ausgerichtet werden. Hierdurch wird ein zentraler Projektsponsor und Gesamtverantwortlicher alle Vorschläge evaluieren, genehmigen und in der Umsetzung vorantreiben. Stärkere Parallelisierung der Teilprojekte und Integration in bestehende Projekte sollte die breitere Aufstellung des „Embedding the Brand" schaffen.

Quellen: Grom/Seidl 2012, S. 183–192

2. Zielgruppen der internen Markenführung bestimmen

Zu Beginn eines Brand Engagement-Prozesses ist zu bestimmen, in welcher Phase welche interne Zielgruppe für eine Aktivierung der Marke besonders involviert werden soll. Abbildung 36 gibt hierzu illustrativ einen Überblick über die verschiedenen Phasen hinweg.

Im Folgenden werden vier zentrale Zielgruppen unterschieden sowie deren zeitliches Involvement beschrieben:

1) In vielen Unternehmen ist die **Geschäftsführung** oftmals der Initiator einer stärkeren Markenorientierung. Jochen Zeitz bei Puma, Wolfgang Reitzle bei Linde oder Jürgen Hambrecht bei der BASF waren einige prominente Vorstandsvorsitzende, die für ein stärkeres Markenbewusst-

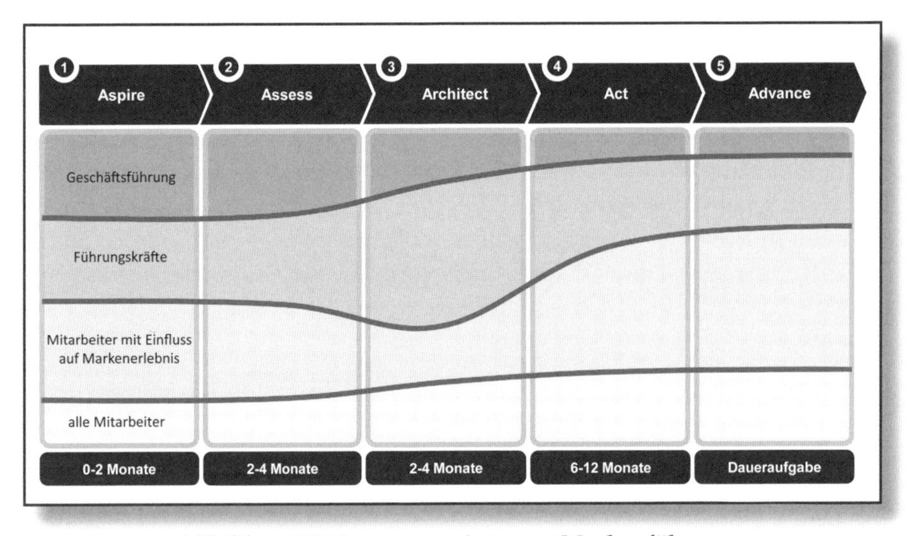

Abbildung 36: Prozess zur internen Markenführung

sein stehen. Insbesondere für den Beginn eines Brand Engagement-Programms ist die Unterstützung der Geschäftsführung erfolgskritisch.

2) Das **mittlere Management** ist eine besonders erfolgskritische Zielgruppe, da diese auf der einen Seite einem Wandel äußerst kritisch gegenüberstehen können. Auf der anderen Seite können mittel- bis langfristig persönliche Netzwerke und fachliche Kompetenzbereiche maßgeblich als Katalysator für die interne Verankerung der Markenorientierung dienen.

3) Hauptzielgruppe ist mittel- bis langfristig vor allem die **Mitarbeiter mit Einfluss auf das Markenerlebnis**. Dies sind zum Beispiel Marketing, Vertrieb und Service, aber auch technische Bereiche wie Produktentwicklung oder Qualitätsmanagement. Darüber hinaus müssen hierbei auch externe Mitarbeiter berücksichtigt werden, die als Sprachrohr einer Marke dienen können. Sie sind täglich für die Erfüllung des Markenerlebnisses im direkten Kontakt mit den Kunden verantwortlich. Entsprechend ist es hier sinnvoll, zwischen sogenannten „handshakern" und „enablern" zu differenzieren. **Handshaker** haben unmittelbare Kundenkontakte, sei es als Kundenberater, Servicemitarbeiter oder an der Telefonhotline. **Enabler** hingegen beeinflussen aktiv Maßnahmen, die Auswirkungen auf Kundenkontakte haben. Typischerweise sind dies Marketingverantwortliche, die Kommunikationsmaterialien entwickeln, aber auch Designer oder Manager, die für die Vertriebs- und Servicesteuerung zuständig sind. Schließlich müssen diese z. B. hinreichend Servicekräfte zur Verfügung stellen, um ein Serviceversprechen einlösen zu können.

4) Schließlich ist auch die **breite Masse an Mitarbeitern** frühzeitig zu involvieren und über die Bedeutung der Marke im Allgemeinen zu informieren. Vor allem jedoch sollten sie verstehen, wofür die eigene Marke steht und was die Kernwerte bedeuten. Zwar haben Bereiche wie Produktion, Beschaffung, IT oder Controlling keinen direkten Kundenkontakt, allerdings arbeiten sie tagtäglich an Themen und treffen Entscheidungen, die auch indirekt das Markenerlebnis beeinflussen. Die Markenpositionierung beeinflusst dementsprechend alle einzelnen Stufen der Wertschöpfungskette in einem Unternehmen.

2.1 Geschäftsleitung/Top Management als interne Zielgruppe

Wie zuvor geschildert, kommt der Geschäftsführung bzw. dem Top Management eine erfolgskritische Bedeutung während eines Brand Engagement Prozesses zu. So erfüllen die höchsten Führungskräfte verschiedene Funktionen, um Mitarbeiter zu markenorientiertem Denken und Handeln zu motivieren:

Offizieller Initiator für die interne Markenführung: Das innengerichtete Markenmanagement sollte auf höchster Hierarchieebene in der Organisation beginnen und zunächst den CEO bzw. die Geschäftsführung von der Relevanz der Marke und des Identitätskonzepts überzeugen. Initiativen für die interne Markenführung müssen von der Vorstandsebene verstanden, unterstützt und aktiv durch das Commitment der Geschäftsleitung demonstriert werden. Erst wenn dies gelingt, gewinnt die interne Markenführung bei den nachgelagerten Führungsebenen und Mitarbeitern ausreichend Durchsetzungskraft (Tosti/Stotz 2001, S. 31).

Rollenvorbild für die Mitarbeiter: Vorstände oder Inhaber in Unternehmen sind zentrale Leit- und Identifikationsfiguren. Eine internationale Befragung von 365 Führungskräften ergab, dass das Verhalten des CEO die Haupttriebfeder für die Entscheidungen im Sinne der Markenwerte sind (Ehren 2005). Dementsprechend nehmen Mitarbeiter innengerichtete Markenmanagementaktivitäten nur dann ernst, wenn Worte und Taten des CEO und der Geschäftsführung diese auch unterstreichen. Ihre Handlungen beeinflussen nachhaltig die Glaubwürdigkeit, Dringlichkeit und Relevanz einer Marke nach innen und außen. Der ehemalige Vorstandsvorsitzende von Beiersdorf, Rolf Kunisch, demonstrierte seine Verbundenheit zur Marke, indem er die Nähe zu seinen Mitarbeitern suchte. Er suchte das persönliche Gespräch, um die Hintergründe für ihr Tun zu erfragen, bezog die Mitarbeiter somit in den internen Markenprozess ein und lebte gleichzeitig die Marke authentisch vor. Als der Erstautor ihn in einem Gespräch fragte, wie er die Marke Nivea stringent führe, erwiderte er: „Ich halte bestimmt mehr als 200 Vorträge intern in unterschiedlichen Ländern und Business

Units und zeige immer an Beispielen: Das ist Nivea und das ist Nivea nicht." Bob Greenberg, Senior-Vice President of Marketing von Panasonic, bringt dies auf den Punkt: "It all starts with your CEO" (Davis/Dunn 2002, S. 249). Die imagebildende Funktion nach außen beeinflusst gleichzeitig die Identifikation der Mitarbeiter mit ihrer Marke. Zudem vermitteln Vorstände nach innen die zentralen Werte einer Marke. So lebt Richard Branson durch seinen Lebensstil die Virgin-Werte seinen Mitarbeitern vor und füllt durch seine Vorbildfunktion die Marke mit Leben. Allerdings ist nicht jeder Geschäftsführer ein Richard Branson und muss es auch nicht sein.

Commitment zeigen: Der CEO von Microsoft, Steve Ballmer zeigt die starke emotionale Bindung zur Marke durch seine ausdrucksvollen „Ansprachen". Sein Verhalten signalisiert klar den Enthusiasmus, den er für die Marke besitzt. Seine Bühnenvideos, die den Enthusiasmus und die Verausgabung für die Marke zeigen, die in der Liebeserklärung „I love this company" enden, sind legendär und auf Youtube heiß begehrt.

	This organization is known for...	Leaders at this organization are known for...
Wal-Mart	Always low prices	Managing costs efficiently, getting things done on time
FedEx	Absolutely, positively, doing whatever it takes	Managing logistics, meeting deadlines, solving problems quickly
Lexus	Pursuit of perfection	Managing quality processes (lean manufacturing and design, Six Sigma) for continous improvement
Procter & Gamble	Brands you know and trust	Developing consumer insights, precisely targeted marketing, product innovation
McKinsey	Being a CEO's trusted adviser	Leading teams that deconstruct business problems, synthesize data, and develop solutions
Boeing	People working together as a global enterprise for aerospace leadership	Solving global problems, working as teams, possessing technical excellence in aerospace
Apple	Innovation and design	Creating new products and services that break the industry norms
PepsiCo	Appealing to the younger generation	Building the next generation of talent

Abbildung 37: Markenwerte bestimmen die Kompetenzen von Führungskräften
Quelle: Ulrich Smallwood 2007

Symbolische Handlungen durch die Geschäftsführung: Symbolische Handlungen im Sinne der Marke schaffen ein einheitliches Grundverständnis bei den Mitarbeitern und fördern die nachhaltige Identifikation mit einer Marke. Ein Beispiel hierfür liefert der ehemalige Vorstandsvorsitzende der BASF AG, Dr. Jürgen Hambrecht. Er lebte die Marke vor, indem er die Markenwerte in seinen Vorträgen unterstrich und durch Symbole, wie z. B. das stetige Tragen eines BASF-Markenpins, zu jeder Zeit sein Commitment klar demonstrierte (Ruess 2005, S. 68). Zudem machte er sich weltweit Notizen, wenn seiner Meinung nach etwas nicht zur Marke passte, fragte nach dem Verantwortlichen und gab diesem seine Hinweise. Von der Notiz wurde eine Kopie gemacht, die im Schreibtisch landete und die er nach einer bestimmten Zeit wieder hervorgeholte, um dem Vorgang nachzugehen. Konsequenter geht es kaum. Das Verhalten eines Geschäftsführers im Sinne der Marke ist somit ein zentraler Erfolgsfaktor zur Erzeugung positiver Einstellungen und Verhaltensweisen bei den Mitarbeitern. Wenn Michael Diekmann, CEO der Allianz Group, die Devise ausgibt, dass die Allianz hält, was sie verspricht, trägt diese Aussage aufgrund seiner Vorbildfunktion dazu bei, dass die Mitarbeiter ihm nacheifern und das Markenversprechen stützen (Zeplin 2006, S. 124).

Rolle in der Öffentlichkeit: Ein Vorstandsvorsitzender steht für die Marke und prägt sie maßgeblich in der öffentlichen Wahrnehmung. Nach außen dient die Geschäftsführung gegenüber einer Vielzahl an Anspruchsgruppen als Sprachrohr für das Markenversprechen, wie Claus Hipp für die Qualität der Babynahrung. Sie prägt somit nachhaltig das Markenbild in der Öffentlichkeit. So wirbt der Textilunternehmer Wolfgang Grupp medienwirksam in TV-Spots und Interviews für die Produkte seiner Marke Trigema und vermittelt glaubwürdig die Werte seines Unternehmens. Genauso steht Ernst Prost, Geschäftsführer von Liqui Moly, für die Marke in TV-Spots ein und konnte hierdurch die beste Motorenölmarke in Deutschland etablieren.

Geschäftsführung muss markenorientiertes Verhalten einfordern: Die Führung muss hierbei klar das Markenversprechen stützen und entsprechend die Schwerpunkte setzen. Gleichzeitig muss das Top Management auch entsprechend einen Beitrag bei Führungskräften und Mitarbeitern einfordern. David Farr, dem CEO von Emerson, stellt den Führungskräften daher regelmäßig vier Fragen (Keller/Aiken 2000):

1) **Wie machen Sie einen Unterschied?**
   (Test auf Alignment mit der Unternehmensstrategie),
2) **An welcher Idee für Verbesserungen arbeiten Sie gerade?**
   (Fokus auf kontinuierliche Verbesserung),
3) **Wann haben Sie das letzte Coaching von ihrem Chef erhalten?**
   (Betonung der persönlichen Weiterentwicklung) und
4) **Wer ist unser Gegner?**
   (Bedeutung von „One Emerson/no silos" und Hervorhebung, dass der Wettbewerb der Feind ist und nicht ein anderes Unternehmen).

2.2 Führungskräfte als interne Zielgruppe

Die erfolgreiche Verankerung der Marke beginnt im Denken und Handeln der Führungskräfte. Sie können ihren Mitarbeitern die Marke nur näher bringen, wenn sie diese selbst verinnerlicht haben und zum Vorbild für die Mitarbeiter werden.

Viele Führungskräfte verstehen und unterschreiben das Zitat von Mahatma Ghandi „You must be the change you want to see in the world“. Bei internen Führungsmeetings oder Coachings gibt man dementsprechend häufig auch das Commitment ab, „die Veränderung“ zu sein und zu leben. In der Realität stellt man jedoch häufig fest, dass sich keine Veränderung im Unternehmen einstellt. Der Grund hierfür liegt darin, dass jeder Mensch einen grundsätzlichen Optimismus über sein eigenes Verhalten aufweist. So erhält man bei Ehepaaren bei der Frage, wie viel Prozent jeder im Haushalt hilft, in Summe meist eine Antwort über 100 Prozent. Dementsprechend sind viele Menschen nicht der Überzeugung, dass *sie* es sind, die sich ändern müssen – auch wenn man zustimmt, ein Vorbild für die Veränderung zu sein. Grundsätzlich gilt daher:

Walk your talk!

Verhalten sich Führungskräfte markenorientiert, so stellen sie damit ihre Loyalität unter Beweis und können der Marke das nötige emotionale Moment verschaffen. Führungskräfte müssen authentisch und ehrlich das Markenversprechen verkörpern, denn nur so können sie das Vertrauen und den Respekt der Mitarbeiter erlangen (Snyder/Graves 1994; Esch/Hartmann/Gawlowski 2010). Dies ist Voraussetzung dafür, dass die Mitarbeiter dem Verhalten nachstreben und das Markenversprechen an allen Markenkontaktpunkten einlösen. Erfolgsentscheidend ist hier, dass die Kommunikation der Führung nach innen und außen glaubwürdig und konsistent gestaltet ist. Widerspruchsfreies Verhalten fördert die Glaubwürdigkeit und das Vertrauen der Mitarbeiter in das Markenversprechen. Damit befähigt es die Führungskräfte markenorientiertes Handeln von ihren Mitarbeitern einzufordern (Stephenson 2004).

Hinter den bekannten Marken Frosch und Erdal steht das Unternehmen Werner & Mertz. Dieses hat sich dem zentralen Markenwert „ganzheitlich nachhaltig“ verschrieben. Dies spiegelt sich in allen Bereichen wieder: Der Neubau des Verwaltungsgebäudes in Mainz wurde nachhaltig gebaut, man engagiert sich in vielen Nachhaltigkeitsbereichen und Reinhard Schneider, geschäftsführender Gesellschafter, fährt ein Elektrofahrzeug.

Hingegen fiel der ehemalige CEO und Member of the Board von Sony, Sir Howard Stringer, im Frühjahr 2005 aus Markensicht negativ auf: Er wurde beobachtet, wie er in einem Fahrstuhl Musik von einem Apple iPod hörte. Dies wurde in der Presse gleich als Eingeständnis der Niederlage gegen Apple interpretiert. Für die eigenen Mitarbeiter war es hingegen ein frustrierendes Signal. Sie erhielten den Eindruck, dass ihr CEO nicht hinter den eigenen Produkten stehe.

Für eine erfolgreiche Veränderung müssen Willen („Wollen der Veränderung") und Können („Fähigkeit zur Veränderung") erreicht werden. Häufig fehlt jedoch die Erkenntnis, was genau bei einer Führungskraft selbst verändert werden muss. Hierbei helfen 360° Feedback-Runden oder Befragungen, um konkrete Ansatzpunkte zu identifizieren (siehe hierzu Abschnitt 2.4). Hierbei muss das Feedback zeitnah, relevant und konkret erfolgen. Weiterhin können Trainings in einer Runde von vertrauten Kollegen helfen, Ansatzpunkte zu identifizieren. Auf einem „heißen Stuhl" können Kollegen einem Feedback geben, was einen besonders für die Veränderung auszeichnet und was einen aktuell davon abhält, der personifizierte Wandel zu sein.

Diese Übungen sind unangenehm für einen selbst, da niemand gerne den Spiegel vorgehalten bekommt. Sie schaffen jedoch das notwendige Feedback, um die Selbsteinschätzung zu verorten und Ansatzpunkte für das eigene Verhalten zu finden. Erst wenn das eigene Verhalten den Markenwerten angepasst wird und ein individuelles Rollenmodell gefunden ist, kann die Marke auch glaubwürdig an die Mitarbeiter kommuniziert werden. Ohne das eigene Vorleben bleibt ein Brand Engagement-Programm nur eine Sammlung leerer Worthülsen und schöner Bilder. Führungskräfte müssen der nachgelagerten Ebene die definierten Markenwerte aktiv vorleben und gemeinsam mit ihren Mitarbeitern Freiräume und Ansatzpunkte zur Umsetzung der Marke für die tägliche Arbeit schaffen.

Es geht auch darum, Commitment zu zeigen, durch symbolische Handlungen die Marke zu stärken und nicht nur transaktional, sondern auch transformational zu führen.

Transformational führen: Die oben genannten Beispiele entsprechen schon einem transformationalen Führungsstil. Der Austausch von Leistung und Gegenleistung beim transaktionalen Führungsstil gestaltet sich in der Form, dass die Führungskraft von ihren Mitarbeitern als Leistung verlangt, sich für die Werte und Ziele der Marke zu engagieren und markenorientiert zu verhalten. Es werden also Leitplanken gesetzt, die das erwünschte Verhalten und Arbeitsergebnis lenken sollen. Als Gegenleistung erhalten die Mitarbeiter zum Beispiel größere Entscheidungsfreiräume oder mehr Eigenverantwortung, sofern die Leistungen als erfüllt betrachtet werden. Ist dies nicht der Fall, so ist mit entsprechenden Korrekturmaßnahmen zu rechnen, um das markenorientierte Verhalten in die angestrebte Richtung zu lenken. Anders ausgedrückt, die Erfüllung der geforderten Leistungen führt zu positiven und die Nichterfüllung zu negativen Folgen für den Mitarbeiter. Dies soll erwünschte Verhaltensweisen verstärken und unerwünschte Handlungen verdrängen (Esch/Vallaster 2005, S. 1012). Bei der transaktionalen Führung wird von einem prognostizierbaren Verhalten ausgegangen. Motivation und Handeln der Führungskräfte und Mitarbeiter sind überwiegend rational getrieben.

Die transformationale Führung geht über die rationalen Aspekte hinaus und strebt den Aufbau einer emotionalen Verbindung der Mitarbeiter mit der Marke und dem Unternehmen an. Führung und Mitarbeiter arbeiten stärker Hand in Hand, um die Ziele gemeinsam zu erreichen. Hierarchieebenen verschwimmen, wodurch Führungskraft und Mitarbeiter sich als Partner verstehen. Eine Angleichung der Verhaltensweisen wird damit begünstigt sowie eine gemeinsame emotionale Basis für das Handeln geschaffen. Die Führung leitet die Mitarbeiter dazu an, ihre Werte und Motivationen dahingehend zu transformieren, dass die eigenen Ziele den Zielen der Marke untergeordnet werden (Yukl 1989, S. 272). Dabei übernimmt die Führungskraft die Rolle eines Moderators, der die gegenseitige Unterstützung zur Erreichung des markenorientierten Verhaltens durch seine Autorität bewirkt (Burns 1978; Esch/Knörle 2012, S. 382).

Die **transformationale Führung** zeichnet sich durch folgende **Eigenschaften** aus (Esch/Knörle 2012, S. 382):

- Die transformationalen Führungskräfte sind charismatisch und dadurch in der Lage, Stolz und Respekt bei den Mitarbeitern zu bewirken. Durch das Beschreiben einer Vision, also einer klaren Zielsetzung für die Weiterentwicklung der Marke, und das authentische Vorleben der Markenidentität schaffen sie Vertrauen bei den Mitarbeitern. Auch intellektuell sind die Führungskräfte ein Vorbild, was die Mitarbeiter zusätzlich motiviert.
- Transformationale Führungspersonen integrieren in ihr Verhalten symbolische Handlungen, die das Zusammengehörigkeitsgefühl untermalen sollen. Die Identifikation mit den Führungspersonen wird so gesteigert und das Verhalten im Sinne der Marke weiter gefördert.
- Gegenseitige Anerkennung und Respekt sind charakteristisch für den Umgang zwischen transformationalen Führungskräften und ihren Mitarbeitern. Anliegen von Mitarbeitern werden nicht mit Pauschallösungen abgespeist, sondern die individuellen Bedürfnisse werden von der Führungskraft erkannt. Sowohl auf beruflicher als auch auf privater Ebene fungiert sie daher als wichtiger Mentor für jeden Mitarbeiter.
- Transformationale Führungspersonen schließen ihre Mitarbeiter in wichtige Prozesse ein und schaffen somit Verständnis für ihre Verantwortlichkeiten. Darüber hinaus kann diese Integration zu einer Steigerung des Selbstwertgefühles, kreativen Ansätzen und einer erhöhten Motivation führen, die in einer Übererfüllung der Aufgaben resultieren können (Calla/Monroe 1997).

Schulungen und Leuchtturmprojekte für ausgewählte Bereiche können wichtige Ansatzpunkte für die Umsetzung der Marke im Denken, Fühlen und Handeln der Marke schaffen. Die feste Etablierung eines Markenbotschaftersystems und die kontinuierliche Schulung von Mitarbeitern sichert dabei die Kontinuität der Markenführung.

Beispiel Hilti: Der Erfolg eines Unternehmens hängt wesentlich davon ab, wie gut Mission, Vision und Markenwerte aufeinander abgestimmt sind. Mitarbeiter sind entsprechend dieser Kriterien auszuwählen. Hilti zeigt sich in diesem Bereich vorbildlich. Kultur und Markenwerte gehen Hand in Hand, auch Manager werden nach ihrer Passung zum Unternehmen ausgewählt. Diese werden regelmäßig nach Können und Wollen beurteilt. Weicht die Passung im Bereich Passung zu den Markenwerten (Wollen) zu weit auseinander, gibt es in diesem Bereich nochmals spezielle Nachschulungen. Bleiben diese erfolglos, so zieht man die Konsequenzen, selbst wenn die sonstigen Leistungen hervorragend sind. Es heißt dann: „Take another bus".

2.3 Mitarbeiter als interne Zielgruppe

Motivierte Mitarbeiter sind die beste Basis für die Erfüllung des Leistungsversprechens im Kundenkontakt. Allerdings werden Kunden eine Marke nur dann als besonderes Erlebnis wahrnehmen, wenn dieses auch konsistent und wiederholt erfahrbar ist. Die erfolgreiche Einlösung des Markenversprechens ist eine längerfristige Transformation von Denken, Fühlen und Handeln der Mitarbeiter. Diese müssen von der Relevanz der Thematik überzeugt sein (Motivation), verstehen worum es geht und das richtige Mindset entwickeln (Verstehen). Ferner müssen sie ihre Rolle und Verantwortung für die Erfüllung des Leistungsversprechens begreifen und umsetzen (Handeln). Das Markenversprechen und die Werte dienen gleichzeitig als Identifikationsanker für die Mitarbeiter. Denn wer ist nicht stolz darauf, für eine starke Marke wie Apple, BMW oder BASF tätig zu sein? Für die erfolgreiche Einlösung des Markenversprechens sind allerdings nicht nur das Verhalten der Mitarbeiter ausschlaggebend, sondern auch unterstützende Systeme, Prozesse und Strukturen. Für die interne Markenführung mit Hinblick auf die Mitarbeiter gilt es folgende Besonderheiten zu berücksichtigen:

Eine Marke soll dem Kunden ein spezifisches Erlebnis bieten, nicht Konformität.

Bei der internen Markenbildung ist der Begriff „Markenkonformität der Mitarbeiter" vielfach überstrapaziert. Häufig wird dies missverstanden im Sinne einer Verwandlung von individuell denkenden Menschen in einheitlich denkende Erfüllungsgehilfen mit Einheitskleidung und Standardprozessen. Zwar helfen Standards und Kleidung in manchen Branchen für eine erfolgreiche interne Markenführung, allerdings gibt es hier **kein Gießkannenprinzip**. Initiativen und Maßnahmen sind je nach Unternehmen und Markenwerten individuell zu gestalten. Schließlich geht es darum, einen spürbaren Unterschied zu schaffen – und dies gelingt nicht durch eine branchenübliche Umsetzung. Ein gutes Beispiel für den spürbaren Unterschied sind die Servicemitarbeiter der verschiedenen Airlines innerhalb der Lufthansa Group. So zeichnet sich bei einem Economy oder Business Flug deutlich ab, dass Lufthansa sehr professionelle Prozesse und Standards etabliert hat. Normen und Regeln stehen stark im Vordergrund. Bei Swiss hingegen geht es weit individueller zu, so dass sich der Kunde wie zu Hause fühlen kann. Mitarbeiter entwickeln ihre persönliche Note, um ein professionelles Erlebnis zu schaffen. Bei Austrian stehen auch weniger Prozesse und Normen im Vordergrund. Mit österreichischem Charme und Pragmatik werden Probleme gelöst. Was einem als Kunden schließlich am besten gefällt, bleibt dem Geschmack überlassen. Allerdings ist bemerkenswert, dass viele Kunden den Charakter ihrer Airline schätzen und nur ungern zu einer anderen wechseln – auch wenn Flugzeug, Technik, Preise etc. sich nicht großartig voneinander unterscheiden. Gleichzeitig wird deutlich, dass sowohl Standardisierung als auch hohe Individualität Wege zum Ziel sein können.

Mitarbeiter sind nicht nur rational: Viele Brand Engagement-Programme laufen nach dem Schema „Mitarbeiter informieren, Wissen vermitteln und umsetzen" ab. Dies ist im Grunde nicht verkehrt, lässt allerdings die starke motivationale und emotionale Kraft des Internal Branding außer Acht. Denn oftmals existiert bei einer Veränderung eine viel größere und wenig rationale Hürde. Denn Mitarbeiter sind, was sie denken, dass sie es sind. D. h. konkret, dass die eigene Rollenvorstellung eines Mitarbeiters ein zentraler Prüfstein für eine interne Markenführung darstellt. Mitarbeiter, die sich selbst als administrative Verwalter verstehen, werden nicht morgen aufgrund einer Informationsveranstaltung zu motivierten Starverkäufern. Zwischen einer Botschaft an die Mitarbeiter und dem Verinnerlichen ist ein weiter Weg.

3. Brand Engagement-Programm zur Verankerung der Marke initiieren

Um im Rahmen des Internal Branding-Prozesses die Mitarbeiter und Führungskräfte an die Markenwerte heranzuführen, können eine Vielzahl an Initiativen und Instrumenten genutzt werden. Diese sind in der Regel unternehmens- und zielsetzungsspezifisch zu definieren.

Während der Phase „Act“ – Umsetzung der Initiativen ist generell jedoch flankierend zu Spezialthemen das grundlegende Verständnis für den Mehrwert der Marke sowie die Werte einer Marke zu vermitteln. Diese bilden die Richtschnur für die geplanten Initiativen. Allerdings vollzieht sich die Verankerung der Marke bis hin zum Verhalten nicht über Nacht bei den Mitarbeitern. Die interne Kommunikation muss permanent und wiederholt kommunizieren, um überhaupt einen Effekt zu erzielen.

Ein Rechenbeispiel aus John Kotters „Leading Change“ verdeutlicht diese Notwendigkeit. So ist ein einzelner Mitarbeiter in einem Zeitraum von drei Monaten im Durchschnitt mit Informationen von rund 2,3 Millionen Wörtern konfrontiert. Die interne Kommunikation im Rahmen von Transformationsprogrammen umfasst ca. 13.400 Wörter, was in etwa einer 30 minütigen Rede, einem einstündigen Meeting, einem 600-Wort-Artikel in einer Mitarbeiterzeitschrift sowie einem 2.000 Wörter Memo entspricht. Dies bedeutet, dass die interne Information gerade einmal 0,58 Prozent Anteil am Gesamtumfang des Informationsangebots während der drei Monate einnimmt (Kotter 1995, S. 89).

Angesichts der Informationsüberlastung in der heutigen Arbeitswelt ist davon auszugehen, dass gerade einmal 1 Prozent der angebotenen Informationen überhaupt wahrgenommen werden (Kroeber-Riel/Esch 2012). Rein rechnerisch ist der Effekt der internen Kommunikation somit verschwindend gering. Mediale Kampagnen und bunte Flyer sind hierfür nicht ausreichend. Vielmehr sind Menschen, Prozesse und Instrumente ausschlaggebend für den Implementierungserfolg. Hier gilt das Zitat von Johann Wolfgang von Goethe:

„Wissen ist nicht genug; wir müssen es anwenden. Wollen ist nicht genug; wir müssen es tun!“

Dementsprechend lassen sich drei Phasen zur Verankerung im Bewusstsein bei den Mitarbeitern unterscheiden:

- **Motivieren – Mitarbeiter für die Marke begeistern:** Zunächst gilt es die Frage nach dem **„Warum“** zu beantworten. Mitarbeiter möchten wissen, warum und wofür sie sich einsetzen sollen. Auch hier gibt es keine zweite Chance für den ersten Eindruck. Im ersten Schritt geht es darum, der breiten Masse an Mitarbeitern die Relevanz und den Mehrwert der Thematik aufzuzeigen. Grundsätzlich ist das Ziel des Brand Engagement-Programms zu vermitteln und einen Bewusstseinsprozess bei den Mitarbeitern anzustoßen. Mitarbeiter müssen also Hintergründe und Wissen vermittelt bekommen. Hierzu sollten sie folgende Inhalte verstanden haben:

  - Die Marke ist ein zentraler Wertschöpfer und relevant für das Unternehmen.
  - Die Marke des Unternehmens steht für bestimmte Inhalte (Markenwerte, Leistungsversprechen).
  - Jeder Mitarbeiter ist gefordert, diese Inhalte zum Leben zu bringen.
- **Verstehen – Schaffung eines gemeinsamen Mindsets:** Im zweiten Schritt ist die Frage nach dem **„Was"** zu beantworten. Die reine Ansage „Die Marke muss gelebt werden" hilft keinem Mitarbeiter weiter. Im nächsten Schritt müssen Mitarbeiter tatsächlich verstehen und begreifen, was die einzelnen Markenwerte im täglichen Arbeitsalltag bedeuten und welche konkreten Initiativen in Angriff genommen werden sollen. Mitarbeiter sollten folgende Lerneffekte erzielt haben:
  - Jeder Mitarbeiter kann das Leistungsversprechen und die Markenwerte mit eigenen Worten wiedergeben und erklären.
  - Die Zielsetzungen und Initiativen des Brand Engagement-Programms sind bekannt. Aufgaben, Verantwortliche und Möglichkeiten zum persönlichen Involvement sind vorhanden.
  - Die Mitarbeiter fangen an, Bezugspunkte zu Ihrer täglichen Arbeit zu sehen und fragen nach Hilfestellungen und Ansätzen zur Umsetzung.
- **Handeln – Umsetzung des Markenversprechens in konkrete Maßnahmen:** Im dritten Schritt ist die Frage nach dem **„Wie"** zu beantworten. Schließlich sind die gelernten Inhalte wirkungsvoll im Alltag umzusetzen. Hierzu können konkrete Handlungsleitlinien, Best Practices oder mehr Freiräume benötigt werden. Zudem müssen Organisation, Strukturen und Prozesse das angestrebte Ziel ebenfalls unterstützen oder ggf. angepasst werden. Im Ziel müssen Mitarbeiter wissen, wie sie die Zielsetzung umsetzen können:
  - Jeder Mitarbeiter weiß genau, was die Zielsetzung ist und was von ihm konkret erwartet wird.
  - Erste Ideen und Vorschläge zur Verbesserung werden diskutiert und selbstständig umgesetzt. Mitarbeiter fordern Freiheitsgrade zur Umsetzung der Marke ein.
  - Der Mitarbeiter hat klare und eindeutige Hilfestellungen, um die Zielsetzung im Rahmen seines Bereiches zu erfüllen. Er erhält zudem Unterstützung durch die unmittelbare Führung, um dies erfolgreich zu erfüllen.

Erst wenn diese drei Phasen in der geschilderten Form erfüllt sind, kann sich Markencommitment bei den Mitarbeitern entwickeln und erfolgreich im Verhalten niederschlagen. Im Folgenden werden die Instrumente und Methoden innerhalb jeder dieser drei Phasen detaillierter beschrieben.

3.1 Motivieren: Relevanz der Marke erkennen

Zur Verankerung der Markenorientierung im Unternehmen sind in einem ersten Schritt Aufmerksamkeit, Akzeptanz und Motivation zu erreichen. Es gilt maßgeblich die Frage nach dem **„Warum"** zu klären. Je nach Unternehmen kann dies auf unterschiedliche Weise geschehen. In den meisten Unternehmen werden klassische Massenmedien der internen Kommunikation sowie Veranstaltungen genutzt, um diese erste Phase zu begleiten. Hierbei werden die Relevanz und Bedeutung der Marke aufgezeigt und ein erstes Verständnis für Zielsetzungen der internen Markenführung. Z. B. wurde bei der Markenmigration von der Citibank zur Targobank an dem Wochenende vor dem Umbranding eine Großveranstaltung mit allen Mitarbeitern durchgeführt, auf der die Mission, die Vision, die Markenwerte, die Markenpositionierung und die Ziele mit der neuen Marke vermittelt wurden (Lieberknecht/Esch 2014). Einige besonders wichtige Instrumente werden im Folgenden kurz beschrieben:

Kick-Off Veranstaltungen: Um den ersten Anstoß für die Mitarbeiter zu geben, werden in der Regel Kick-Off-Veranstaltungen mit einer großen Zahl an Teilnehmern durchgeführt. Diese schaffen einen ersten positiven Eindruck hinsichtlich des Internal Brand Engagement-Programms. Zielsetzungen und Hintergründe für die nächsten Wochen sollen im Idealfall hier vermittelt werden. Wichtiger jedoch ist die Motivation, den Veränderungen auch aktiv und offen in den kommenden Phasen zu begegnen. Hier wird insbesondere das Miteinander betont. Zudem sollten die definierten Initiativen erläutert werden, um den Mitarbeitern einen klare Fahrplan und Ausblick zu geben. So wurden z. B. beim Relaunch der Marke UPS weltweit an einem Tag 3.600.000 Mitarbeitern die neue Marke näher gebracht (Buckley/Williams 2005; Esch/Fischer/Strödter 2009). Dieses Event bildet den Startpunkt und wichtiges Signal, um eine positive Einstellung und Motivation zu erzeugen.

Interne Markenkampagnen: Parallel zu den inhaltlichen Initiativen führen die meisten Unternehmen bei der Einführung der internen Markenführung eine breit angelegte interne Kampagne durch. Diese hilft dabei, die Thematik auf breiter Fläche zu sensibilisieren und zu aktualisieren. Hierzu einige Beispiele:

- Die Marke **ratiopharm** entwickelte z. B. eine gezielte interne Kampagne, um die interne Markenbildung voranzutreiben. Durch die sog. „Act-Orange"-Kampagne wurden drei zentrale Schlüsselbotschaften vermittelt: (1) „Jeder Mitarbeiter ist mitverantwortlich für die Marke ratiopharm", (2) „Überlege, wie Du bei deiner täglichen Arbeit zur Entfaltung der Marke ratiopharm beitragen kannst" und (3) „Trage dazu bei, dass sich die Außenwelt in ihrer hohen Meinung über ratiopharm bestätigt fühlt" (Gosnell 2004).

- Die **Robert Bosch GmbH** hat sich bereits vor einiger Zeit einen internen Fokus mit der Initative „BeQik, BeBetter, BeBosch" gesetzt. Sie dient dazu die Kernwerte der Marke an die Mitarbeiter zu vermitteln. BeQiK steht für das Übertreffen der Kundenerwartungen. Der Name umfasst Qualität, Innovation und Kundenfokus. BeBetter reflektiert die Zuverlässigkeit und Stabilität, während BeBosch den Stolz und Enthusiasmus verkörpert, der die Mitarbeiter motiviert (Bosch 2012).
- Das Unternehmen **Dell** hat seine interne Mitarbeiterkampagne erfolgreich genutzt, um die „Customer Experience" bei seinen Kunden sowie die Zufriedenheit nachhaltig zu verbessern. Weltweit wurden die Mitarbeiter mit der Kampagne angehalten, ihren Beitrag für einen besseren Service und die Loyalität der Kunden zu leisten. Unter dem Slogan „Be the Reason" wurden Mitarbeiter mit und ohne Kundenkontakt angesprochen. Dieser Slogan wurde auf einzelnen Medien variiert „Be the Reason Customers Keep Coming Back" oder „Be the Reason Customers Choose Dell", um die Ziele einfach und plakativ zu erläutern. Neben E-Mails der Geschäftsleitung wurden Webcasts mit FAQ, interaktive Bildschirmschoner, Sticker und Banner entwickelt. In Folge konnte Dell die Kundenzufriedenheit um 20 Prozent steigern (Dell 2012).
- Die **BASF SE** hat im Rahmen seiner ausgezeichneten Diversity&Inclusion-Strategie eindrucksvoll die Vielfalt seiner Mitarbeiter und den gemeinsamen Werten der Marke BASF in Einklang gebracht. In der Launchphase des Vorstandsprojekts wurden reale Mitarbeiter aus allen Bereichen in einem Film gebeten, ihre persönliche Interpretation von Vielfalt bei der BASF SE zu schildern. Zudem wurde in einer internen Printkampagne der Beitrag einzelner Mitarbeiter zur Marke BASF unter dem Claim „Ich bin ein Wert für das Unternehmen" inszeniert. In einem kompakten Satz werden zudem mit einer persönlichen Note die zentralen Werte der BASF hervorgehoben. Z. B. „Ngoc Hai Dang – versteht absolut keinen Spaß, wenn es um Qualität geht".

Kaskadenkommunikation durch die unmittelbaren Führungskräfte: Während die interne Kommunikation vorrangig nach dem Push-Prinzip vorgeht, müssen parallel auch interaktivere und glaubwürdigere Informationskanäle genutzt werden. Denn häufig verpuffen mediale Kommunikationsmittel eher wirkungslos im Arbeitsalltag, da sie als unverständlich oder irrelevant eingestuft werden. Die Kaskadenkommunikation hat sich hierbei in der Praxis als wirkungsvolles Instrument erwiesen. Hierbei werden durch den unmittelbaren Vorgesetzten zentrale Informationen an die Mitarbeiter weitergegeben. Dies ist zeitlich aufwändiger, wirkt in der Regel jedoch glaubwürdiger und relevanter für die Mitarbeiter. Zudem wird die persönliche Relevanz deutlich verstärkt. Um eine konsistente Vermittlung der Informationen zu gewährleisten, stellen viele Unternehmen eine zentrale

Abbildung 38: BASF Kampagne „I'm a company value"
Quelle: BASF SE / Hübner & Sturk

Toolbox bereit, welche die Führungskräfte bei Präsentation und Workshops unterstützt. Dies sind z. B. Standardpräsentationen und Anleitungen für interaktive Workshopelemente.

Interne Kommunikation: Das Unternehmen Nokia ist für das Markencommitment seiner Mitarbeiter bekannt. So sehen es Nokia-Mitarbeiter als einen Abstieg an, wenn sie zu einem Wettbewerber wechseln müssten. Ein Faktor, der dieses hohe Markencommitment fördert, ist die interne Kommunikation. Durch diese werden die Mitarbeiter hinreichend informiert und haben ihrerseits die Möglichkeit, sich zu äußern. Nokia hat sich einer ausgeprägten internen Kommunikationskultur und -praxis verschrieben. Die große Bandbreite an Kommunikationsaktivitäten, -kanälen und -medien soll den Mitarbeitern helfen, alle Unternehmensinformationen zu erfassen und zu nutzen und so ihr volles Engagement bei der Umsetzung der Unternehmensstrategie und des Nokia Way zu gewährleisten.

Bei Nokia arbeiten jedoch weltweit 94.000 Menschen aus unterschiedlichen Ländern an unterschiedlichen Standorten. Es existieren demnach viele Subgruppen, die es durch Kommunikations- und Informationssysteme zu verbinden gilt. Die Grundlage der internen Kommunikation stellen bei Nokia die Instrumente der Massenkommunikation dar. Das Mitarbeitermagazin „Nokia People" erscheint weltweit in vier Sprachen mit einer Leserschaft von ca. 65.000 Personen. Hieraus wird ersichtlich, dass bei ca. 55.000 Mitarbeitern auch externe Zielgruppen erreicht werden. Zielsetzung des Mitarbeitermagazins ist die Information über Nokia und die Mitarbeiter. Inhaltlich bietet es Berichte zu anerkannten Erfolgen und Wettbewerbsstärken, der Unternehmenskultur und dem Managementansatz von Nokia, wobei auch besonderes Engagement einzelner Mitarbeiter hervorgehoben wird.

Zur zeitnahen Information der Mitarbeiter implementierte Nokia einen täglichen Online-News-Service. Dieser versorgt die Mitarbeiter mit globalen und lokalen Wirtschaftsnachrichten aus dem Unternehmen. Dabei ist es möglich, die Nachrichten gemäß der Relevanz für den eigenen Standort und die eigene Funktion zu selektieren.

Des Weiteren werden über diesen Online-Service auch Nachrichten, Artikel, Berichte und Meldungen zu Nokia aus externen Quellen den Mitarbeitern zur Verfügung gestellt. Die Mitarbeiter sind sich demnach stets über das Bild der Marke bei externen Anspruchsgruppen bewusst. Ergänzt werden diese Informationssysteme durch das Intranet-Portal „MyNokiaConnection". Durch die hohe Anzahl an Mitarbeitern an verschiedenen Standorten reicht der Einsatz dieser Massenmedien nicht aus. Daher setzt Nokia auf das persönliche Gespräch. In der Produktion wurde auf das Intranet verzichtet. Die Bereichsleiter müssen sich seitdem persönlich vor die Mitarbeiter stellen und Strategien und Änderungen erklären. Durch den direkten Kontakt kann auf die Besonderheiten der Mitarbeiter eingegangen werden und die Informationen in „deren Sprache" weitergegeben werden. Durch die persönliche Präsentation steigt zudem die Glaubwürdigkeit. Ein weiterer Vorteil liegt darin, dass die Bereichsleiter den Mitarbeitern zuhören müssen. Durch diese Möglichkeit zum direkten Feedback steigt die Akzeptanz und Identifikation der Mitarbeiter, da sie die Möglichkeit haben, Neuerungen mitzugestalten. Aufgrund des positiven Effekts dieses Vorgehens wurde dieser Schwerpunkt auf der persönlichen Kommunikation auch für Vertrieb und Forschung und Entwicklung übernommen. Die Kommunikationspolitik hat bei Nokia ein zentrales Ziel: das direkte Gespräch zwischen Mitarbeiter und Vorgesetztem, quer durch die Hierarchie, die möglichst flach gehalten wird. So wurden auch konzernweit offene Chatrooms eröffnet, die über alle Standorte hinweg die Funktion des Flurfunks übernehmen.

Kommunikation durch Gebäudearchitektur: In einigen Fällen wird die Sensibilisierung zusätzlich durch starke physische Veränderungen unterstützt. Einzelne Unternehmen nutzen die Gebäudearchitektur aus, um einen deutlichen Unterschied einer Marke zu schaffen. So wird z. B. die kreative und offene Identität der Marke Google wirkungsvoll für Mitarbeiter durch die vielseitigen Büros verkörpert. Mitarbeiter haben zudem die Möglichkeit, mehrfach ihre Arbeitsumgebung zu wechseln und ihren sozialen und kommunikativen Kontext ihren Aufgaben anzupassen.

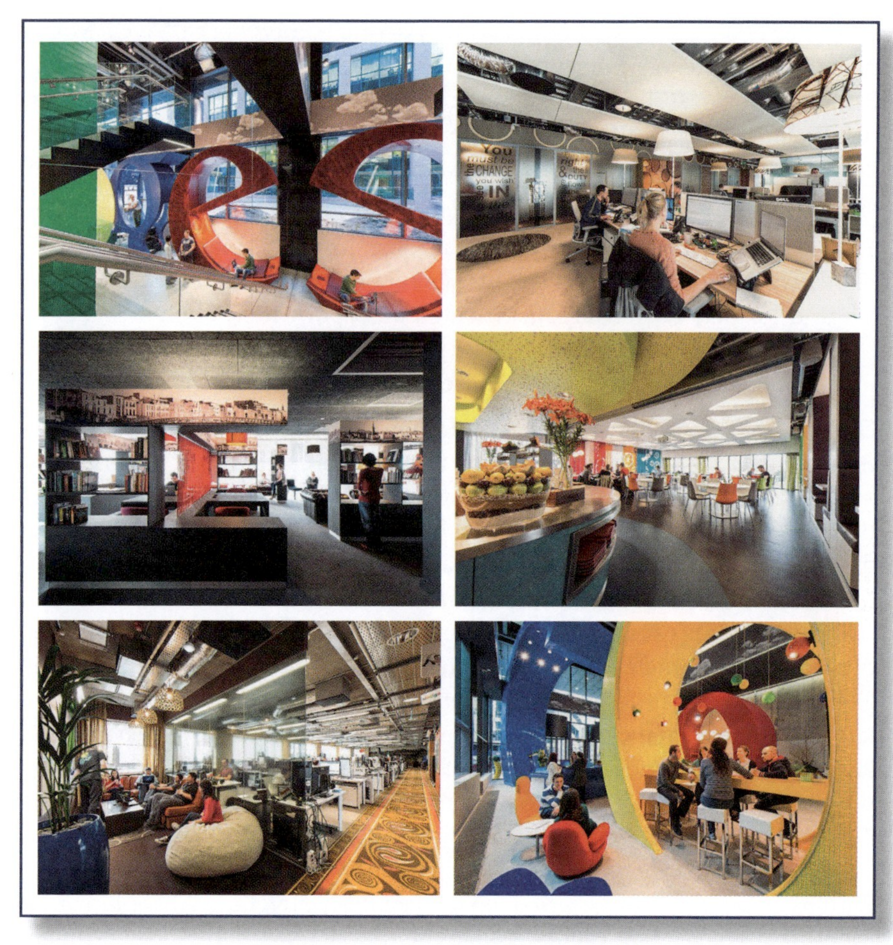

Abbildung 39: Google Office in Dublin
Quelle: Google/Camenzind Evolution Office

Auch bei Würth ist es so, dass man nicht nur durch die Gebäudearchitektur einen Unterschied macht, sondern auch durch die umfassende Kunstsammlung. In der Zentrale in Künzelsau gibt es regelmäßig wechselnde Ausstellungen, selbst in der Cafeteria und in Besprechungsräumen hängen wertvolle Gemälde. Mitarbeiter können sich zudem aus dem reichen Fundus ein Kunstwerk für ihren Arbeitsplatz auswählen.

Kommunikation durch Kleidung: Als Element einer stark standardisierten Markenkultur sind Uniformen und Markenkleidungen denkbar. So wird bei den Mitarbeitern ein Zugehörigkeitsgefühl und Identifikation auch durch stark gebrandete Kleidung geschaffen.

Interne Markenkampagnen, Roadshows und Schulungen helfen zu Beginn eines Roll-Out, das grundlegende Verständnis für die eigene Marke zu

Abbildung 40: Corporate Fashion
Quelle: ADAC/DHL/Air Berlin

schaffen. Um die Markenwerte nach innen glaubhaft und vor allem einfach zu transportieren, helfen strategische Initiativen, den Nukleus der Marke zu vermitteln. Solche Kampagnen sollten integriert kommuniziert werden und zentrale Themenfelder adressieren. Gerade zu Beginn ist die Geschäftsleitung und Führung ein kritisches Element, um die Notwendigkeit der Thematik zu unterstreichen.

Zudem sind alle massenmedialen Kommunikationsinstrumente, wie die Mitarbeiterzeitung, Business-TV, E-Mails oder das Intranet inhaltlich, formal und zeitlich abzustimmen, um die durch die Kommunikation erzeugten Eindrücke zu vereinheitlichen. Gleichzeitig muss eine solche Einführungskampagne jedoch auch die Möglichkeit zur Interaktion und Feedback ermöglichen.

Best Practice-Fallstudie: O_2 can do – Rebranding von Viag Interkom

Ausgangssituation:
Im Mai 1995 wurde die Marke Viag Interkom als Joint-Venture der Viag AG und der British Telecommunications gegründet. Im Jahr 2001 führte mmO_2 ein umfassendes Re-Branding seiner Netzbetreiber in Deutschland (Viag Interkom), Irland (Esat Digifone), England (BT Cellnet) sowie in den Niederlanden (Telfort) auf die Marke O_2 durch.

Da die Mitarbeiter durch die bevorstehenden Veränderungen vorrangig skeptisch, verängstigt oder demotiviert waren, musste der Brand

Change-Prozess sehr transparent erfolgen. Gerade einmal 5 Prozent standen der Veränderung positiv gegenüber.

Vorgehensweise:
Zielsetzung des Rebranding-Prozesses war die Motivation, Einbindung und Mobilisierung der Mitarbeiter. Vision, Mission und Werte der Dachmarke mmO_2 sollten für O_2 Germany übertragen, angepasst sowie kommuniziert und gelebt werden. Der Brand Change-Prozess wurde als Top Down-Prozess eingeleitet. Zunächst wurden die Führungskräfte involviert, um die Mitarbeiter in den folgenden Schritten begeistern zu können.

- **Ziele des Brand Engagement-Programms:** Für den Brand Change bildeten fest definierte Vision, Mission und Ziele die Grundlage. Neben den Zielen des Mutterkonzerns wurden konkrete Ziele für O_2 Germany formuliert. Da der Brand Change auch mit einem Turnaround verbunden war, stand für O_2 Germany profitables Wachstum und die quartalsweise Verbesserung des EBITDA auf der Agenda. Zudem sollte die Marke O_2 erfolgreich bei den Mitarbeitern verankert und von ihnen gelebt werden.
- **O_2 Customer Experience:** O_2 positionierte sich als erfrischend andere Telekommunikationsmarke, die das Leben der Kunden bereichert und sie in den Mittelpunkt stellt. Die Marke O_2 folgte der Leitidee des Enablers, was durch den Claim „O_2 can do" ausgedrückt wurde. Die Marke O_2 sollte wie die Luft zum Atmen – wie Sauerstoff – ein unentbehrliches Element für den Menschen werden und ihn in allen Lebensbereichen umgeben. Der Claim unterstützte hierbei maßgeblich den Kompetenzanspruch des „Enablers" (GWA Effie 2003; O_2 2003; Gröger 2007a).
- **Brand Change Roadmap:** Als Wegweiser für den Veränderungsprozess entwickelte O_2 eine detaillierte Roadmap. Diese Roadmap deckte die Kernelemente Strategie, Strukturen, Prozesse und Verhalten ab. Nach einer ersten Analysephase wurde ein 100-Tage-Programm erstellt. Zielsetzung war die Schaffung einer positiven Veränderung im Mindset innerhalb von 100 Tagen, um frühzeitig das Vertrauen der Shareholder zu gewinnen. Neben dem mentalen Wandel waren zudem Kostensenkungen und Absatzsteigerungen kritische Elemente des Programms. Hierzu wurden ganzheitlich Kostenstrukturen überprüft, d.h. konkret Budgets gekürzt, Planungen optimiert und Personal abgebaut. Zudem erfolgten ein strukturelles und prozessorientiertes Redesign (Nagel 2005, S. 79 ff.; Gröger 2007a, S. 12 ff.).

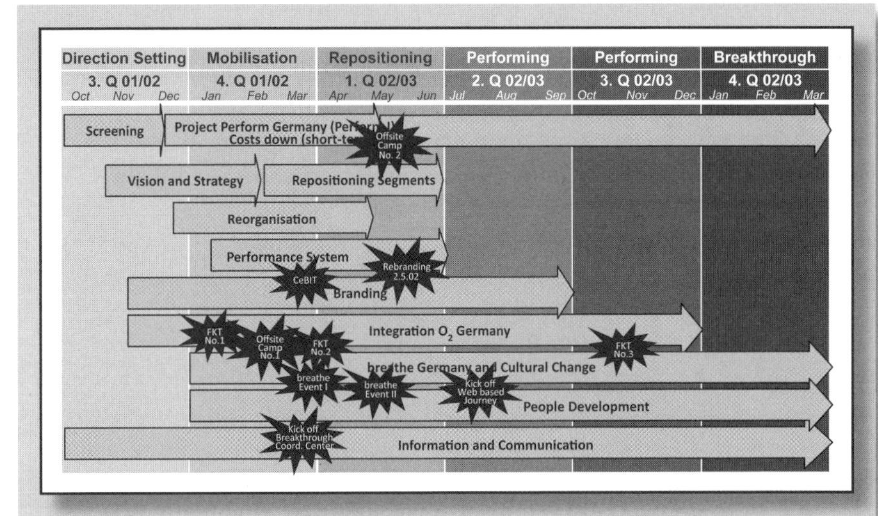

Abbildung 41: Brand Change Plan bei O_2
Quelle: Schloemer/Esch/Krieger 2009, S. 208

- **Internal Brand Engagement:** Vor diesem Projekthintergrund ist offensichtlich, dass die Motivation und Mobilisierung der Mitarbeiter ein erfolgskritischer Faktor für das Brand Change-Programm war. Zudem waren Vision, Mission und Werte der Konzernmutter mmO_2 für O_2 Germany zu übersetzen, intern zu kommunizieren und zu leben. Im Rahmen einer breit angelegten Kommunikationsinitiative wurden Mobilisierungs- und Einbindungsmaßnahmen im Rahmen von „Breathe O_2" eingeleitet. Zum besseren Verständnis der eigenen Unternehmenskultur wurden die Werte in eine Matrix übersetzt, die den Mitarbeitern bei der Umsetzung in das tägliche Handeln helfen soll. In dieser Matrix waren Informationen enthalten, was die Werte bedeuten und welche Konsequenzen für die Umsetzung aus jedem Wert erfolgen. Zudem wurde definiert, welches Verhalten nicht den Werten entspricht. Die interne Kommunikation umfasste zudem zahlreiche Maßnahmen wie Intranet, Mitarbeiterbefragungen, Fotogalerien sowie klassische Medien wie Plakate, Tablettaufleger und Aufsteller (Nagel 2005, S. 95 ff.; Gröger 2007a, S. 33 ff.).
- **Brand Change Catalysts:** Zur breiten Einführung und Durchsetzung von Vision, Mission und Werten führte O_2 ein Change Catalysts System ein. Diese sollten in drei Phasen mittels persönlicher Kommunikation eine Unternehmenskultur schaffen, welche die Einlösung des Markenversprechens ermöglicht. So wurden die neue Marke O_2 und die Markenwerte vorgestellt, das Mitarbeiterverhalten sowie die Strukturen und Prozesse.

- **Phase 1** startete im Januar 2002 mit den Top 50 Führungskräften, die als Change Catalysts dienen sollten. **Phase 2** folgte im Mai 2002 mit den Top 200 Führungskräften, bis schließlich im November 2002 **Phase 3** startete. Elementar war die frühzeitige Einbindung der Führungskräfte und deren Commitment für die gemeinsame Zielsetzung. Im monatlichen „Friday Forum" wurde der Brand Change im direkten Mitarbeiterdialog diskutiert. Zudem wurden wichtige Informationen und Erfolge zu den Projekten „Perform" und „Breathe" vermittelt. Um Transparenz über den Fortschritt der Initiativen zu schaffen und die Motivation zu steigern, wurden interne Events und Statusberichte eingerichtet (Gröger 2007a, S. 33 ff.).
- **Mitarbeiter in der Markenkommunikation:** Um die Identifikation der Mitarbeiter mit der Marke zu fördern, wurden in der externen Markenkommunikation auch Mitarbeiter eingebunden, die vom damaligen CEO Rudolf Gröger bis hin zum Trainee reichten (GWA Effie 2004, S. 392).
- **Enablement von Mitarbeitern zur Einlösung des Markenversprechens:** Das Teilprojekt „People Development" initiierte zahlreiche Maßnahmen zur Steigerung des Produkt-Know-hows. Neben Produkten, Tarifen und Dienstleistungen wurden auch Vertriebsargumentationen geschult. Zusätzlich konnten Mitarbeiter selbst neue Produkte und Mobiltelefone testen.

Quelle: Schloemer/Esch/Krieger (2012), S. 201–222

3.2 Verstehen: Leistungsversprechen der Marke begreifen

Nach einer ersten Sensibilisierung für die Marke und die Bedeutung für den Unternehmenserfolg müssen sich Mitarbeiter intensiver mit den Inhalten beschäftigen. Hierzu ist bei den Mitarbeitern das richtige Mindset zu schaffen. Jeder Mitarbeiter muss verstehen, was seine Rolle ist, um eine Branded Customer Experience bei den Kunden zu schaffen. Die Fokussierung auf Kunden kann dabei eng oder weit erfolgen. Aus unserer Sicht empfiehlt es sich, nicht nur an externe Kunden zu denken, sondern auch an interne Kunden, bei denen man quasi selbst als Dienstleister von Abteilung zu Abteilung arbeitet. Dies erleichtert dann auch die Erfüllung des Markenversprechens an externe Kunden. Im zweiten Schritt steht daher die Frage nach dem „Was" auf der Agenda. Innerhalb dieses Prozesses müssen Mitarbeiter folgendes verinnerlichen:

1) **Mitarbeiter müssen verstehen, dass das Markenversprechen durchgängig an allen Customer Touchpoints umgesetzt werden muss.** Sie müssen

begreifen, dass jede Handlung – ob bewusst oder unbewusst – die Wahrnehmung des Kunden beeinflusst. Hier sind Top Management und Führungskräfte gefragt, die Bedeutung klar zu machen. Workshops, Trainings und Schulungsmaßnahmen sind essenziell, um bei Mitarbeitern im direkten Kundenkontakt, aber auch bei allen anderen Mitarbeitern das richtige Mindset zu verankern.

2) **Mitarbeiter müssen sich mit dem Leistungsversprechen der Marke identifizieren können.** Mitarbeiter müssen verstehen, was die einzelnen Markenwerte im täglichen Arbeitsalltag bedeuten und welche konkreten Initiativen in Angriff genommen werden sollen. Zielsetzungen und Initiativen des Brand Engagement-Programms sowie Aufgaben und Verantwortliche müssen vermittelt werden. Hierzu eignen sich Diskussionsforen mit der Geschäftsleitung, Mitarbeiterveranstaltungen oder digitale Medien wie das Intranet. Das notwendige Hintergrundwissen können sie über Brand Handbooks, Intranetportale oder Markenakademien erlangen. Starke Marken wie DHL, IBM oder Würth nutzen solche Instrumente zusammen mit internen Kommunikationsmaßnahmen, um das Verständnis und die Identifikation ihrer Mitarbeiter aufzubauen. Darüber hinaus müssen sich Mitarbeiter in Workshops intensiver mit den Inhalten auseinandersetzen, um Bezugspunkte zu ihrer täglichen Arbeit zu identifizieren. Erste Ideen und Vorschläge zur Verbesserung zur weiteren Schärfung dieser Ideen können in diesem Forum gesammelt und diskutiert werden.

Im Folgenden werden einige der oben genannten Instrumente kurz beschrieben:

Markenakademie: Um Führungskräften die Bedeutung der zentralen Charakteristika der eigenen Marke plastisch zu vermitteln, etablieren große Unternehmen eine eigene Markenakademie. Hier werden die wesentlichen Aspekte der Marke virtuell und physisch inszeniert, um die Inhalte der Marke greifbar und erlebbar zu machen. Die Markenakademie von BMW kann in diesem Kontext als weiteres Erfolgsbeispiel für die Schulung neuer Führungskräfte und Mitarbeiter für die Marken BMW, Mini und Rolls-Royce angeführt werden. Tausende von Mitarbeitern, davon der Großteil Führungskräfte, werden hier auf die Marken BMW, Mini und Rolls-Royce geschult. Um seinen Mitarbeitern eine starke Markenorientierung sowie das Verständnis für die zentralen Unterschiede zu geben, werden Vorträge, Workshops und Seminare angeboten (brandeins Online 2006). Neben dem Grundkurs „Markenmehrwert“ werden die einzelnen Markenwelten vermittelt. Im Mini-Raum wird z. B. die Lebenswelt der Kunden anschaulich vermittelt (Grauel 2006, S. 18).

Neben den Markenakademien in München und London hat BMW zudem eine **mobile Markenakademie** entwickelt, um weltweit flexibel Trainings durchführen zu können. Die mobile Markenakademie umfasst individuelle Module, die einfach angepasst werden können. So konnten bereits knapp 10.000 Mitarbeiter der BMW Group mit diesem Instrument geschult werden.

Mercedes-Benz hat ein ähnliches Konzept entwickelt und eine **virtuelle Markenakademie** etabliert. Dieses Intranet-Tool dient als virtuelles Trainingsinstrument für Mitarbeiter aus allen Bereichen von Mercedes-Benz Cars. Bereits innerhalb weniger Stunden haben mehrere tausend Mitarbeiter das virtuelle Training durchlaufen. Alle Mitarbeiter können sich zudem als Markenbotschafter bewerben und qualifizieren. So hatten sich weltweit bereits 100.000 Mitarbeiter angemeldet.

Abbildung 42: BMW Markenakademie
Quelle: BMW Group

Gerade im Dienstleistungsbereich, speziell in der Finanzdienstleistungsbranche, tut man sich mit solchen Markenwelten noch schwer. Der daraus resultierende Nutzen wird kaum erkannt. Ganz anders ist dies bei der Schwäbisch Hall. Hier gibt es nun eine Heimat für die Marke, ein Markenhaus, das im Mai 2013 eröffnet wurde.

Schwäbisch Hall ist eine der bekanntesten Marken Deutschlands. 87 Prozent der Menschen kennen die Bausparkasse mit den vier Steinen als Markensymbol. Den Slogan „Auf diese Steine können Sie bauen" mit der eingängigen Melodie verbinden 89 Prozent der Deutschen mit Schwäbisch

Hall und nicht weniger als neun von zehn Befragten kennen den Bausparfuchs. Mit der neuen Kommunikationskampagne, bei der Schwäbisch Hall mit dem Begriff Heimat verknüpft wird, ist den Managern dort ein großer Coup gelungen. Die eigenen vier Wände sind eben der wichtigste Ort im Leben. Dadurch wurde ein vormals altbackenes Thema auch relevant für jüngere Zielgruppen. Heimat ist eben durchgängig positiv belegt.

Mit dem Markenhaus wird ein weiterer wichtiger Schritt eingeläutet. Das Markenhaus steht im Innenhof der Hauptverwaltung.

Abbildung 43: Markenhaus der Schwäbisch Hall
Quelle: Schwäbisch Hall, Dan Pearlman 2013

Die 60 Quadratmeter Fläche sind aufgeteilt in Wohnzimmer und Küche. Im Wohnzimmer des Hauses veranschaulichen Gegenstände Werte wie „fürsorglich", „bodenständig" oder „genossenschaftlich". In der Küche erforschen die Besucher spielerisch, aus welchen Zutaten ein gelungenes Markenerlebnis entsteht und der Blick durch das „Fenster der Visionen" zeigt Lebensentwürfe der Zukunft. Ihre persönliche Bedeutung von Heimat können die Gäste in Notizen und Bildern auf dem umlaufenden Heimatband hinterlassen. Heimat begegnet ihnen zudem in Videoinstallationen oder Zitaten von Berühmtheiten und lässt sich in Duftgläsern sogar erschnuppern. Es ist ein Markenhaus, das zur Schwäbisch Hall passt. 20.000 Besucher jährlich können sich hier die Marke nahe bringen lassen. Es ist vor allem aber die Möglichkeit, eigenen Mitarbeitern nicht nur die Bedeutung einer

Marke näher zu bringen, sondern das Ganze mit Schulungskonzepten zu verknüpfen, bei denen nicht nur Wissen vermittelt wird, sondern die Marke begreifbar und multisensual erlebbar gemacht wird.

Abbildung 44: Innenraum des Markenhauses der Schwäbisch Hall
Quelle: Schwäbisch Hall, Dan Pearlman 2013

Brand Handbook: Im Rahmen der intensiven Auseinandersetzung ist vor allem die konkrete Operationalisierung der Markenidentität eine zentrale Herausforderung. Eine gute Dokumentation stellt üblicherweise ein Brand Handbook dar. Üblicherweise lesen sich Mitarbeiter aber nur in den seltensten Fällen ein solches Brand Handbook durch. Es kann allerdings ein hilfreiches Instrument für Führungskräfte, Mitarbeiter des Markenmanagements, der internen Kommunikation, das Personalmanagement oder externe Agenturen sein.

Ein Streifzug durch die Corporate- und Brand Identity-Manuals vieler Unternehmen offenbart jedoch die Ursache für die starke Fokussierung auf diese Zielgruppe. Die meisten Inhalte erschöpfen sich fast ausschließlich in der Festlegung von Gestaltungsrichtlinien und Corporate Design-Vorgaben. Bei einem Brand Handbook geht es jedoch vielmehr um die breite Vermittlung der zentralen Markeninhalte – von der Markenidentität bis zu ihrer konkreten Bedeutung. Ein gutes Brand Handbook definiert den Markenkern in wenigen Worten, das formale Markenbild sowie Do's und Don'ts, die für den Mitarbeiter in konkrete Handlungsanweisungen und markenrelevante Verhaltensregeln operationalisiert sind. Darüber hinaus sind Lebenstilwelten oder Kundengruppen genauer beschrieben. Im Folgenden einige Praxisbeispiele für Brand Handbooks.

Abbildung 45: Brand Handbook Mercedes-Benz und Virtuelle Markenbotschafter
Quelle: Mercedes-Benz/Dan Pearlman 2012

Das für die Marke Mercedes-Benz entwickelte Brandbook vermittelt die Geschichte der Marke sowie ihre Werte in Form eines Roadmovie. Die Mitarbeiter werden hierdurch auf eine emotionale Reise vom Kern der Marke bis hin zur Wirkung auf die Außenwelt mitgenommen. Von der Pionierarbeit der Gründer bis hin zur Zukunft der Marke. Insgesamt wurden 13.000 Brand Books mit hochwertigem Carbon-Cover an die Führungskräfte von Mercedes-Benz Cars übergeben. Für alle Mitarbeiter steht im Intranet ein digitales Brandbook in Deutsch und Englisch zur Verfügung. Auf emotionale Weise werden die Markenwerte Faszination, Perfektion und Verantwortung sowie deren konkrete Bedeutung vermittelt. Interaktive Elemente, Filme und Links runden die einfache Informationsquelle ab und bieten einen zusätzlichen Mehrwert für den Leser. Mehr als 100.000 Mitarbeiter können so breit erreicht werden (Dan Pearlman 2012).

Markenportale: Das Intranet sowie Internet-Cloud bieten mittlerweile eine Vielzahl an technischen Möglichkeiten an, die das Brand Handbook ergänzen und erweitern. Ernst & Young hat z. B. eine Webseite namens „The Branding Zone" eingerichtet, auf der sich die Mitarbeiter über die Marke und die Kommunikation informieren können (Davis 2005, S. 236). Intranetportale wie das „Brandville" von Siemens gehen über Funktionen klassischer CD-Plattformen hinaus und entwickeln sich zu Wissensplattformen. So können z. B. über Blogs, Chatfunktionen oder Ideenforen Themen rund um die Marke diskutiert oder Fragen geklärt werden. Gleichzeitig kann ein Brand Management Portal auch als Kommunikationsinstrument mit aktuellen Informationen für Mitarbeiter oder Vertriebspartner dienen. So werden bei O_2 z. B. im Intranet so genannte „Can-Do Stories" veröffentlicht, die das gewünschte Mitarbeiterverhalten beschreiben (Zeplin 2006, S. 120 f.). Gleichzeitig können unterhaltsame Plattformen auch zum Austausch von Erlebnissen mit einer Marke Interaktion schaffen, wie das Portal „My-basf-story.com". Hier diskutierten rund 95.000 Mitarbeiter in aller Welt eine Vielzahl persönlicher Erlebnisse mit der Marke BASF.

Brand Workshops: Um die Werte einer Marke sowie das Leistungsversprechen wirklich zu durchdringen, müssen sich Mitarbeiter allerdings intensiv mit diesen Inhalten auseinandersetzen. Dies erfolgt am besten in Workshops und Schulungen, bei denen ganztägig Inhalte der Marke vermittelt werden und konkrete Anwendungssituationen durchgespielt werden. Zudem können diese genutzt werden, um konkrete Umsetzungsfelder mit den betroffenen Mitarbeitern zu erarbeiten.

Brand Training: In Trainings und Schulungen soll den Mitarbeitern die Marke spielerisch näher gebracht werden. Neben der Vermittlung der Markenidentität stehen vor allem Wissen und Verständnis der Markenwerte sowie konkreter Verhaltensweisen im Fokus. Durch konkrete Rollenspiele und Situationen in der Kundeninteraktion können Problemstellungen und Lösungsansätze simuliert werden.

Best Practice-Fallstudie: DHL Internal Branding

Ausgangssituation:
Die Marke DHL wirbt mit dem Markenversprechen „Wir leisten mehr". Zur Einhaltung des Versprechens bedarf es der Unterstützung der Mitarbeiter. Nur wenn diese zu mehr Leistung bereit sind, wird das Markenversprechen in die Tat umgesetzt und für Kunden erlebbar. Gerade nach den vorangegangenen Übernahmen anderer Unternehmen und Marken sowie der Umstrukturierung im Konzern stellte die Entwicklung einer eigenen Markenkultur und die Integration und Bindung der Mitarbeiter an die Marke einen zentralen Erfolgsfaktor dar.

Vorgehensweise:
Wie zuvor bei der Operationalisierung der Markenwerte geschildert (siehe Abschnitt B.2, S. 22 f.) entwickelte DHL drei zentrale Markenwerte „Personal Commitment", „Proactive Solutions" und „Local Strength Worldwide". Die im Jahr 2006 entwickelten Markenwerte wurden seitdem mehrfach in Service und Attributen konkretisiert. Da die Mitarbeiter ein zentraler Hebel zur Bildung der Marke DHL sind, wurden verschiedene Maßnahmen zur Förderung des Internal Branding eingeleitet:

- **DHL Brand Book:** Um ein konsistentes Kundenerlebnis zu schaffen, hat DHL die Richtlinien für alle Mitarbeiter operationalisiert. Das Leistungsversprechen der Marke wird anhand der zentralen Markenwerte in einem DHL Brand Book erläutert. Es ist Quelle für die zentralen Instrumente, Inhalte und der Markenwerte. Gleichzeitig werden die Attribute in konkrete Verhaltensweisen übersetzt. So wird zum Beispiel die Eigenschaft „Zuverlässigkeit" durch mehr als vierzig verschiedene Verhaltensweisen operationalisiert, um ein konsistentes Kundenerlebnis zu schaffen. Zudem werden durch Kundengeschichten Erlebnisse der Kunden mit DHL für die eigenen Mitarbeiter greifbar gemacht.
- **DHL Branding:** Ergänzend zu den Verhaltensweisen schafft formale Stringenz eine starke Markenbildung für DHL. DHL kann auf eine breite visuelle Präsenz aufbauen. 275.000 Mitarbeiter in Uniformen, 250 Flugzeuge und 75.000 Fahrzeuge mit gelb-rotem Branding schaffen eine wahrnehmbare Präsenz in den weltweiten Märkten.
- **DHL Brand Trainings:** DHL sucht kontinuierlich Mitarbeiter, die Initiative ergreifen und flexibel handeln. So durchlaufen Mitarbeiter spezielle Brand Training Sessions, die je nach Levels und Aufgabe

Abbildung 46: DHL-Mitarbeiterkampagne „Beyond Your Expectations"
Quelle: DHL

spezifisch ausgerichtet von 15 Minuten, 60 Minuten bis hin zu ganztägigen Sessions.

- **DHL Kampagnen mit Mitarbeitern:** In der globalen Markenkampagne der DHL wurden im Jahr 2006 die Mitarbeiter in den Mittelpunkt gerückt. Nach der erfolgreichen Markenkampagne im Jahr 2006 mit dem Highlight „Mission: Impossible III" warb DHL 2007 erneut für die Grundwerte der Marke DHL. Unter dem Motto „We are the brand" standen erneut die Mitarbeiter im Mittelpunkt der weltweiten DHL-Markenkampagne. Die Kampagne setzte bewusst auf engagierte DHL-Mitarbeiter und spannende Kundenbeispiele, die intern motivierend und extern vertrauensbildend wirken. Die Kampagne besteht aus Printanzeigen, einem TV-Spot, Bandenwerbung für die Formel-1-Rennen und Online-Werbung.

Ergebnis:
Bereits kurz nach dem Start der Kampagne zeigte sich, dass die Idee, die Mitarbeiter in den Mittelpunkt zu stellen, bei allen Zielgruppen auf große Akzeptanz stieß. Nach der erfolgreichen Markenkampagne im Jahr 2006 mit dem Highlight „Mission: Impossible III" wirbt DHL seit März 2007 erneut für die Grundwerte der Marke DHL. Unter dem Motto „We are the brand" stehen dabei erneut die Mitarbeiter im Mittelpunkt der weltweiten DHL-Markenkampagne (Abbildung 46).

Quelle: Giehl/LePla 2012

3.3 Handeln: Umsetzung des Markenversprechens in konkrete Maßnahmen

Die Transformation vom Verständnis in das tatsächliche Handeln ist die wichtigste, aber auch herausforderndste Phase der internen Markenführung. Motivierte Mitarbeiter sind die erforderliche Grundvoraussetzung, um das Markenversprechen einzulösen. Jedoch müssen Kunden das Markenversprechen auch konsistent in jedem Vorgang und jedem Customer Touchpoint erleben. Im dritten Schritt ist somit die Frage nach dem „Wie" zu beantworten.

1) **Mitarbeiter benötigen konkrete Hilfestellungen und Freiräume bei der Umsetzung des Markenversprechens.**

   Alle Mitarbeiter müssen das Markenversprechen wirkungsvoll im Alltag umsetzen können. Hierzu benötigen sie konkrete Handlungsleitlinien, Best Practices oder Freiheitsgrade. Gleichzeitig müssen Mitarbeiter anfangen, selbstständig neue Ideen für Maßnahmen und Verhaltensweisen zu entwickeln. Dies ist ein permanenter Prozess, der durch die unmittelbare Führung, aber auch durch Prozesse und Strukturen unterstützt werden sollte.

2) **Interne Markenführung fokussiert nicht allein den Mitarbeiter. Das Markenversprechen muss alle Funktionen sowie Prozesse und Strukturen durchziehen.**

   Ohne Unterstützung von nachgelagerten Prozessen und Strukturen bleiben Anstrengungen von Mitarbeitern wirkungslos oder können sogar zur Demotivation führen. Daher müssen Initiativen der internen Markenführung auch die Prozesse und Strukturen markenspezifisch auf den Prüfstand stellen, um damit die Voraussetzungen zu schaffen, dass Mitarbeiter die Markenwerte in ihrem täglichen Handeln auch umsetzen können.

   Als z. B. der Schweizer Finanzdienstleister UBS alle Marken unter einer Dachmarke konsolidierte und sich mit dem neuen Slogan „You & Us" verstärkt auf den Kunden ausrichtete, wurden auch die internen Prozesse stark verändert. So wurde z. B. ein vierstufiger Prozess für Kundengespräche etabliert, um die Einlösung des Markenversprechens sicherzustellen. Hierbei ging es vor allem darum, das „Zuhören" aktiv zu verstärken. In dem vierstufigen Prozess wurde deshalb dem ersten Schritt, der Ermittlung von Kundenbedürfnissen, sowie dem letzten Schritt, der Ergebnisanalyse und dem Anstoß für Neues, mehr Zeit eingeräumt im Vergleich zu Stufe 2 (Empfehlung) und Stufe 3 (Entscheidungsfindung). Dementsprechend ist die Implementierung des Markenversprechens im gesamten Geschäftsmodell sicherzustellen. So müssen auch Funktionsbereiche außerhalb des Marketings wie z. B. Produktentwicklung, Supply Chain, Kundenservice bis hin zum Vertrieb das Markenversprechen stützen.

Um das Markenversprechen in konkrete Maßnahmen umzusetzen, haben sich verschiedene Instrumente und Methoden als erfolgreich erwiesen, die im Nachfolgenden kurz vorgestellt werden:

Implementierungsplan: Im Mittelpunkt der Umsetzung des Markenverprechens in konkrete Maßnahmen stehen die Initiativen, die im Rahmen des Brand Engagement-Prozesses vorangetrieben werden sollen. Diese können zu Beginn des Programms Top-Down grob definiert werden und entlang der Implementierungsphase durch Mitarbeiter weiter konkretisiert werden. Im Rahmen der Initiativenentwicklung haben sich funktionsübergreifende Teams als wirkungsvoll erwiesen, da hierdurch auch die Verknüpfung verschiedener Funktionen offensichtlich wird. Andernfalls entwickeln sich die Initiativen als Siloprojekte ohne inhaltliche Verknüpfung.

1) **Ideenentwicklung:** Sind Markenwerte und Leistunsversprechen bekannt, können im Rahmen von funktionsübergreifenden Workshops

neue Ideen generiert werden. Hierbei sind Kreativitätstechniken und Best Practices aus anderen Industrien am besten geeignet, um Hilfestellungen und Inspiration zu geben.

2) **Priorisierung der Ideen und Aggregation zu Initiativen:** Nach der Generierung einer Vielzahl von Ideen sind diese zu priorisieren und in konkrete Initiativen zu überführen. Konkrete Verantwortlichkeiten, Zeithorizonte und Erfolgsgrößen zur Beeinflussung der Customer Experience sind zu definieren.

3) **Entwicklung eines Implementierungsplans:** Schließlich sind die Initiativen im Rahmen des Brand Engagement-Programms nach Vollständigkeit sowie Verbesserungspotenzial (Kosten-/Nutzen-Relation) sowie benötigten Ressourcen (Budget, Personal, Zeit) zu bewerten.

Klare Zielsetzungen und konkrete Verhaltensstandards: Um Mitarbeiter mit einer Initiative zu erreichen, müssen klare Ziele und konkret umsetzbare Verhaltensstandards gegeben werden. Im Jahr 2007 hat DHL im Rahmen der Neuausrichtung der Marke das Programm „First Choice“ ins Leben gerufen. „First Choice“ ist hierbei weniger Initiative, sondern vielmehr eine Philosophie. Jeder der 475.000 Mitarbeiter soll weltweit in der Lage sein, bestmöglichen Service zu bieten und hierdurch die Kundenzufriedenheit zu steigern. Hierdurch wird das organische Wachstum des Kerngeschäfts gestärkt. Ein Ziel, welches sich neben der Kundengewinnung auch in wirtschaftlichem Erfolg äußert. Um dieses zu erreichen, hat das Programm verschiedene Initiativen zur Prozesseffizienz und Kundenzufriedenheit gestartet. Zudem wurden die Mitarbeiter in einer ersten Welle kommunikativ involviert („What is First Choice?“). In der zweiten Welle wurden einfache und konkrete Handlungshilfen zur Umsetzung gegeben („How do we become our customers‘ First Choice? By getting it right first time“).

Abbildung 47: Flyer von DHL First Choice
Quelle: DHL

Empowerment: Mitarbeiter benötigen zur selbstständigen und motivierten Umsetzung von Markenwerten in ihrem Bereich auch entsprechende Freiheitsgrade. Inwieweit diese ausgestaltet sind, hängt von der Branche, dem Geschäftsmodell, der Unternehmenskultur und den Prozessen ab. Je nach Aufgabengebiet sind nur unterschiedliche Freiheitsgrade zu geben. Tätigkeiten mit hoch standardisierten Aufgabenfeldern und Routine-Tätigkeiten eignen sich kaum für Empowerment. Schließlich kann dies auch überfordern, wenn der Orientierungsrahmen nicht klar und eindeutig ist.

Hier ist die Effizienz gefragt. Im Fall komplexer Tätigkeiten mit schlechter Planbarkeit und individueller Reaktionsfähigkeit hingegen ist Empowerment ein wirkungsvolles Instrument. Denn gerade hier entfaltet sich bei mehr Verantwortung am stärksten der gewünschte Effekt, dass Mitarbeiter selbstständig im Sinne der Marke agieren können. Tatsächlich ist festzustellen, dass Mitarbeiter mit erweiterten Entscheidungsbefugnissen schneller auf Kunden reagieren und bessere Ideen für den Service entwickeln. Mitarbeiter müssen die entsprechende Kompetenz entwickeln, mit der Entscheidungsfreiheit auch sinnvoll umzugehen.

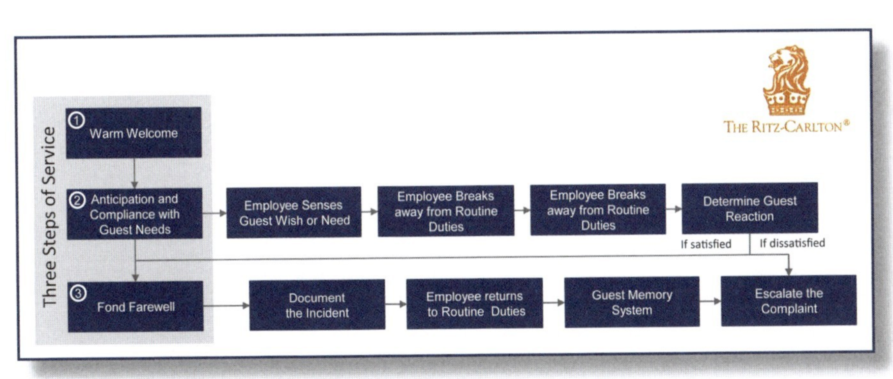

Abbildung 48: Empowerment-Prozess bei Ritz Carlton
Quelle: Ritz Carlton 2012

Bei Ritz-Carlton ist der Empowerment-Prozess aufwändig im Rahmen des Trainingsprogramms „The Gold Standard" institutionalisiert. Mitarbeiter werden pro Jahr ca. 120 Stunden in diesem Programm trainiert, um die zentralen Servicestandards und -werte zu verinnerlichen. Unter dem Motto „We are Ladies and Gentleman serving Ladies and Gentleman" wird die Philosophie von Ritz Carlton vermittelt. Neben einem Mitarbeiterversprechen wird auch das Leistungsversprechen an die Kunden klar definiert.

Der Umgang im Service wird anhand von 12 Servicewerten definiert und soll den Mitarbeitern eine Handlungsorientierung geben. „Servicewert Nr. 3" im aktuellen Mitarbeiter-Guide von Ritz Carlton lautet dementsprechend: „Ich bin dazu ermächtigt, einzigartige, unvergessliche und persönliche Erlebnisse für unsere Gäste zu kreieren.“ Dies klingt zunächst einmal gut, ist in der Realität jedoch nicht ganz einfach und erfordert viel Fingerspitzengefühl in der jeweiligen Situation. Anstatt die Service-Standards stur auswendig zu lernen, werden diese Service-Werte in Rollenspielen trainiert. Ein Fehler eines Mitarbeiters fällt nicht auf diesen allein zurück, sondern immer auf das gesamte Unternehmen. Wie die persönlichen Erlebnisse geschaffen werden können, zeigt die folgende Anekdote aus dem Ritz Carlton in San Francisco: So fand z. B. eine Mitarbeiterin im Ritz Carlton Hotel ein kleines Mädchen weinend in der Hotellobby vor. Auf ihre Nachfrage hin gab das Mädchen von sich, dass es einen Zahn verloren hätte. Es weinte, weil sie den Zahn nicht zu Hause unter ihr Kopfkissen legen und die „Zahnfee“ sie nicht finden könne. Ohne weiter nachzufragen, ermutigte die Mitarbeiterin das Mädchen, den Zahn diese Nacht unter ihr Kopfkissen zu legen, da die „Zahnfee“ auch im Ritz Carlton immer ihre Runden drehe. Mit ein wenig Recherche und der Hilfe des Zimmerservice gelang es dann, ein kleines Geschenk für den nächsten Morgen von der „Zahnfee“ zu arrangieren, um den Gästen ein einzigartiges Erlebnis zu verschaffen.

DIE DREI STUFEN DER DIENSTLEISTUNG

1.
Eine herzliche und aufrichtige Begrüßung. Sprechen Sie den Gast mit seinem Namen an.

2.
Vorwegnahme und Erfüllung aller Gästewünsche.

3.
Wünschen Sie dem Gast ein herzliches „Auf Wiedersehen“ und sprechen Sie ihn mit seinem Namen an.

MOTTO

“We are Ladies and Gentlemen serving Ladies and Gentlemen.”

DAS MITARBEITER-VERSPRECHEN

Die Damen und Herren von Ritz-Carlton sind das wichtigste Element in unserer Verpflichtung zu perfektem Service für unsere Gäste.

Durch die Anwendung der Prinzipien Vertrauen, Ehrlichkeit, Respekt, Integrität und Engagement fördern und maximieren wir Begabungen zum Wohle des Einzelnen und des Unternehmens.

Ritz-Carlton fördert ein Arbeitsumfeld, in dem Vielfalt geschätzt, Lebensqualität erhöht, individuelles Streben erfüllt und die Ritz-Carlton Mystik verstärkt wird.

THE RITZ-CARLTON®

CREDO

Bei Ritz-Carlton ist das aufrichtige Bemühen um das Wohlergehen unserer Gäste unser oberstes Gebot.

Wir sichern unseren Gästen ein Höchstmaß an persönlichem Service und Annehmlichkeiten zu. Stets genießen unsere Gäste ein herzliches, entspanntes und gepflegtes Ambiente.

Das Erlebnis Ritz-Carlton belebt die Sinne, vermittelt Wohlbehagen und erfüllt selbst die unausgesprochenen Wünsche und Bedürfnisse unserer Gäste.

THE RITZ-CARLTON®

SERVICEWERTE

„ICH BIN STOLZ DARAUF, RITZ-CARLTON ZU SEIN.“

1. Ich baue starke Beziehungen auf und schaffe damit Ritz-Carlton-Gäste für ein ganzes Leben.
2. Ich reagiere stets auf die ausgesprochenen und unausgesprochenen Wünsche und Bedürfnisse unserer Gäste
3. Ich bin dazu ermächtigt, einzigartige, unvergessliche und persönliche Erlebnisse für unsere Gäste zu kreieren.
4. Ich verstehe meine Rolle beim Erreichen der Schlüsselerfolgsfaktoren, lebe die gemeinnützigen Community Footprints und kreiere Ritz-Carlton Mystique.
5. Ich suche kontinuierlich nach Möglichkeiten, das „Erlebnis Ritz-Carlton“ neu zu definieren und zu verbessern.
6. Ich trage die Verantwortung für jegliche Anliegen der Gäste und löse diese umgehend.
7. Ich schaffe ein Arbeitsumfeld, das teamorientiert und von lateralem Service geprägt ist, um den Bedürfnissen unserer Gäste und meiner Kollegen gerecht zu werden.
8. Ich habe die Möglichkeit, beständig zu lernen und mich weiterzubilden.
9. Ich bin an der Planung der Arbeit beteiligt, die mich betrifft.
10. Ich bin stolz auf mein professionelles Erscheinungsbild, meine Ausdrucksweise und mein Verhalten.
11. Ich schütze die Privatsphäre und die Sicherheit unserer Gäste, meiner Kollegen und die vertraulichen Informationen und Werte des Unternehmens.
12. Ich bin für kompromisslose Sauberkeit und ein unfallfreies Arbeitsumfeld verantwortlich.

Abbildung 49: Golden Standards von Ritz Carlton
Quelle: Ritz Carlton

Jeder Mitarbeiter eines Ritz Carlton Hotels trägt z.B. permanent das Markencredo der Marke bei sich. In diesem Credo wird das Motto „We are ladies and gentlemen serving ladies and gentlemen" weiter konkretisiert und in Gefühle und Emotionen übersetzt, die der Gast bei seinem Besuch erleben soll. So werden zum Beispiel die drei Stufen der Dienstleistung konkretisiert:

1) Eine herzliche und aufrichtige Begrüßung. Sprechen Sie den Gast mit seinem Namen an.
2) Vorwegnahme und Erfüllung aller Gästewünsche.
3) Wünschen Sie dem Gast ein herzliches „Auf Wiedersehen" und sprechen Sie ihn mit seinem Namen an.

So einfach diese drei Stufen auch klingen mögen, sie erfüllen vor allem den Zweck, das Erlebnis für die Kunden unvergesslich zu machen. Täglich werden die Mitarbeiter zu einem Meeting zusammengerufen, bei dem über einen Punkt auf der Karte gesprochen und festgelegt wird, was man dafür leisten kann. Allein durch die häufigen Berührungspunkte mit der Karte, die das Markencredo enthält, wird somit ein positiver Kontakt zu diesen Markenwerten initiiert.

Gemeinsame Rituale & Regeln: Eine Marke, deren Mitarbeiter dieses Ziel erreicht hat, ist Walmart USA. Zahlreichen Mitarbeitern sind die zentralen Werte der Marke, die in verschiedenen Markenritualen zum Ausdruck kommen, in Fleisch und Blut übergegangen. Hierzu zählt z.B. die unternehmensintern stark kommunizierte „Ten Foot Rule". Diese Regel bringt die uneingeschränkte Kundenorientierung zum Ausdruck und besagt, dass Mitarbeiter, die sich einem Kunden bis auf zehn Fuß nähern, diesem in die Augen schauen müssen, ihn begrüßen und fragen, ob er Hilfe benötigt. Solche Verhaltensstandards wie auch der Walmart Cheer sind Artefakte der Markenkultur und halten diese am Leben. Der alltägliche Cheer erinnert die Mitarbeiter zudem an ihre kollektiv geteilten Werte und hebt die am

Abbildung 50: Markenrituale bei Walmart
Quelle: Walmart

Arbeitsplatz einzunehmende Identität der Walmart-Kultur hervor. Allerdings ist gerade Walmart auch ein Mahnmal, weil dieses Vorgehen zwar in den USA wirkt, bei dem Markteintritt in Deutschland jedoch nicht die gewünschte Wirkung erzielte. Demnach gilt es auch hierbei, kulturspezifische Besonderheiten zu beachten, um Akzeptanz bei Mitarbeitern zu erreichen.

Sounding Boards durch Kunden oder Experten: Verschiedene Branchen hatten in den letzten Jahren verstärkt Kundenbeiräte installiert, um die Perspektive von ausgewählten Kunden bei Produktentwicklungen oder Serviceleistungen zu optimieren. Während dies bei Stromanbietern und Verkehrsbetrieben bereits stark etabliert war, haben sich insbesondere Finanzdienstleister nach der Finanzkrise verstärkt dieses Instruments bedient. So hat z. B. die Commerzbank einen 25-köpfigen Kundenbeirat etabliert, um schnelles Feedback und Reaktionen von Kundenseite zu Produkten und Prozessen zu erhalten. Die HypoVereinsbank nutzt ein Online-Forum mit 650 Teilnehmern zum intensiven Austausch mit ihren Kunden. Einen ähnlichen Beirat – allerdings aus Fachexperten zusammengesetzt – hat die Marke Philips etabliert. Basierend auf dem Markenversprechen – Sense and Simplicity – hat Philips ein Simplicity Adivsory Board etabliert. Die fünf Mitglieder aus verschiedenen Ländern sind jeweils Fachexperten aus unterschiedlichen Lebensbereichen und sollen mit ihrer Erfahrung das Unternehmen auf dem Weg zu mehr Einfachheit begleiten. Dabei sollen sowohl der Kulturkreis als auch das Fachgebiet neue Impulse bringen.

3.4 Toolbox: Instrumente und Methoden der Internen Markenführung

Die verschiedenen Instrumente zur Umsetzung der internen Markenführung werden im Folgenden tabellarisch dargestellt und den zentralen Prozessstufen Motivieren, Verstehen und Handeln zugeordnet. Zudem werden die Maßnahmen anhand ihrer Reichweite (wie viele Mitarbeiter können erreicht werden?), ihrem Effekt (wie wirkungsvoll ist die Maßnahme?) sowie der damit verbundenen Kosten (wie viele direkte und indirekte Kosten entstehen durch die Maßnahme?) bewertet.

Methoden der Internen Markenführung

Im Rahmen der Internen Markenführung können bei Workshops, Trainings und Schulungen verschiedene Methoden zum Einsatz kommen. Einige der wirkungsvollsten Methoden sind das Storytelling, Dialogbilder und Gamification. Diese stellen einen Ausschnitt des Methodenspektrums dar, welches bei internen Markenworkshops Anwendung finden kann.

Instrument	Kanal/Format	Motivieren	Verstehen	Handeln	Reichweite	Effekt	Kosten
Einführungsveranstaltung	Kick-Off Event, Einführungstag	✓			◔	◑	◔
Geschäftsführung als Markenbotschafter	E-Mail, Intranet, Mitarbeiterzeitschrift, Kaminabende, Geschäftsbericht, Hauptversammlung	✓			●	◔	◔
Brand Day	Führungskräfte Veranstaltung, Vertriebstagung, Diskussionsforen, Offsites/Team-Events, Betriebsausflug, Veranstaltungmit externen Spezialisten	✓	✓		●	◑	◑
Interne Kommunikation/ Markenkampagnen	Plakatkampagnen, Info-Terminal, Intranet, Mitarbeiterzeitschrift, Newsletter, Brand Movie/Song	✓	✓		●	◑	◕
Corporate Design	Architektur, Raumgestaltung, Mitarbeiterkleidung, Merchandising	✓			●	◔	●
Markenakademie (physisch/virtuell)	Trainings, Markenwelt für Historie und Werte		✓		◔	◕	●
Brand Handbook	Booklet oder interaktives E-Book		✓		●	◕	◑
Brand Value Cards/ Brand Bible	Booklet/Leporello		✓	✓	●	◕	◑
Mitarbeiterwettbewerb/Markenspiele	Intranet, E-Mail, Mitarbeiterzeitschrift, Kür der Gewinner in Event		✓	✓	◕	◑	◔
Verhaltensstandards, Sprachkodex	Brand Handbook, Trainings, Interne Kommunikation			✓	●	●	◔
Kundenbeirat/ Expertenbeirat	Meeting einmal bis zweimal im Jahr; Arbeitsgruppen		✓	✓	◔	◑	●
Markenbotschaftersystem	Organisationale Verankerung(Teilzeit)	✓	✓	✓	●	◕	◑
Internal Brand Manager	Organisationale Verankerung (Vollzeit)		✓	✓	◑	●	◑
Internal Brand Council	Organisationale Verankerung(Gremium)			✓	◑	●	●
Verankerung von Brand KPI im Anreizsystem	Zielvereinbarung/ Feedbackgespräch		✓	✓	●	●	◑

Abbildung 51: Instrumente der Internen Markenführung

Methode 1: Storytelling

Stories existieren in jedem Unternehmen, auch wenn sie nicht immer vom Management erwünscht sind und kontrolliert werden können. Aktives Storytelling ermöglicht einen einfachen und emotionalen Zugang, um Mitarbeitern die zentralen Charakteristika sowie Stärken einer Marke zu vermitteln.

Grounding Stories: Diese Stories können in der Kommunikation an Mitarbeiter zu Beginn der internen Markenführung besonders wirksam werden. Z. B. wird man einem neuen Mitarbeiter bei DHL die Expertise in Logistikdienstleistungen rund um den Erdball anhand von Fakten erklären können. Aber ist es nicht spannender, einem neuen Mitarbeiter zu erzählen, dass die Marke DHL von den Namensgebern Adrian Dalsey, Larry Hillblom and Robert Lynn (D, H und L) gegründet wurde, die ihr erstes Geld mit der schnellen Lieferung von Schiffspapieren per Luftweg verdienten und dadurch den Reedereien Zeit und Geld sparten?

Instruction Stories: In späteren Phasen kann das Storytelling auch dahingehend weiterentwickelt werden, um Mitarbeitern bestimmte Verhaltensnormen und Leitlinien zu erklären, durch welche die Markenwerte in Handlungen umgesetzt werden.

Folgende Arten von Stories können unterschieden werden:

1) **Schöpfergeschichten:** Diese Stories rücken den Gründer des Unternehmens ins Zentrum. Der Gründer, seine Werte und die Gründungsphase des Unternehmens sollen den Mitarbeitern die Werte, die Ausrichtung und die Ziele des Unternehmens vermitteln. Gute Beispiele sind die (fast legendären Gründerfiguren) Henry Ford, Robert Bosch und Bill Gates. Die Geschichten um Robert Bosch sind geradezu legendär. So fragte er einmal eine Mitarbeiterin im Unternehmen, was denn dort auf dem Boden liege. Die Mitarbeiterin war verwundert und antwortete „Eine Büroklammer." Robert Bosch hingegen antwortete: „Nein, mein Geld." Diese Antwort ist nicht so zu verstehen, dass es sich um einen schwäbischen Pfennigfuchser handelt, sondern dass jedes auch noch so unwichtige Detail im Unternehmen beachtet werden sollte. Und es geht um die Sorgfalt, von den kleinen Dingen bis zu den großen Würfen.
2) **Markenstories:** Markenstories übertragen die Identität einer Marke in eine plastische, nicht unbedingt realistische Geschichte, die vor allem in der externen Kommunikation benutzt wird. Das Motiv des Marlboro-Mannes, dessen Story schon seit Jahrzehnten erfolgreich in der Werbung genutzt wird, lässt sich als Beispiel anführen.
3) **Inspirierende Geschichten:** Stories können auch Erfolge und Innovationen zum Thema haben. Die Stories sollen Mitarbeiter inspirieren und zur Nachahmung anregen. Ein Beispiel ist die ungewöhnliche Erfindung der Post-it durch zwei 3M-Wissenschaftler.

4) **Wiederauferstehungsgeschichten:** Einige Geschichten handeln auch über überwundene Krisen oder über Phasen, in denen das Unternehmen akut bedroht war. Z. B. wurde BMW 1959 fast von Daimler-Benz übernommen und konnte nur aufgrund des Engagements der Familie Quandt selbstständig bleiben.

Eine gutes Storytelling muss (a) einen direkten Bezug zur Marke, (b) zu einer kritischen Kundeninteraktion, (c) zu einem konkreten Mitarbeiterverhalten sowie (d) ein Lernziel aufzeigen. Idealerweise soll das Storytelling aufzeigen, welches Verhalten des Mitarbeiters explizit eine kritische Situation löst und hierdurch das differenzierende Markenversprechen einlöst. Storytelling bietet den entscheidenden Vorteil, dass abstrakte Zusammenhänge in konkreten Situationen veranschaulicht werden. Zentrale Markencharakteristika und handlungsleitende Normen lassen sich einfach merken. Durch die hohe Weiterverbreitung dieser Geschichten entsteht allerdings auch die potenzielle Gefahr der Verfälschung der Story sowie der Fehlinterpretation (Wentzel/Tomczak/Herrmann 2012).

Die Post-it-Story: 1968 beschäftigte sich Spencer Silver von 3M mit der Entwicklung eines neuen Superklebers. Dieser sollte stärker als alle bekannten Klebstoffe werden. Das Ergebnis seiner Arbeit war allerdings nur eine klebrige und auf alle Flächen leicht aufklebbare Masse, die allerdings nicht trocknete und sich deshalb auch genauso leicht wieder ablösen ließ. Das einzige daraus zu entwickelnde Produkt war eine Art Pinnwand ohne Pins, die mit dem Klebstoff bestrichen wurde, sodass sich Zettel einfach hinkleben und wieder ablösen ließen. Wegen schlechter Verkaufszahlen wurde das Board vom Markt genommen, die Erfindung geriet in Vergessenheit. Jahre später ärgerte sich Art Fry, Mitglied eines Kirchenchors und ein Kollege von Silver, darüber, dass ihm seine Lesezeichen im Stehen ständig aus den Notenheften herausfielen. Dies erinnerte ihn an die Erfindung seines Kollegen. Er trug eine Probe des Klebers aus dem Labor auf kleine Zettel auf und testete dies gleich am nächsten Sonntag in der Kirche. Und tatsächlich hafteten seine Lesezeichen zuverlässig, ließen sich aber dennoch leicht lösen, ohne dass die Notenblätter zerstört wurden. Die Post-its waren erfunden (Wentzel/Tomczak/Herrmann 2012, S. 408).

Methode 2: Dialogbilder

Dialogbilder sind eine Methodik der internen Kommunikation (Weber 2003, S. 295). Dialogbilder sind 1x2 Meter große Poster, die komplexe Realitäten eines Unternehmens mit Hilfe von Fakten und Bildern visualisieren. Hierbei wird versucht, den Mitarbeitern komplexe Sachverhalte zu vermitteln und die Interaktion zwischen den Mitarbeitern zu stimulieren. Während traditionelle Methoden eine Thematik sequenziell behandeln, vernetzen Dialogbilder einzelne Ausschnitte der Wirklichkeit mit Grafiken, Statistiken und Tabellen. Der Fokus liegt auf dem Gesamtbild und der Entstehung eines Wir-Gefühls. Hierfür ist es essenziell, dass Dialogbilder nicht einfach verteilt, sondern gemeinsam mit den Mitarbeitern diskutiert und aufgearbeitet werden. Dialogbilder sind nicht einseitig und vermitteln Top-Down Meinungen oder Dogmen.

Bei der Deutschen Lufthansa AG werden Dialogbilder kontinuierlich in der internen Kommunikation genutzt. Mitarbeiterbefragungen hatten zuvor ergeben, dass sich rund 80 Prozent der Mitarbeiter schlecht über die Hintergründe von Entscheidungen im Unternehmen informiert fühlten. Zudem bemängelten 74 Prozent, das sie sich nicht ausreichend für unternehmerische Entscheidungen einbringen konnten. Die Dialogbilder sollten die bereichs- und hierarchieübergreifende Kommunikation bei Lufthansa Passage Airline fördern.

- **Erarbeitung von Dialogbildern:** Die Dialogbilder wurden in einem Bottom Up-Prozess entwickelt, die in bereichsübergreifenden Mitarbeiter-Fokusgruppen erstellt wurden. Mitarbeiter mit Kundenkontakt wurden eingebunden, um die Realität so gut wie möglich einzubinden. Die Abstimmung mit den Mitarbeitern hatte sich positiv auf die Glaubwürdigkeit und Akzeptanz ausgewirkt. Anschließend wurden die Dialogbilder in Workshops mit über 6.000 Mitarbeitern gemeinsam diskutiert. Dieser Prozess dauerte über neun Monate.
- **Workshops mit Dialogbildern:** Für einen Dialogbild-Workshop treffen sich an einem ganzen Tag acht bis zwölf Mitarbeiter mit einem Moderator. Der Moderator stellt dabei Strukturfragen um die vernetzten Inhalte. Der Moderator betreut vorrangig den Prozess, ist jedoch nicht für Inhalte auf den Bildern verantwortlich. Er ist nicht Trainer und gestaltet auch nicht aktiv die Diskussion. Er vermittelt die Ziele und den Prozess des Workshops, motiviert, achtet auf die Zeit und gleicht die Gesprächsanteile aller Teilnehmer aus. Er stellt nur Fragen, gibt jedoch keine Antworten. Dialogkarten bieten Zusatzinformationen und fördern die Interaktion. Im Durchschnitt dauert ein Workshop mit vier Dialogbildern etwa einen Tag. Pro Bild werden ungefähr 1,5 Stunden benötigt. Nach der Fertigstellung jedes Bildes findet eine einstündige Feedbackrunde statt.

Die Dialogbilder werden zum Beispiel für die Serviceschulungen des Kabinenpersonals der Lufthansa Passage genutzt. So bilden vier verschiedene Dialogbilder die unterschiedlichen Bereiche der Lufthansa ab. Serviceerwartungen, Abläufe vor und nach dem Flug und kritische Momente für den Kunden werden Schritt für Schritt diskutiert und thematisiert (Weber 2003).

Methode 3: Gamification als wirkungsvolle Methode

Bei der Arbeit wie im täglichen Leben soll Lernen Spaß machen. Um dies zu erreichen, werden auch in Unternehmen Spiele und spielerische Ansätze gewählt, um Markenwissen zu vermitteln. Egal auf welcher Unterneh-

Abbildung 52: Dialogbild am Beispiel Lufthansa 1
Quelle: Dialogbild.de/Lufthansa

Abbildung 53: Dialogbild am Beispiel Lufthansa 2
Quelle: Dialogbild.de/Lufthansa

mensebene, Spaß bei der Arbeit ist ein essentieller Faktor der Unternehmenskultur. Insbesondere bei stark routinierten Aufgaben bieten sie den Arbeitnehmern eine kurzzeitige Abwechslung. Die Wahrnehmung der Kunden, dass die Mitarbeiter Spaß bei ihrer Arbeit haben, beeinflusst auch dessen Markenbild positiv. Unternehmen wie Google oder Pixar ermutigen ihre Mitarbeiter, zwischendurch einen freien Kopf durch Tischtennis, Pinball oder Videospiele zu bekommen. Eine Grundvoraussetzung für Spaß ist jedoch, dass dieser freiwillig und authentisch ist. Leider arten Unternehmensspiele und -veranstaltungen oft in „Mandatory Fun" aus. Mitarbeiter haben das Gefühl, dass sie teilnehmen und augenscheinlich Spaß haben müssen, um ihren Vorgesetzten zu signalisieren, dass sie sich in ihrem Unternehmen einbringen. Insbesondere wenn dies zu den Lasten der eigenen Zielvereinbarungen oder der Freizeit geht, kann eine verpflichtende Teilnahme zu Frustrationen seitens der Mitarbeiter führen und somit kontraproduktiv wirken.

Ein guter Weg, um die negativen Wirkungen des „Mandatory Fun" zu vermeiden, ist es, die Planung der Veranstaltungen und Spiele schon in die Hände der Mitarbeiter zu geben. Wenn Mitarbeiter in die Ideen und Ausgestaltung mit eingebunden sind, steigt die Akzeptanz und Begeisterung. Einen zentralen Trend im Bereich der Mitarbeiterspiele stellt das „Employification" dar. Neben dem Testen von Wissen, stehen hier Interaktivität und Spaß im Mittelpunkt. Darüber hinaus bietet Gamification die Möglichkeit, kostengünstig eine Vielzahl von Mitarbeitern an unterschiedlichen Standorten und sogar Kontinenten zu integrieren und auf eine gemeinsame Sache einzuschwören. Unternehmen wie CapGemini und Deloitte haben erfolgreich Gamification im Unternehmen implementiert. Frank Farall von Deloitte Digital merkt hierzu an: „If you can gamify the process, you are rewarding the behavior and it's like a dopamine release in the brain. Humans like a game." (Broussell L. 2013).

CapGemini beschäftigt weltweit über 120.000 Mitarbeiter. Um über alle Kontaktpunkte hinweg einheitlich aufzutreten und wahrgenommen zu werden, ist es daher essentiell, alle Mitarbeiter auf ein gemeinsames Markenverständnis einzuschwören. Um dies zu erreichen, hat CapGemini einen Brand Day ins Leben gerufen. Anstelle einer externen Veranstaltung wurden die Mitarbeiter gebeten, sich auf einer Intranetseite einzuloggen

Abbildung 54: Markenspiele am Beispiel Audi
Quelle: Audi 2012

und an einem Markenquiz teilzunehmen. Durch richtige Antworten konnte jeder Mitarbeiter Punkte sammeln. Um die Punktzahl weiter zu steigern, konnten Kollegen eingeladen werden oder persönliche Erfahrungen mit CapGemini zu schildern (CapGemini 2013).

Um bei den Mitarbeitern rasche Umsetzungserfolge zu erzielen erweist sich z. B. auch die Kartentechnik als geeignetes Mittel. Die Mitarbeiter bekommen bei dieser Technik verschiedene Karten mit bildlich dargestellten Situationen gezeigt und müssen entsprechend der Markenwerte auf diese Situation reagieren. Um intensivere Lernprozesse seitens der Mitarbeiter zu initiieren und eine dauerhafte Umsetzung der Inhalte sicherzustellen, sollten darüber hinaus Schulungsmaßnahmen institutionalisiert werden, die eine tiefere gedankliche Durchdringung der Aufgabenstellung sowie der Verhaltensweisen erforderlich machen.

4. Interne Markenführung bereichsspezifisch implementieren

Die interne Markenführung ist insbesondere für solche Bereiche von hoher Bedeutung, die Customer Touchpoints bilden, gestalten oder beeinflussen. Daher stellen Produktentwicklung, Vertrieb und Kundenservice in den meisten Unternehmen neuralgische Punkte für die interne Markenführung dar.

4.1 Markenorientierte Umsetzung in Produktentwicklung und -design

Insbesondere F&E oder Produktentwicklung hängen stärker mit der Markenführung zusammen als die meisten glauben. Wie Dr. Alfred Oberholz, Vorstand von Evonik Industries formulierte, behandelt die Forschung die Umwandlung von Geld in Wissen und die Entwicklung von Innovationen die Umwandlung von Wissen in Geld. F&E ist daher frühzeitig gefordert, vermarktbare Konzepte zu liefern. Die Produktentwicklung prägt somit maßgeblich das Gesicht und die Innovationskraft einer Marke. Umgekehrt prägt jedoch auch die Marke den Fokus der F&E-Aktivitäten. Daher ist es von herausragender Bedeutung, dass Entwickler ihre Marke und die Kernwerte als Wachstumsplattform verstehen.

Denn häufig denken Entwickler nur in Produkten und nicht in den Werten und der Vision einer Marke. Gerade dies eröffnet jedoch neue Interpretationsperspektiven. Zum Beispiel denken viele Menschen bei der Marke Nintendo, dass der Spielehersteller seit knapp 20 bis 30 Jahren existiert und schon immer nur Konsolenspiele herstellte. Tatsächlich ist das Unternehmen 125 Jahre alt und stellte zu Beginn einfache Spielkarten her. Anstatt sich mit dem Bedrucken von Papier zufrieden zu geben, verstand man sich als Anbieter von Spielen und definierte neue Formen dieser Idee. Dies ermöglichte den langfristigen Erfolg und die moderne Interpretation des Spielens bis in die heutige Zeit.

In ähnlicher Weise entwickelte die BMW Group sein Mission Statement konsequent weiter. Aufgrund der zunehmenden Digitalisierung, E-Mobilität und Autonutzung ohne Besitz entwickelte die BMW Group „the world's leading provider of premium products and premium services for individual mobility" (BMW Group 2013).

Weiterhin hilft die Logik der Customer Touchpoints in der Produktgestaltung. Kunden erleben Marken und Produkte subjektiv und emotional. Daher steht nicht nur die reine Produktleistung im Vordergrund (Performance), sondern auch die Wahrnehmung eines Produktes aus Sicht des Kunden (Perception). Neue Produkte müssen diese beiden Anforderungen miteinander vereinen (Performance + Perception) und gleichzeitig die Kosten im Auge behalten. Vorbild hierfür ist sicherlich die Automobilbranche. Während für den Kunden wahrnehmbar klare Differenzierungsmerkmale und Anmutung eine Rolle spielen, ist in technischen Belangen eine hohe Modularität und Vereinheitlichung die Maxime. So verwendet BMW erfolgreich seine Modulstrategie, versucht jedoch bei allen wahrnehmbaren Aspekten (Cockpit, Lenkrad etc.) das „Freude-Gen" in ihre Autos einzubauen.

4.2 Markenorientierte Umsetzung im Vertrieb

Gerade in B2B-Branchen sowie in verschiedenen Dienstleistungs-Branchen ist die Marke ein zentraler Aspekt, um ein konsistentes Leistungsversprechen an Kunden zu vermitteln. Im Gegensatz zu den vermeintlich kundennahen Konsumgüterbranchen weisen diese Branchen intensive und persönliche Beziehungen auf. Das heißt konkret – Mitarbeiter des Unternehmens stehen viel stärker im Rampenlicht und dies macht sie so bedeutsam. Dennoch darf auch bei Konsumgüterunternehmen nicht unterschätzt werden, dass der Produkt- oder Brand Manager gegenüber Werbeagenturen und Handelspartnern eine zentrale Rolle als Markenbotschafter einnimmt. Folgende Ansatzpunkte bieten sich für die interne Markenführung bei der stringenten Umsetzung an:

Marke als Leitlinie für die Art der Kundenbeziehung verstehen: Die Identität einer Marke definiert eindeutig, wie die Kundenbeziehung zu gestalten ist. Gerade in Branchen mit austauschbaren Produkten und Leistungen machen diese „soft facts" den zentralen Unterschied. Zum Beispiel macht es sich in einem Kundengespräch deutlich bemerkbar, ob eine Marke das Produkt in den Mittelpunkt stellt oder den Kunden und seine Probleme. Selbst wenn Wettbewerber auf dem Papier identisch aufgestellt sind (Fabriken, Anzahl Mitarbeiter, etc.) macht dies am Ende eines Vertriebsgesprächs häufig den Unterschied. So werden Kunden einen Vertriebsmitarbeiter von Würth „gefühlt" anders wahrnehmen, als einen Mitarbeiter von Hilti, auch wenn beide identische Produkte anbieten würden.

Marke in der Vertriebsargumentation nutzen: Die meisten Vertriebsleute in der B2B-Branche können mit ihren detailverliebten Ausführungen ganze Bücher füllen und sind wahre Kenner ihres technischen Produkts. Bei direkter Nachfrage können die meisten Vertriebsmitarbeiter jedoch nicht die Frage beantworten, warum ein Kunde das eigene Produkt gegenüber den Wettbewerbern vorziehen soll. Mitreisen zeigen immer wieder, dass Verkäufer auf Allgemeinplätze wie Qualität, großes Sortiment, schnelle und zuverlässige Lieferung oder gutes Preis-Leistungsverhältnis verweisen und damit primär argumentieren. Begründet wird dies häufig mit der geringen Gesprächszeit beim Kunden. Oft wissen Verkäufer aber nicht, wie sie markenorientiert argumentieren können. Schnell bleibt dann häufig nur noch der Preis als Argument. Dabei gibt es selbst bei stark austauschbaren Produkten Möglichkeiten eine nachhaltige Differenzierung zu schaffen. Eine Marke bietet hier echten Mehrwert. Denn Kaufentscheidungen werden nicht nur rational getroffen. Gerade in Märkten, in denen technisch-homogene Produkte angeboten werden, bestehen erhebliche Differenzierungspotenziale, die den Anbietern selbst meist nicht bewusst sind. Einkaufsentscheidungen in B2B-Branchen wie z. B. in Form von Buying Centern basieren stets auf einer Mischung zwischen Vernunft und Gefühl. Dies blenden B2B-Unternehmen oft aus und gehen von einer rein rational getriebenen Entscheidungsfindung aus. Oft heißt es hier auch, die Marke habe überhaupt keine Bedeutung, obwohl zahlreiche Studien das Gegenteil beweisen. Erst, wenn man als Vertriebsmitarbeiter bei einem Besuchstermin stundenlang warten muss, weil das Gegenüber die Marke nicht kennt oder Preisverhandlungen weitaus einfacher gelingen, beginnt man zu verstehen, welcher Wert tatsächlich in starken Marken steckt.

Anstatt die Kaufargumentation individuellem Verhandlungsgeschick zu überlassen, müssen Unternehmen Argumentationslinien entlang der zentralen Nutzen einer Marke herausarbeiten und ihre Vertriebsmannschaft darauf einschwören. Das Versprechen einer Marke muss in wenigen Augenblicken vermittelt werden können.

Dabei gilt es

1) **funktionale** (Was bringt das Produkt?),

2) **ökonomische** (Was bringt das Produkt in finanzieller und zeitlicher Hinsicht?) und

3) **emotionale Nutzen** (Wie fühlt sich die Geschäftsbeziehung mit der Marke an?)

zu erfassen.

Besonders Marken, die über die funktionale und ökonomische Ebene hinausgehen, realisieren erhebliche Preisprämien und schaffen starke Wettbewerbsvorteile und Markenloyalität. In der Mitte der 1980er Jahre hatte IBM nicht die besten Computersysteme oder den günstigsten Preis. „Big Blue" wurde dennoch der Marktführer für Unternehmenssysteme, weil für die Einkäufer galt „No one ever got fired for buying an IBM". Die Verantwortlichen für die IT kauften eine vertrauensvolle Beziehung, Sicherheit und Service. Selbst ein stark durch Technologie und Controlling geprägtes Unternehmen wie GE führt einen Großteil seines immensen Umsatzwachstums auf den „Vertrauensfaktor GE" zurück. Wenn man es dem Kunden unmöglich macht, die Leistung der eigenen Marke mit den Wettbewerbern zu vergleichen, ist auch der Preis nicht mehr vergleichbar. Selbst bei Commodities konnte BASF ein Preispremium erzielen, weil man als Kunde wusste, dass man sich auf den Partner BASF verlassen kann.

Marken sorgen für einen klaren Auftritt: B2B-Transaktionen involvieren oft eine Vielzahl an Leuten. OEM Ingenieure interagieren mit Vertriebsleuten und einer Vielzahl von Ansprechpartnern bei Kunden. Die Marke hilft einen einheitlichen konsistenten Auftritt zu erzeugen und somit auch die Leistungen und Produkte zu kanalisieren. Die Alternative ist, dass jeder Vertriebsmann im Kundenkontakt seine individuelle Markenführung betreibt, die bei jedem Kunden ein anderes Bild hinterlässt. Somit gilt: Anstatt 100 Markenmanager lieber 100 Botschafter einer Marke.

Das Unternehmen Caterpillar ist ein hervorragendes Beispiel hierfür. Vor etwa 10 Jahren stand die Marke nach einer Dezentralisierung von einzelnen Divisionen vor einem Problem. Die einzelnen Bereiche begannen regelrecht Logo-Wettbewerbe unter den Mitarbeitern zu veranstalten, die dem Markenlogo ständig neue Zusätze beifügten und neue Produktnamen erfanden. Besonders populär waren bedeutungslose Akronyme, die das Wort Caterpillar enthielten. Das Markenmanagement reagierte und schaffte ein Schulungsprogramm mit dem Namen „One Voice". In den nächsten Jahren durchliefen mehr als 10.000 Mitarbeiter und auch Vertreter der kooperierenden Werbeagenturen das „OneVoice"-Programm, um diese mit der Identität und den Werten der Marke vertraut zu machen und den Umgang in der Kommunikation zu schulen (Kotler/Pförtsch 2006).

Geschäftsführung stärker in den Vertrieb einbinden: Und auch hier sind Top Manager als wichtigste Vertreter der Marke in den Vertrieb mit einzubeziehen. Bei Bosch z. B. sind die 11 Vorstände den wichtigsten OEM-Kunden zugeordnet. Als Jeff Immelt noch bei GE Plastics tätig war, besuchte er jede Woche einen der Kunden seines Bereichs. Immelts Engagement signalisierte nach innen und nach außen die Bedeutung der Kunden. Gleichzeitig konnte die Führung somit wichtige Einblicke in die täglichen Herausforderungen der Vertriebsmannschaft gewinnen (Hancock/John/Wojcik 2005). Auch bei dem erfolgreichen Unternehmen Würth bilden Mitreisen der Führungskräfte im Vertrieb einen elementaren Bestandteil der Führungskultur. Zudem muss jeder Mitarbeiter einmal im Vertrieb gewesen sein.

Vertriebspartner einbinden: Caterpillar bindet seine Vertriebspartner aktiv als Sprachrohr ihrer Marke in den Markenbildungsprozess ein. Vertriebsmitarbeiter und Handelspartner haben klare Standards und Leitlinien, um den Wert der Marke Caterpillar nachhaltig zu stärken. Vertriebspartner werden aktiv in die eigenen Anstrengungen hinsichtlich Produktqualität, Kostenreduktion und Produktionsoptimierung einbezogen. Das „Partners in Quality Program" schafft eine Bindung von Entwicklungsingenieuren mit ausgewählten Vertriebspartnern. Die Teammitglieder treffen sich alle drei Monate, um relevante Qualitätsthemen zu diskutieren. Vertriebspartner bewerten jedes Produkt. Bei auftauchenden Problemen werden die Informationen sofort an das produzierende Werk zurückgespielt.

Die Marke ist somit ein wichtiges Instrument im Vertrieb, um Markenbekanntheit aufzubauen, die Kaufargumente zu kanalisieren und innerhalb unterschiedlicher Distributionskanäle Margen und Loyalität der Kunden gegenüber Niedrigpreis-Anbietern zu sichern.

4.3 Markenorientierte Umsetzung bei Dienstleistungen und Services

Gerade für B2B-Unternehmen und Dienstleistungsunternehmen ist der Kundenservice ein zentraler Customer Touchpoint, der besonders eindrücklich das Leistungsversprechen zum Ausdruck bringt. Allerdings liegt in der intangiblen Natur des Service auch die Herausforderung. Marken müssen daher verschiedene Mechanismen nutzen, um den Kundenservice zu einem einzigartigen Erlebnis zu machen.

Dienstleistungen ein Gesicht verleihen: Viele Dienstleistungen geschehen ohne aktive Wahrnehmung des Kunden. So beschwerte sich zum Beispiel ein Kunde eines Gabelstaplerherstellers, dass der Servicemitarbeiter nicht erschienen wäre. Fakt war allerdings, dass der Kundenservice bereits längst das Problem behoben hatte. Der „unsichtbare" Service hatte somit beste Arbeit geleistet, allerdings muss dieses positive Kundenerlebnis auch erlebbar gemacht werden. Es bedarf also bestimmter Hinweisreize, um Dienstleis-

Abbildung 55: Services sichtbar machen am Beispiel Hotels und Mini
Quelle: Mini

tungen für den Kunden erfahrbar zu machen. Je weniger eine Dienstleistung greifbar ist, desto höher ist die Notwendigkeit ihrer Markierung. Denn was der Kunde nicht wahrnimmt, dafür ist er nicht bereit zu zahlen. Daher muss einem Service ein Gesicht verliehen werden. Eine simple Methode, um diese Visibilität zu schaffen, ist zum Beispiel die Falte in der Toilettenrolle in Hotels. Autovermietungen nutzen ebenfalls diesen Effekt und machen durch Störer aktiv aufmerksam auf die Reinigung von Mietfahrzeugen oder die Bereitschaft eines Mietwagens. Mini hat dies ebenfalls aufgegriffen und setzt entsprechend seiner Markenpositionierung einen Störer auf dem Lenkrad nach dem Service: "I missed you."

Serviceprogramm entlang der Markenpositionierung entwickeln: Marken können Dienstleistungen und Services aktiv zur Differenzierung nutzen. So positioniert sich z. B. der Gabelstaplerhersteller Still über das Produkt und seine umfangreichen Services als Intralogistikdienstleister. Von der Lagertechnik über Flottenmanagement bis hin zu Wartungs- oder Finanzierungslösungen wird alles aus einer Hand geliefert. Zentrales Instrument hierfür ist der Partnerplan. Auch der LKW-Hersteller Volvo geht in seinem Geschäft weit über das Produkt hinaus. Für spezielle Geschäftsfelder, wie z. B. das Minengeschäft, werden spezielle Beratungs- und Produktangebote entlang der Wertschöpfungskette im Minengeschäft angeboten.

Add-on Services zur Schaffung von Wow-Effekten etablieren: Zufriedene Kunden sind ein zentrales Ziel vieler Unternehmen. Eine hohe Kundenzufriedenheit hilft bestehende Kunden zu halten, jedoch nicht neue zu gewinnen. Um neue Kunden zu gewinnen, müssen diese begeistert werden. Im Gegensatz zur Kundenzufriedenheit entsteht Begeisterung jedoch durch das Durchbrechen von Gewohntem – also einer positiven Überraschung. Dieser Überraschungseffekt bewirkt zudem, dass Maßnahmen mit höherer Aufmerksamkeit wahrgenommen werden.

Um diesen Zusammenhang abzubilden, hat Ende der 70er Jahre Prof. Dr. Noriaki Kano, ein Wissenschaftler an der Tokioter Universität, das nach ihm benannte Kano-Modell entwickelt. Mit Hilfe dieses Instruments lassen sich Kundenanforderungen strukturieren und ihr Einfluss auf die Zufriedenheit der Kunden bestimmen. Das Modell unterscheidet drei unterschiedliche Kundenanforderungen an ein Produkt bzw. einen Service.

1) **Basisfaktoren (Expected Requirements):** Diese Gruppe umfasst all jene Leistungskomponenten, die der Kunde voraussetzt, als selbstverständlich annimmt und nicht explizit verlangt. Werden diese Basisanforderungen nicht im erwarteten Ausmaß erfüllt, so entsteht Unzufriedenheit. Werden die Erwartungen jedoch übertroffen, wird dies in der Regel nicht vom Kunden honoriert. Zudem erfolgt keine positive Markenprofilierung. Es sind sozusagen Anforderungen, die als selbstverständlich erachtet werden und nur auffallen, wenn es zu keiner Erfüllung kommt. Zum Beispiel fällt dem Kunden auf, wenn die Bahn zu spät kommt. Ist die Bahn pünktlich, wird dies jedoch nicht als profilierende Markenprofilierung wahrgenommen.
2) **Leistungsfaktoren (Normal Requirements):** Leistungsanforderungen werden vom Kunden ausdrücklich verlangt. Werden diese grundlegenden Anforderungen nicht den Erwartungen entsprechend erfüllt, entsteht massive Unzufriedenheit beim Kunden. Werden sie übertroffen, so steigt die Zufriedenheit des Kunden. Ein bloßes Erfüllen führt aber nur zur moderaten Zufriedenheit, wodurch die Leistung des Unternehmens als austauschbar wahrgenommen wird. Das heißt, gibt sich ein Unternehmen bei der Erfüllung besondere Mühe, kann es hier Kunden binden. Sind diese Erwartungen ausreichend erfüllt, führt diese Kundenerfahrung (Customer Experience) zur Zufriedenheit, die jedoch nicht zwingend auch zu einer Markenprofilierung führen muss.
3) **Begeisterungsfaktoren (Delightful Requirements):** Werden die Erwartungen der Kunden übererfüllt oder auf eine neuartige Weise erfüllt, können diese Erfahrungen den Kunden begeistern. Es sind Erlebnisse, die der Kunde nicht erwartet, deren Bereitstellung aber das Erlebnis einer Marke erhöhen. Die Erfüllung dieser Anforderungen führt zudem zu einer nachhaltigen Markendifferenzierung. Bei Versicherungen sind dies häufig Aspekte, die mit den Versicherungsvertretern, Beratern oder Servicemitarbeitern zu tun haben oder solche, die eine reibungslose Schadenregulierung betreffen.

Ein erfolgreiches Kundenerlebnis mit einer Marke kann durch

1) eine **bessere oder andersartige Erfüllung der Kundenbedürfnisse** (z. B. Markenerlebnis bei Starbucks),
2) die **Erbringung von Zusatzleistungen** (z. B. kostenlose Autoreinigung bei einer Inspektion im Autohaus) oder

3) **überraschende Leistungen (Surprising Moments)** (z. B. Schokolade bei einem Flug mit der Swiss) erfolgen.

Eine Brand Experience muss einzigartig, relevant und konsistent vermittelt werden. Die Nicht-Berücksichtigung dieser Begeisterungsfaktoren verursacht zwar keine Unzufriedenheit, allerdings vergibt man eine Chance, sich vom Wettbewerb zu differenzieren. Zudem kann ein solches Markenerlebnis unzufriedene Kunden wieder zu loyalen Kunden konvertieren. So ist z. B. das Beschwerdemanagement und das schnelle Handling ein zentraler Stellhebel für eine Markenprofilierung. Dieses Phänomen wird auch als „Recovery Paradox" bezeichnet. Die erfolgreiche Lösung eines Kundenproblems oder einer Beschwerde führt zu einer höheren Zufriedenheit als vor dem Problem. Positive Erlebnisse bei Beschwerden wandeln sich bei markenloyalen Kunden in positive Mundpropaganda um und stärken das Vertrauen in die Marke.

Begeisternde Faktoren schaffen zwar einen Wettbewerbsvorteil, können jedoch im Zeitablauf zunehmend von Mitbewerbern kopiert werden und zu Leistungsfaktoren werden, d. h. der Kunde erwartet diese Leistungen explizit. Bei allzu starker Verbreitung enden diese Erlebnisse schließlich als Basisfaktoren und werden als selbstverständlich vorausgesetzt. Abbildung 56 gibt einen Überblick über verschiedene Arten von Wow-Effekten, die im Rahmen des Service Anwendung finden.

Outsourcing von Customer Touchpoints: Ein zentrales Problem für die interne Markenführung ist die Auslagerung von Prozessen und Customer Touchpoints an externe Dienstleister. So ist z. B. bei Airlines das Bodenpersonal beim Check-in zwar in entsprechenden Marken-Uniformen gekleidet, in Realität jedoch Personal des Flughafen. Bereits einige Stunden später können sie an einem anderen Schalter für eine andere Airline sitzen. Dies wirft selbstverständlich die Frage auf, wie es gelingen kann, einen so zentralen Customer Touchpoint im Sinne der Marke zu gestalten. Inzwischen ist auch bei fast allen deutschen Unternehmen das Call-Center bzw. die Servicehotline komplett auslagert. Hierdurch ist ein zentraler Customer Touchpoint nicht mehr in der direkten Kontrolle des Unternehmens. Dennoch können Initiativen erhebliche Verbesserungen – auch bei externen Servicemitarbeitern – erzielen. So haben sich Events, Trainingsmaßnahmen und Branding der Call Center-Maßnahmen als wirksame Instrumente zur Steigerung des Brand Commitments erwiesen (König 2010, S. 83 ff.).

Mitarbeiterveranstaltungen mit Vertretern der Marke, kontinuierliche Thematisierung der Marke durch Rollenspiele oder Gewinnspiele helfen die Marke stärker in den Alltag der externen Servicemitarbeiter zu rücken. Ideenmanagement durch die Call Center-Mitarbeiter, Newsletter oder gemeinsame Teamevents erhöhen zudem die Identifikation mit dem Auftraggeberunternehmen. Formale Gestaltungsparameter wie Büros, Architektur oder auch Dresscode spielen ebenfalls eine zentrale Rolle.

Stellhebel	Beschreibung	Best Practice Beispiel
Entspannung	Charakter und Atmosphäre in der Umgebung, um persönliche Entspannung zu schaffen	Etihad: Etihad bietet für Business und First Class Kunden Lounges mit Spa und Catering- Abteilen.
Empathie	Fähigkeit, sich in die Sichtweise und Gefühle des Gegenübers zu versetzen	Ritz-Carlton: Bei Vorfällen erhält der Kunde als Entschuldigung eine Flasche des Weines, den er zuvor mehrmals bestellt hatte.
Wieder-erkennung	Beobachtung und Wieder-erkennen von Kunden durch Service-Mitarbeiter	Swissôtel: Gäste erhalten eine handgeschriebene Begrüßungskarte der Mitarbeiter.
Service-Exzellenz	Konsistenz und kontinuierliche Erfüllung von gehobenen Services unabhängig vom Level der Servicebeziehung	BMW „ConnectedDrive": Call-Center Agents lösen die Kundenprobleme; Viele sprechen mit einem bayerischen Akzent, was die Marke zusätzlich fördert.
Prestige	Reputation und Annehmlichkeiten durch Erfolg, Status oder andere Attribute aus dem Serviceprozess	Miles & More: Lufthansa Hon-Circle Status Mitglieder werden mit einer Limousine zum Flughafen gefahren.
Gimmick	Attraktives und lustiges Extra, dass am Produkt oder Service hinzugefügt wird	Mini: Kunden finden ein Schild am Lenkrad mit der Aufschrift „I missed you" nach erfolgtem Kundenservice.
Exklusivität	Ausdruck eines gehobenen Lebenstils; Verwendung von Produkten und Services, die selten und erstrebenswert sind	Aston Martin: Fahrzeuge von Aston Martin haben eine kleine Plakette auf dem Motorblock mit der Aufschrift „Final inspection by ..." mit dem Namen des Werksmeister.
Individualisierung	Möglichkeit Produkte und Services nach persönlichem Geschmack zu individualisieren	Sheraton: Gäste können bei Bezug ihres Zimmers ihr individuelles Kissen mit unterschiedlichen Materialien und Härtegraden auswählen.
Problemlösung	Fähigkeit kundenspezifische Probleme zu verstehen und zu lösen, um Zufriedenheit und Begeisterung zu schaffen	myTaxi: Bestellung von Taxis via App. Distanzen und die Ankunft werden angezeigt. Ermöglicht die Bezahlung via Mobile Payment.
Einfachheit	Fokus auf einfache und kurze Serviceprozesse, die alle Anforderungen erfüllen (e. g. One-Klick)	Air Berlin: Die Airline bietet Passagieren die Möglichkeit ohne Reservierungscode einzuchecken. Die TopBonusnummer reicht aus.
Freundlichkeit	Authentisches und persönliches Kümmern um den Kunden	Fab.com: Der Kundenservice des Design-Onlinehändlers wird „Crackerjack" genannt. Kunden werden aktiv über ihre Bestellungen informiert.
Freude	Zufriedenheit und Freude, wenn das Kundenerlebnis reibungslos verläuft	Netaporter: Schnelle und hochwertig verpackte Lieferung via Online-Portal.
Produkt	Produktdesign und -varianten sind darauf ausgelegt ein Kundenerlebnis zu schafffen	Ben Sherman: Hemden der „Plectrum" Edition haben ein Original-Plektrum als Kragenstäbchen im Hemd.

Abbildung 56: Beispiele zur Visualisierung des Markenerlebnis
Quelle: Arthur D. Little 2012

Best Practice-Fallstudie: Customer Experience durch Service bei Swisscom

Ausgangssituation:
Mit dem zunehmend intensivierten Wettbewerb im schweizerischen Telekommunikationsmarkt müssen sich Unternehmen stärker als Marke profilieren. Austauschbare Positionierung über „das beste Netz", „das beste Produkt" oder „der beste Preis" führen stärker zur Commoditisierung der Telekommunikationsdienstleistung. Schon frühzeitig erkannte daher die Swisscom das Differenzierungspotenzial des Kundenservice.

Vorgehensweise:
Bereits 2001 startete die Swisscom verschiedene Maßnahmen, um Servicequalität nachhaltig zu verbessern und Differenzierungspotenziale auszuschöpfen. Die zentralen **Zielsetzungen der Swisscom** lauteten:

1) **Customer Experience:** Den Kunden sollte bei jedem Kontakt mit Swisscom das Gefühl vermittelt werden, die richtige Wahl getroffen zu haben und ihn bei jeder Interaktion positiv zu überraschen.
2) **Weiterempfehlung:** Man wollte den Kunden derart begeistern, dass er Freunden und Bekannten von diesen Erfahrungen mit der Marke Swisscom berichtet.
3) **Enabling der Mitarbeiter:** Hier ging es um die Motivation der Mitarbeiter, um neue Ideen für den Kundenservice anzustoßen.

Im Jahr 2006 steckte die Swisscom daher das konkrete Ziel, in zwei Jahren als führendes Serviceunternehmen in der Schweiz zu gelten.

- Die **Strategie** stellte Kunden und Serviceorientierung verstärkt in den Mittelpunkt. Ziele und KPIs wurden an Servicezielsetzungen gekoppelt. Hierdurch wurde Service auch für Führungskräfte bonusrelevant.
- Die **Strukturen und Prozesse** des Unternehmens wurden im Jahr 2007 umgebaut und konsequent auf den Kunden zugeschnitten. So wurden Sparten nach Kundengruppen (Privat-, kleinen und mittelständischen und Großkunden etc.) geordnet und nicht mehr nach Technik (Mobil, Internet etc.). Zudem wurden Prozesse verschlankt, vereinheitlicht und vereinfacht. Alle Geschäftsbereiche wurden unter der Dachmarke Swisscom zusammengefasst.
- Um den Kundenfokus zu ermöglichen, wurden **Systeme** zur verstärkten Kundenorientierung etabliert. So sind in einem CRM-Systeme alle Kundeninformationen in einem Tool gebündelt, wodurch Vertragsänderungen, Rechnungen, Produkte, Kundenhistorie etc. einsehbar sind. Dieses System ist mit dem Multi-Channel-System und allen

Customer Touchpoints (Shop, Hotline, Rechnung, Marketingmaßnahmen etc.) verknüpft.

Um den Fokus verstärkt auf die Service-Exzellenz auszurichten, wurde das Brand Engagement-Programm „Servicechampion 08" ins Leben gerufen. Die Service-Offensive umfasst acht zentrale Workstreams sowie eine übergreifende Initiative zur Etablierung einer Customer Service-orientierten Kultur:

A. Reduktion von Points of Pain & Einführung von Wow-Services

- **Workstream 1: Service-Optimierung Contact Center**
  (kompetente und schnelle Bedienung von Kunden)
- **Workstream 2: Aktives Customer Lifecycle Management**
  (intensive Begleitung der Kunden über den gesamten Lebenszyklus)
- **Workstream 3: Verbesserung Kundenerlebnis**
  (Service bei Swisscom wird durch Wertschätzung positiv erinnert)
- **Workstream 4: Harmonisierung/Reduktion von Regularien, Gebühren etc.**
  (*eine* Swisscom mit einheitlichen Verträgen und AGB)

B. Optimierung von Service Enablern

- **Workstream 5:** Entwicklung einer gemeinsamen Servicekultur
- **Workstream 6:** Sicherstellung der IT und von Prozessen an den Customer Touchpoints (Systemperformance und Prozesse auf Bestniveau)
- **Workstream 7:** Entwicklung von neuen Serviceleistungen (die von kompetenten Servicetechnikern erbracht werden)
- **Workstream 8:** Verbesserung des Images in der Kommunikation (interne und externe Kommunikation)

C. Entwicklung einer Servicekultur

Parallel zu den Initiativen sollte eine einheitliche Servicekultur bei den Mitarbeitern etabliert werden.

- **Verhaltensweisen durch Service-Charta operationalisieren:** Ziel der Service-Charta war für Swisscom die Schaffung einer einheitlichen Servicekultur. Im Rahmen von Erfahrungs-Workshops und Best Practices wurden Inhalte für die Service Charta erarbeitet. Zudem wurde ein Service Champion Award etabliert, bei denen herausragende Servicebeispiele ausgezeichnet wurden. So werden z. B. die höchste Qualität im Kundenkontakt, das Übertreffen von Kundenerwartungen, hohe Erreichbarkeit sowie Zuverlässigkeit und Freundlichkeit konkretisiert. Je nach Customer Touchpoint wurden fünf eigene Service-Chartas adaptiert, um den spezifischen Anforderungen Rechnung zu tragen (z. B. für Call Center, Shop, Techniker, Direct Sales und Backstage – für Mitarbeiter ohne direkten Kundenkontakt). Die Umsetzung in den jeweiligen Bereichen stellen Mitarbeiter dieser Bereiche sicher, die für jeweils ein halbes Jahr zuständig sind und danach rotieren.

- **Customer Experience für Führungskräfte selbst erleben:** Um das Leistungsversprechen selbst zu erleben, müssen Führungskräfte einen Tag an einem Customer Touchpoint (z. B. Customer Care, Shop, Techniker vor Ort oder persönlicher Verkauf) verbringen. Dies gibt ihnen die Möglichkeit, Kunden und deren Erwartungen besser zu verstehen. Im Nachgang wird reflektiert, wie die internen Prozesse mit dem externen Kundenauftritt zusammenhängen und wodurch Kunden begeistert werden können.
- **Durch Service-TV über Serviceorientierung informieren:** Im Rahmen des Brand Engagement-Prozess wurden im Intranet TV-Sendungen als interne Kommunikationsplattform genutzt, um Neuigkeiten, Reportagen und Stories zum Thema Serviceorientierung zu verbreiten. Den Mitarbeitern wurde somit das Ziel der Serviceführerschaft näher erläutert, Beispiele von Kollegen im Kundenkontakt geschildert und Reaktionen der Kunden gezeigt.
- **Empowerment & Wow-Maßnahmen:** Neben den etablierten Standardprozessen ist es für ein Serviceerlebnis gelegentlich erforderlich, vom Standard abzuweichen. Daher wurde den rund 4.800 Mitarbeitern an den Customer Touchpoints die Entscheidungskompetenz und monetäre Möglichkeit gegeben, vom definierten Prozess abzuweichen und alternative Lösungswege zu finden. Hierdurch setzten sich die Mitarbeiter intensiver mit einem Kundenproblem auseinander, um eine passende Lösung zu finden. Mit einer sogenannten „Wow-Box" erhalten Mitarbeiter zusätzlich die Möglichkeit, positive Erlebnisse für den Kunden zu schaffen. Den Inhalt dieser Box definieren die einzelnen Bereiche. Zum Beispiel erhielten Kunden, die Auslandstarife buchten, handgeschriebene Reisewünsche und einen Reiseadapter. Lösungsansätze wurden zugleich in das zentrale CRM-System eingetragen, um ein Problem dauerhaft zu lösen. Das Empowerment erhöhte die Motivation der Mitarbeiter und veränderte gleichzeitig die Führungskultur.
- **Mitarbeiter gestalten Prozessverbesserungen:** Mitarbeiter können zudem Vorschläge zu Prozessverbesserungen einbringen. Dieses Feedback wird geprüft und ggf. umgesetzt. Der entsprechende Mit-

arbeiter wird über den Entscheid und die Arbeitsschritte regelmäßig informiert. Die Implementierung wird mit Kollegen im Kundenkontakt geprüft.

Erfolgsmessung der Customer Services
Um den Erfolg der eingeschlagenen Strategie kontinuierlich zu kontrollieren, wurden verschiedene Methoden herangezogen:

1) **Tracking der Optimierung im Kunden-Service:** Im **KPI-Tracking** werden die wichtigsten Kennzahlen monatlich erhoben. Durch das kontinuierliche Tracking kann bei negativen Veränderungen in der Kundenzufriedenheit unmittelbar gegengesteuert werden. Darüber hinaus werden in einer jährlichen Kundenzufriedenheitsstudie zentrale Customer Touchpoints (z. B. Besuch Swisscom Shop, Hotline, Dienstleistung etc.) sowie deren Bewertung (Kompetenz, Freundlichkeit, Wartezeit etc.) erhoben.
2) **Spezialstudien:** In Spezialstudien werden Optimierungen und Ansatzpunkte für neue Maßnahmen geprüft. Zum Beispiel wurde in Mystery Calls bei der Hotline geprüft, in wieweit die Verhaltensregeln im Kundenkontakt eingehalten werden. Die Servicequalität in den Swisscom Shops und Partner-Kanälen wird kontinuierlich durch Kundenbefragungen und Mystery Shopping erhoben.
3) **Imagestudien:** Auch hinsichtlich des Markenimages konnte Swisscom durch Studien feststellen, dass sie im Wettbewerbsvergleich eine gute Reputation im Kundenservice aufbauen konnte.
4) **Mitarbeiterstudien:** Swisscom führt in regelmäßigen Abständen Mitarbeiterbefragungen via SMS durch, um den Grad der „Serviceorientierung" im Unternehmen zu erheben. Danach konnte festgestellt werden, dass den Mitarbeitern weitestgehend klar ist, was Serviceorientierung für den jeweiligen Bereich bedeutet.

Quelle: Müller 2012, S. 183–192

5. Spezialsituationen für die interne Markenführung berücksichtigen

In den bisherigen Schilderungen wurde der Prozess für die interne Markenführung vereinfachend anhand einer Dachmarkenstrategie erläutert. Dies trifft in der Praxis der internen Markenführung für einige Branchen zu (Airlines, Finanzdienstleister, Telekommunikation, Industriegüter etc.). Allerdings ist dies auch etwas pauschal und entspricht nicht immer der Realität. Daher werden im Folgenden zwei Spezialfälle unterscheiden:

1) Interne Markenführung bei Mehrmarkenstrategien
2) Interne Markenführung im Falle von M&A oder Markennamenwechsel

5.1 Interne Markenführung bei Mehrmarkenstrategien

Im Rahmen von Markenportfolios stellen sich grundsätzlich zwei Praxis-Fragestellungen, die bei der Umsetzung der internen Markenführung Berücksichtigung finden müssen:

- Was ist innerhalb eines Markenportfolios das zentrale Identifikationsobjekt für die Mitarbeiter? Unternehmensmarke oder Produktmarke?
- Über welche Marke soll im Idealfall im Rahmen des Employer Branding rekrutiert werden? Unternehmensmarke oder Produktmarke?

Diese Fragestellungen werden anhand verschiedener Kriterien bewertet, die je nach Unternehmen spezifisch zu beantworten sind. Zudem sind die Fragestellungen nicht allein nach dem Status quo, sondern nach dem unternehmerischen Zielbild der Mehrmarkenstrategie zu beantworten. Grundsätzlich üben zwei Faktoren einen Einfluss darauf aus, welche Marke das zentrale Identifikationsobjekt darstellt.

1) **Dominanz der Produktmarke bei starkem Profil/organisatorischer Eigenständigkeit**
   - Mitarbeiter identifizieren sich am stärksten mit der Marke, mit der sie am meisten zu tun haben. Ist eine Marke organisatorisch und auch am Markt eigenständig, werden sich die Mitarbeiter stark mit dieser identifizieren. Z. B. werden sich Mitarbeiter von Audi stärker zu ihrer Marke hingezogen fühlen als zum Volkswagen-Konzern. Selbst wenn Arbeitsverträge, Gehaltsabrechnung etc. über eine Konzernmarke abgewickelt werden, wird eine organisatorisch eigenständige Produktmarke stets stärkstes Identifikationsobjekt bleiben.
   - Eigenständige Positionierung, abgegrenzte Zielgruppen sowie eigenständige Kultur innerhalb der Gruppe führen somit zu einer Identifikationsgruppe innerhalb eines Unternehmens (sogenannte Nested Group). Dies ist auch zielführend, da insbesondere Marketing, Vertrieb und Kundenservice im Sinne des Leistungsversprechens einer Marke agieren müssen.
2) **Dominanz der Dachmarke bei starkem Profil/Synergieaufgaben der Mitarbeiter**
   - Je stärker eine Konzernmarke am Markt profiliert ist und für den Kauf entscheidend, desto stärker wird diese auch als zentrales Identifikationsobjekt bei den Mitarbeitern dienen.

- Darüber hinaus wird auch die Tätigkeit mit mehreren Marken dazu führen, dass die Dachmarke das zentrale Identifikationsobjekt darstellt. Dies kann insbesondere für Tätigkeiten sinnvoll sein, bei denen Synergien realisiert werden sollen oder Konzernfunktionen erfüllt werden, wie z. B. Produktentwicklung, IT oder Personalmanagement. Zudem werden Führungskräfte, die häufiger zwischen den Marken wechseln, verstärkt die Dachmarke als Identifikationsobjekt sehen.

Dementsprechend sind zwei Modelle für das Recruiting bei Mehrmarkenstrategien sinnvoll:

1) Recruiting über die Dachmarke, um die grundlegende Identifikation mit dem Konzern sowie die Karrieremöglichkeiten innerhalb des Konzerns für das Employer Branding zu nutzen.
2) Recruiting über die Produktmarken auf niedrigeren Hierarchiestufen und ausgewählten Funktionen (z. B. Vertrieb, Marketing, Kundenservice) sowie über die Dachmarke für Synergiefunktionen (z. B. Konzernaufgaben, IT, Personal, Entwicklung).

5.2 Interne Markenführung im Kontext von Mergers & Acquisitions

Mergers & Acquisitions beherrschen das wirtschaftliche Geschehen im 21. Jahrhundert. Allein im Jahr 2012 wurden weltweit 38.000 Akquisitionen im Wert von 2.600 Milliarden US-$ abgewickelt (Thomson/Reuters M&A Review 2012), was in etwa einer Transaktion alle 14 Minuten entspricht. Ambitionierte Pläne für Synergien und finanzielle Ersparnisse durch M&A beflügeln die Fantasie der Top-Manager, vorrangig am Shareholder Value orientierter Unternehmen. Die Erfolgsbilanz von Unternehmenszusammenschlüssen ist jedoch ernüchternd. Nur knapp 40 Prozent der Übernahmen erfüllen tatsächlich die Erwartungen oder übertreffen diese (Ernst&Young 2006, S. 19).

Die Suche nach den relevanten Erfolgsfaktoren führt verstärkt zu der Erkenntnis, dass die Wertschaffung durch M&A vor allem nach einer Akquisition erfolgt (Haspelagh/Jemison 1991, S. 129; Larsson/Finkelstein 1999, S. 1). Allerdings verlieren mehr als die Hälfte der Unternehmen nach einer Übernahme Marktanteile und somit auch Markenwert (Knudsen et al. 1997, S. 189 f.). Dem internen Markenmanagement kommt während der Post-Merger-Integration somit eine erfolgskritische Aufgabe zu:

- Mitarbeiter sind verunsichert, verlieren die Orientierung und halten hierdurch stark an den alten Markenwerten und ihrem Unternehmen fest. Die Unsicherheit wirkt sich auch auf die Servicequalität von Marken aus (Urban/Pratt 2000, S. 126).

- Der Fokus von Markt und Kunden verschiebt sich zu internen Thematiken. Die Phase des Zusammenschlusses zweier Marken führt bei Kunden zu Unsicherheit über Ansprechpartner und das Leistungsspektrum des neuen Unternehmens (Homburg/Bucerius 2006, S. 350; Homburg et al. 2000, S. 10 f.).
- Die Markenübernahmen führen zu einer Verwässerung von ehemals klar profilierten Markenimages und resultieren in Verwirrung und Vertrauensverlust bei Kunden, externen Anspruchsgruppen und den eigenen Mitarbeitern (Brockdorff/Kernstock 2001, S. 59; Wirtz 2003, S. 374).

Die interne Markenführung kann hier frühzeitig eine Orientierung geben und den Mitarbeitern der beteiligten Marken einen wichtigen Bezugs- und Identifikationspunkt bieten (Hieronimus 2006, S. 1158). Dies ist wichtig, um frühzeitig dem Markt und den Kunden eine Richtung für die Entwicklung der Marke aufzuzeigen.

Bei Mergers & Acquisitions können grundsätzlich vier Markenintegrationsstrategien unterschieden werden:

1) Die einseitige Eliminierung einer der beteiligten Marken und die Fortführung der anderen Marke (Monomarkenstrategie),
2) die Schaffung einer neuen Marke (Neumarkenstrategie),
3) die Beibehaltung beider Marken (Mehrmarkenstrategie) oder
4) die Verschmelzung beider Marken zu einer gemeinsamen Marke (Markenverschmelzung) (Brockdorff/Kernstock 2001, S. 57 f.; Ettenson/Knowles 2006, S. 41; Hieronimus 2006, S. 1155 ff.; Jaju et al. 2006, S. 208).

	Marke des Unternehmens A wird eliminiert	Marke des Unternehmens A bleibt bestehen
Marke des Unternehmens B bleibt bestehen	**Monomarkenstrategie** (einseitige Markenlöschung) ARAL bp	**Mehrmarkenstrategie** (Beibehaltung Status quo) P&G Gillette **Markenverschmelzung** (aus A und B wird AB) sanofi aventis
Marke des Unternehmens B wird eliminiert	**Neumarkenstrategie** (zweiseitige Markenlöschung) e·on	**Monomarkenstrategie** (einseitige Markenlöschung) BenQ SIEMENS

Abbildung 57: Markenintegrationsstrategien
Quelle: Brockdorff/Kernstock 2001, S. 57 f.; Ettenson/Knowles 2006, S. 41; Hieronimus 2006, S. 1155 ff.; Jaju et al. 2006, S. 208

Je nach Markenintegrationsstrategie lassen sich unterschiedliche Wirkungen auf die Mitarbeiter und dementsprechende Handlungsfelder feststellen:

Zu 1): Bei der **Monomarkenstrategie** wird eine der beteiligten Marken als gemeinschaftliche Marke weitergeführt, während die zweite Marke desinvestiert wird (Hieronimus 2006, S. 1155). Die Markeneliminiation im Anschluss an eine Akquisition betrifft meist diejenige Marke, welche sich mit ihren Angeboten bei Segmenten und Kunden mit der stärkeren Marke überschneidet (Varadarajan/DeFanti/Busch 2006, S. 199).

- **Elimination der übernommenen Marke:** In diesem Fall gestaltet sich der Transfer der Markenbindung von Mitarbeitern der ehemaligen Marke auf die neue, gemeinsame Marke besonders schwer (Esch et al. 2006, S. 210). Die emotionale Verbundenheit mit der bisherigen Marke sowie die Unsicherheit über die eigene Zukunft erschweren die Identifikation mit der akquirierenden Marke. Die Mitarbeiter müssen sich nicht nur an die akquirierende Marke anpassen, sondern sich auch an die neue Unternehmenskultur gewöhnen (Ettenson/Knowles 2006, S. 42). Die bisherigen Anstrengungen für die eigene Marke werden als „Sunk Costs" wahrgenommen. In Folge dessen kann es zu einem verstärkten Festhalten an der Vergangenheit und zur Selbstrechtfertigung kommen (Arkes/Blumer 1985, S. 124; Avlonitis/Hart/Tzokas 2000, S. 41 ff.). Auf der anderen Seite bietet eine neue Marke auch neue Perspektiven für Mitarbeiter (Ind 2004, S. 206).
- **Elimination der akquirierenden Marke:** Diese Option bringt einige Vorteile mit sich. Die Synthese von operationalen Fähigkeiten und dem Beziehungskapital der akquirierten Marke überlagert den Eindruck einer Verliererpartei. Dies führt zu einer akzeptableren Post-Merger-Integration für die beteiligten Marken. Dies soll allerdings nicht darüber hinweg täuschen, dass dies auch zu Dissonanzen und Konfusion bei Mitarbeitern der akquirierenden Marke führen kann (Ettenson/Knowles 2006, S. 42).

Zu 2): Bei der **Neumarkenstrategie** wird eine neue Marke geschaffen, die beide bisher existierenden Marken ersetzt und durch ihre strategische Neuausrichtung die Ansprüche der Zielgruppen in Zukunft besser erfüllt (Esch et al. 2006, S. 216; Hieronimus 2006, S. 1156). Dabei erfolgt bewusst die Vernichtung von bestehendem Markenwert, da man eine neue Marke wesentlich flexibler an die externen und internen Anforderungen im Rahmen der Post-Merger-Phase anpassen kann (Brockdorff 2003, S. 138; Jaju/Joiner/Reddy 2006, S. 208). Hierdurch lässt sich auch die Identifikation der Mitarbeiter mit der neu erschaffenen Marke leichter realisieren (Esch et al. 2006, S. 217).

Nachteilig ist bei dieser Strategie allerdings die ressourcenintensive Umsetzung, um intern und extern die neue Marke zu etablieren (Brockdorff 2003, S. 137). Schließlich birgt die Aufgabe der bestehenden Marken zugunsten einer Neumarkierung ein erhebliches Risikopotenzial in den bestehenden Beziehungen zu wichtigen Stakeholdern, wie z. B. den Kunden der beiden

Marken (Ettenson/Knowles 2006, S. 48). Ein Beispiel für die Neumarkenstrategie ist der Zusammenschluss von Veba und Viag zu der neuen Corporate Brand E.on im liberalisierten Energiemarkt.

Zu 3): Die **Mehrmarkenstrategie** nimmt keinerlei Veränderungen an den zusammengeführten Marken vor, d. h. erworbene Marken werden weitgehend als Produktmarken in das bestehende Markenportfolio übernommen (Jaju et al. 2006, S. 208). Z. B. wurden die vorherige Corporate Brand Puma als Produktmarke in das Markenportfolio des Luxuskonzerns PPR (Gucci, Yves Saint Laurent etc.) aufgenommen. Diese Strategie erfordert somit keinen aufwändigen Markenüberführungsprozess und vermeidet die damit verbundenen Gefahren auf Kundenseite (Esch et al. 2006, S. 218). Durch neue Marken im Portfolio kann nicht zuletzt größere Angebotsvielfalt, sondern auch der Zugang zu neuen Produktkategorien, Regionen oder Distributionskanälen realisiert werden (Varadarajan et al. 2006, S. 200). Die weitgehende Autonomie der akquirierten Marken verhindert allerdings portfolioübergreifende Synergieeffekte, führt zu Positionierungsüberschneidungen bzw. Kannibalisierungseffekten und dadurch in Konsequenz zu rückläufiger Profitabilität (Esch et al. 2006, S. 218; Meffert/Koers 2005 S. 298). Z. B. waren bei Nestlé 1996 nur 200 von 8.000 Marken profitabel, bei Unilever waren es 1999 nur 400 von 1.600 Marken (Kumar 2003, S. 88). Auf der anderen Seite wird die Autonomie der einzelnen Marken meist schrittweise durch die Unternehmenskultur der Dachmarke und strukturelle Anpassungen nach und nach aufgeweicht und dadurch aneinander angeglichen.

Zu 4): Die **Markenverschmelzung** berücksichtigt die beiden beteiligten Marken und führt sie zu einer neuen Marke zusammen (Brockdorff 2003, S. 128). Ein Beispiel für diese Strategie ist die Corporate Brand Sanofi Aventis oder ThyssenKrupp. Vorteil der Markenverschmelzung ist die Erhaltung der bestehenden Markenwerte und die Kommunikation der gleichberechtigten Beziehung gegenüber den Mitarbeitern (Ettenson/Knowles 2006, S. 46). Dies ermöglicht eine höhere Identifikation der Mitarbeiter beider fortbestehender Marken (Brockdorff 2003, S. 140). Gegenüber den Kunden können die bereits aufgebaute Bekanntheit und das Vertrauen weiterhin kapitalisiert und durch die kombinierte Kompetenz verstärkt werden (Esch et al. 2006, S. 212). Die fusionierte Unternehmensmarke ThyssenKrupp z. B. verbindet bewusst Elemente beider Marken und kapitalisiert so einerseits die bisherigen Markeninvestitionen und stärkt gleichzeitig die Markenidentifikation beider Mitarbeitergruppen.

Die gewählte Markenintegrationsstrategie gibt den Mitarbeitern Aufschluss über die Ziele der übernehmenden Marke (Mottola et al. 1997, S. 1338). Zudem enthüllt sie den zu erwartenden Status der betroffenen Mitarbeiter innerhalb der neu zu schaffenden Einheit (Giessner et al. 2006, S. 340 f.; Jetten 2002, S. 1195). Damit erhalten die übernommenen Mitarbeiter in der

Regel eine reduzierte Identifikation (Terry et al. 2001, S. 276). Jedoch kann die Aussicht auf ein höheres Prestige und somit auch einen höheren Status durch eine Marke zu einer verbesserten Unterstützung des M&A und höherer Markenidentifikation führen (Hogg/Terry 2000, S. 133). Somit lässt sich festhalten, dass insbesondere die Strategie der Fortführung einer gemeinsamen Marke oder die Schaffung einer neuen Marke, bei gegebenem Markenfit, positiv auf den „Sense of Continuity" wirkt.

Best Practice-Fallstudie: Brand Transformation bei Orange in Frankreich

Ausgangssituation:

Im Jahr 2001 wurde der Geschäftsbereich France Telekom Mobile mit drei Produktmarken (Itineris, Ola und Mobicarte) im Rahmen der Übernahme von Orange durch die neu erworbene Marke ersetzt. Diese Transformation war für Mitarbeiter traumatisch und mit Blick auf die bestehenden Kunden kritisch. France Telekom sah sich mit vier Herausforderungen konfrontiert:

1) France Mobile Telecom hatte ein starke Marktposition mit drei starken Produktmarken – Itineris im High-end Segment, Mobicarte im Prepaid Segment und Ola für Familien und Frauen.
2) Viele Mitarbeiter der France Telekom waren ehemalige Beamte, die im Rahmen des Rebrandings versteckte Personalfreisetzungsmaßnahmen fürchteten.
3) Die Unternehmenskultur war durch Technologien, Netzwerke und Ingenieure geprägt. Eine Marke war in diesem Kontext nur als Kostenposition betrachtet.
4) Zudem galt es die interkulturellen Differenzen zwischen den britischen Mitarbeitern von Orange und den französischen France Telekom-Mitarbeitern zu überbrücken.

Vorgehensweise:

Ein zentraler Grundsatz im Rahmen des Transformationsprozesses war die Überzeugung, dass Orange innen und außen identisch sein muss. Das Markenversprechen durfte nicht nur ein Versprechen an die Kunden sein, sondern musste auch intern das Vertrauen der Mitarbeiter gewinnen. Wie eine Marke im Inneren aussieht, sehen auch die Kunden. Zur Erreichung dieses Prinzips wurden fünf Stellhebel herangezogen:

1) **Brand Project Setup:** Eine zentrale Projektorganisation mit Unterstützung eines Markenbotschaftersystems sorgte für eine schnelle unternehmensweite Umsetzung.

2) **Brand Induction:** Trainingsprozesse und Tools, um das Verständnis und die konkreten Verhaltensweisen abzuleiten.
3) **Brand Commitments:** Auswahl und Umsetzung von konkreten Commitments, um das Markenversprechen innen und außen umzusetzen.
4) **Leadership & Empowerment:** Rollenmodelle für Führungskräfte, um die Mitarbeiter zu inspirieren und diese mit mehr Verantwortung auszustatten.
5) **External & Internal Orchestration:** Zeitplanung, um Synergien zwischen internen und externen Maßnahmen optimal zu nutzen.

Zu 1) Brand Project Setup: Ein erfolgskritischer Faktor stellt die Geschwindigkeit der Implementierung dar. Um ein Momentum für das Re-Branding zu schaffen, ist der Eindruck eines oberflächlichen und ungewissen Wandels zu vermeiden. Die Richtung muss klar sein, erste Resultate müssen innerhalb kürzester Zeit erzielt werden. Anderenfalls wird eine Transformation unglaubwürdig bei den eigenen Mitarbeitern und ist zum Scheitern verurteilt. Um dies zu verhindern, wurde im Fall des Orange Rebrandings ein zentrales Project Management Office mit direkter Berichterstattung beim CEO installiert. Hierdurch konnte die Transformation über alle Funktionsbereiche erfolgen und den Prozess beschleunigen. Tatsächlich lagen zwischen dem Entschluss und dem Rebranding des technischen und Verkaufsnetzwerks – dem ersten sichtbaren Ergebnis – nur knapp sechs Monate. Erfolgskritisch war zudem das Brand Ambassador System – ein Netzwerk von Führungskräften mit Teilzeit für das Projekt. Diese waren für die Durchsetzung in ihrem Bereich zuständig, organisierten Follow-ups, stießen Initiativen an und organisierten lokale Events.

Zu 2) Brand Induction: Um die Mitarbeiter auf dem Weg zur neuen gemeinsamen Marke abzuholen, war die Erkenntnis von zentraler Bedeutung, was sich im täglichen Handeln verändern musste. Zu diesem Zweck wurden zunächst die Vision der Transformation, die Markenwerte und das Leistungsversprechen kommuniziert. Dabei wurde insbesondere großen Wert auf das Verständnis dieser Inhalte gelegt. Zudem sollte über das Verständnis hinaus jeder Mitarbeiter in der Lage sein, das Markenversprechen aktiv zu leben. Im Rahmen des Prozesses fand dies durch die lokalen/funktionalen Markenbotschafter statt. Die Einführung begann mit „Warum ist die Marke wichtig für unser Geschäft?" und endete mit Teamaufgaben rund um die Markenwerte in Form von vierstündigen Sessions. Hierdurch wurde jeder Mitarbeiter mit dem Kontext, der Strategie, den Markenwerten, dem Leistungsversprechen sowie den Guidelines zur Markenidentität konfrontiert. Verschiedene Spiele und Gruppenübungen sorgten für die praktische Anwendung der abstrakten Inhalte.

Darüber hinaus wurden das mittlere Management und Teamleiter stark in die interne Kommunikation involviert. Mit Hilfe eines „Brand Induction Debriefing" Toolkit sollten diese nach dem Workshop zusammen mit ihren Mitarbeitern die Lerninhalte wiederholen und die zentralen Botschaften zusammenfassen. Gleichzeitig sollte eine Erarbeitung in der Gruppe erfolgen, wie das Markenversprechen den jeweiligen Bereich verändert bzw. dort umgesetzt werden kann. Schließlich wurde am Ende dieser Session auch festgehalten, was benötigt würde, um das Verhalten dem Markenversprechen anzupassen. Gleichzeitig nutzten viele Teamleiter das Feedback, um ihren eigenen Führungstil und ihren Beitrag zur Einlösung des Markenversprechens zu finden.

Zu 3) Brand Commitments: Brand Commitments stellen sicher, dass der Wandel stattfindet und sich der Wandel auch in der Organisation und den Prozesen in der gewünschten Form spiegelt. Bei Orange wurde jede Geschäftseinheit und jede Funktion aufgefordert, Initiativen zu identifizieren, um die Markenwerte zu beleben. Hierzu sollten sie verdeutlichen, welche Fortschritte bestanden und wie diese kommuniziert werden. Die meisten Initiativen implizierten technische Funktionen, Marketing und Vertrieb. Einige hatten enorme organisatorische Konsequenzen. So wurde zum Beispiel bei Orange beschlossen, den Mitarbeitern im Kundenkontakt umfassende Verhandlungs- und Entscheidungsbefugnisse zu geben. Hierdurch sollten vielfache Kundenkontakte vermieden werden. Um diese Vorgehensweise zu ermöglichen, wurde ein neues technisches Informationssystem etabliert und ein Trainingsprogramm aufgelegt.

Parallel zu den Initiativen stellte sich mehrfach auch eine Differenz zwischen der Wahrnehmung von Führungskräften und Mitarbeitern heraus. So waren Manager in der Regel optimistischer als die Mitarbeiter hinsichtlich der Transformation. Die Mitarbeiter mit Kundenkontakt hatten eine realistischere Einschätzung für die Kundenwahrnehmung. Dies ist eine grundsätzliche Herausforderung, wenn Führungskräfte zunächst ein zu geringes Involvement entwickeln. Initiativen bleiben unpräzise und Veränderungen bleiben aus.

Eine Bottom-up Gap-Analyse zu Beginn des Prozesses mit Hilfe eines Mitarbeiter- und Kundenpanels schaffte den richtigen Druck und Präzisierung der Handlungsbedarfe. Zudem schafften die Einbeziehung und das Feedback der Mitarbeiter bei der Ableitung der Initiativen für die notwendige Motivation und das Momentum.

Zu 4) Leadership & Empowerment: Die definierten Markenwerte erfordern ein dezidiertes Rollenverhalten der Führungskräfte im Rahmen der Ableitung von Initiativen. Zum einen müssen Führungskräfte die Werte selbst im eigenen Verhalten zeigen, zum anderen müssen die Recruitinglogik sowie die interne Kommunikationspolitik entsprechend angepasst werden. Bei Orange wurden zu Beginn des Prozesses verschiedene Roadshows mit Top Managern durchgeführt. Zudem wurden bei zentralen Meilensteinen zu Beginn, während des Commitmentprozesses sowie vor dem Relaunch durch das zentrale Projektteam Veranstaltungen organisiert, um die Ziele, Hintergründe und Entscheidungen zu kommunizieren. Ferner wurden Verantwortliche aus dem mittleren Management explizit mit dem Projekt assoziiert, um deren Commitment weiter zu verstärken.

Zu 5) External & Internal Orchestration: Das Timing des Projekts war eine zentrale Komponente der Projektsteuerung. Im Fall von Orange wurde Druck aufgebaut, indem die externen Veränderungen zunächst gelauncht wurden. Gleichzeitig war das Timing mit knapp sechs Monaten sehr eng gesetzt bis zum nächtlichen Umbranding im Filialnetz. Hierdurch entstanden ein einzigartiges Momentum und die Notwendigkeit zum Wandel. Barrieren konnten leichter überwunden werden und die Mitarbeiter hatten ein gemeinsames Ziel. Hieraus entstand eine neue Dynamik für die neue Marke und seine Mitarbeiter.

Ergebnis:

Ein Jahr nach Initiierung des Programms konnte die Marke Orange den hohen Marktanteil mit 48 Prozent erfolgreich halten und leicht ausbauen, den zuvor die drei Produktmarken erreicht hatten. Markenpräferenz, Wechselraten und Kundenzufriedenheit erreichten Bestmarken im französischen Markt. Vorallem aber waren 89 Prozent der Mitarbeiter überzeugt, dass Orange eine Wachstumsperspektive hat und 78 Prozent beurteilten die Transformation zu Orange positiv. Im Rahmen der Interbrand Evaluationen war Orange die stärkste Telekommunikationsmarke in Frankreich.

Quelle: Coumau/Josserand 2009, S. 233–237

Best Practice-Fallstudie: Targobank – Rebranding vom Ende her denken

Ausgangssituation:

Die Citibank wurde im Jahr 2008 von der Citigroup in der Finanzkrise und aufgrund einer Neuordnung der strategischen Prioritäten an Crédit Mutuel verkauft. Die Citibank Deutschland war im Hinblick auf die Performance im Privatkundengeschäft das Juwel der Citigroup in Europa. Die damalige Citibank war insbesondere im Konsumentenkreditgeschäft stark. Dies führte auch immer wieder zu Imageproblemen. Hinzu kam im Herbst 2008 der vorläufige Höhepunkt der Finanzkrise, die Insolvenz der Investmentbank Lehman Brothers. Die Citibank hatte wie andere Banken und Sparkassen in Deutschland Zertifikate von Lehman Brothers verkauft, die mit der Insolvenz wertlos wurden. Die Kunden fühlten sich aufgrund des Totalverlustes ihrer Anlagegelder nicht gut beraten und trugen ihren Unmut darüber in Form von Presseaktivitäten und Protestaktionen gegen die beratenden Banken und Sparkassen in die Öffentlichkeit.

Nachdem im Dezember 2008 der offizielle Eigentumsübergang der Citibank Deutschland an die Crédit Mutuel abgeschlossen war, begann für das Management der Citibank die Uhr zu ticken. Vertraglich war vereinbart worden, dass für maximal weitere 15 Monate die Namensrechte der Citibank genutzt werden konnten. Es musste also ein neuer Name für die Bank gefunden werden. Zudem musste die Kernbankplattform umgestellt, die Integration in die Crédit Mutuel Bankgruppe gestemmt und der Prozess der Markenmigration unter höchstem Zeitdruck geleistet werden. Das alles vor dem Hintergrund der Finanzkrise und der sehr schlechten Imagewerte für die Citibank. Im Februar 2010 wurde der Schalter umgelegt. Aus der Citibank wurde in Deutschland die Targobank. In kaum mehr als einem Jahr wurden dazu die Weichen gestellt, eine Herkulesaufgabe für eine Organisation, die diesen Prozess in der tiefsten Finanz- und Vertrauenskrise von Banken zusätzlich zum Tagesgeschäft bewältigen musste.

Vorgehen und Lessons Learned:

Wenngleich nicht alle Learnings auf andere Unternehmen übertragbar sind, gibt es dennoch wichtige Aspekte, die bei der Markenmigration von Unternehmensmarken zu berücksichtigen sind. Folgende zehn Punkte erscheinen dabei wesentlich:

1. **Bei der Namensgebung nicht dem ersten Reflex folgen.**

Bei Übernahmen ist es häufig so, dass das übernommene Unternehmen den Namen des neuen Eigentümers übernimmt oder zumindest eine Namensähnlichkeit hergestellt wird. Dies ist zu einfach. Vielmehr ist zunächst aus strategischer Sicht zu prüfen, inwiefern die Geschäftsmodelle der Unternehmen übereinstimmen bzw. sich die jeweiligen Märkte und Zielgruppen unterscheiden. Auf dieser Basis kann dann entschieden werden, welche Konsequenzen dies für die Markenführung und die Namensgebung hat. Die Namensgebung selbst kann schon der erste Anstoß zur Partizipation der Mitarbeiter sein. Bei der Citibank wurden die Mitarbeiter aktiv aufgefordert, „sprechende" Namen für die neue Bank zu entwickeln – mit großem Erfolg: Insgesamt 1.700 Namen wurden vorgeschlagen und von Konsumenten auf ihre Akzeptanz bewertet. Insbesondere das Markenlogo traf schon in dieser Phase auf eine große Akzeptanz und Sympathie in der Bevölkerung.

Trotz der vielen Namensvorschläge liegt der Engpass jedoch bei den Markenrechten. Dies kann in einem solchen Prozess nicht früh genug geprüft werden. Daher musste ein neuer, neutraler Markenname für die Citibank entwickelt werden. Sobald man sich jedoch für einen neutralen Markennamen entscheidet, muss das Bewusstsein im Top-Management geschärft werden, dass durch ein entsprechend konkretes und bildhaftes Markenlogo und durch eine einprägsame und integrierte Kommunikation das schnelle Lernen des neuen Markennamens zu fördern ist.

2. **Die Kunst der kleinen Schritte: Der Name ändert sich sofort, die Menschen und die Kultur verändern sich deutlich langsamer.**

In einem Prozess der Neuausrichtung eines Unternehmens kann man leicht dem Trugschluss unterliegen, mit einem neuen Namen könne man alles neu machen, als würde man eine Konzeption auf einem weißen Blatt Papier entwickeln. Dabei werden aber zum einen Dinge über Bord geworfen, die bislang kulturprägend für das Unternehmen waren, andererseits auch Dinge angestrebt, die zu weit von der DNA des Unternehmens entfernt sind.

So wurden auch bei der Targobank in einer ersten Task Force sehr ambitionierte Vorgaben für die Unternehmensphilosophie, Markenidentität und Markenpositionierung gemacht. Durch Validierungsworkshops auf der Ebene des mittleren Managements stellte sich dann allerdings schnell heraus, dass viele dieser Inhalte nicht die Vorstellungen der Manager reflektierten, manche auf massive Widerstände stießen und wiederum andere, die prägend für die alte Citibank-Kultur waren, vermisst wurden. Dies gab den Anstoß dafür, einen methodisch differenzierten Abgleich durchzuführen, um wünschenswerte Inhalte zu erhalten, negativ empfundene Verhaltensweisen zu identifizieren und zu eliminieren sowie weitere ambitionierte, aber machbare Inhalte zu ergänzen.

3. **Das Commitment des Top-Managements sichern und einen klaren Anspruch definieren.**

Nach einer Übernahme ist das Top-Management in besonderem Maße gefordert. Neben der Adjustierung der Ausrichtung des Unternehmens bedarf es natürlich auch einer Anpassung und eines intensiven Austausches mit dem Mutterunternehmen. Je unterschiedlicher die jeweiligen Kulturen, Strukturen, Prozesse und Entscheidungswege sind, umso aufwendiger ist dies. Das kann dazu führen, dass Aufgaben, die als weniger wichtig erachtet werden, delegiert werden. Da gerade die neue Marke jedoch erfolgskritisch ist, bedarf es hier des vollen Commitments des Top-Managements. Vor allem die weichen Faktoren wie Mission, Vision, Unternehmensgrundsätze und Markenidentität prägen dauerhaft das Unternehmen und das Verhalten der Mitarbeiter. Umso wichtiger ist es, dass man dem Prozess der Entwicklung der Inhalte hinreichend Zeit einräumt. Bei der Targobank hat es sich bewährt, dass man hierzu bewusst Vorstands-Off-Sites genutzt hat, um in regelmäßigen Abständen über das inhaltliche Fundament der Targobank außerhalb des Tagesgeschäfts zu diskutieren. Der Anspruch muss dabei klar und ambitioniert definiert sein. Gemeinsame Diskussionen helfen dabei nicht nur, Positionen und mögliche Probleme auf dem Weg der Umsetzung besser zu verstehen und zu antizipieren, sondern auch dabei, die wichtige gemeinsame Basis im Mind-Set zu schaffen.

4. **Mission, Vision, Unternehmensgrundsätze, Markenidentität und Markenpositionierung aus einem Guss entwickeln.**

Unternehmenszweck, Unternehmensgrundsätze, Vision, Markenidentität und Markenpositionierung bilden das konzeptionelle Fundament der Markenführung. Je besser verzahnt diese einzelnen Komponenten miteinander sind, umso klarer, prägnanter und kohärenter kann die Marke aufgebaut werden. Zur Entwicklung dieser so wichtigen strategischen Grundlagen haben wir uns folgende einfache Fragen gestellt:

1) Was treibt uns an? Warum gibt es uns? Damit haben wir die Mission gefasst.
2) Wofür stehen wir ein? Die Frage war die Grundlage für die Entwicklung der Unternehmenswerte.
3) Welchen Berg wollen wir besteigen? Dies diente der Entwicklung einer anspruchsvollen Vision.
4) Wer sind wir? Damit wurde die Markenidentität, also die wesensprägenden Merkmale der Marke erfasst.
5) Warum sollen die Kunden uns wählen? Hiermit wurde die Markenpositionierung bestimmt – in Abgrenzung zum Wettbewerb.

Die einzelnen Fundamente der Marke und des Unternehmens wurden in einem systematischen Prozess aufeinander abgestimmt und in einer Markenpyramide für die Targobank subsummiert. Die Vorgabe für die einzelnen Bereiche lautete: Macht alles so einfach wie möglich, nicht nur einfacher als vorher.

Diesem Prozess wurde viel Raum gewidmet. Die Erwartungen von Konsumenten, Kunden und Mitarbeitern wurden in vielen über das Bundesgebiet verteilten qualitativen Workshops eruiert und in Befragungen quantifiziert. In Off-Sites mit dem Top-Management wurden die identifizierten Erwartungen dahingehend geprüft und diskutiert, wie viel davon schon in dem Unternehmen steckt und was von dem, was neu ist, auch unter den gegebenen Restriktionen wirklich machbar erscheint.

Ein Beispiel: Die vier in diesem Prozess entwickelten Markenwerte der Targobank lauten: einfach, leistungsstark, auf Augenhöhe und zuverlässig.

Für jeden dieser Markenwerte wurden Proofpoints in unterschiedlichen Kategorien umgesetzt.

Abbildung 58: Markenwerte der Targobank

5. Die Mitarbeiter auf die Reise mitnehmen und schulen.

Insbesondere bei Dienstleistungsunternehmen sind Mitarbeiter erfolgskritisch. Sie müssen sich mit der neuen Marke identifizieren können und diese in Denken, Fühlen und Handeln übernehmen. Der Grund:

An vielen Kontaktpunkten haben Mitarbeiter unmittelbaren Kontakt zu Kunden und müssen dort das Markenversprechen erlebbar machen. Darüber hinaus gestalten auch Mitarbeiter und Manager im Backoffice und in der Hauptverwaltung die Leistungen der Marke. Ein entsprechendes Markenverständnis fördert markenkonforme Umsetzungen. Und schließlich können Mitarbeiter durch Empfehlungen im familiären und privaten Umfeld die Marke positiv platzieren.

Entsprechend empfiehlt es sich, eine vertikale (nach Managementebenen) und horizontale (nach Arbeitsbereichen, Kontakt mit Kunden sowie anderen Kriterien) Mitarbeiterpyramide zu bilden. Sie dient als Grundlage für die Intensität der Einbindung in den Prozess der Markenmigration. Neben einer aktiven Partizipation bei der Entwicklung der Marke können auch Markenbotschafter identifiziert und – je nach Bedeutung für die Marke und die Kunden – unterschiedlich umfangreiche Schulungsprogramme für Mitarbeiter entwickelt werden. Dieses Vorgehen hat sich bei uns bewährt, weil dadurch jeder Mitarbeiter vor dem Launch mit den Markenwerten und der grundsätzlichen Stoßrichtung der neuen Marke in Kontakt gekommen ist und schon erste Maßnahmen für verhaltenskonforme Umsetzungen und Do's and Don'ts im Sinne der Markenidentität entwickelt werden konnten.

6. Eine Initialaktivierung durch einen Big Bang schaffen – für Mitarbeiter und Kunden!

Ein großes Erlebnis eint und hinterlässt nachhaltig Eindrücke. Feiern stimmt positiv ein für den langwierigen Weg des Markenaufbaus und ist ein Dank für Geleistetes. Diesen Effekt sollte man nicht unterschätzen. Bei der Targobank wurden alle ca. 6.500 Mitarbeiter und die französischen Eigentümer am Wochenende vor dem Marktstart der Targobank eingeladen. Für die Bank bedeutete dieser Event ein erhebliches Investment, welches sich aber ausgezahlt hat. Denn für die Mitarbeiter, die dabei waren, ist es noch heute eine starke Erinnerung und Motivation für das Unternehmen. Zu dieser Veranstaltung wurden die Markenwerte nochmals vor Augen gerufen, die großen Ziele vermittelt und die kommunikative Umsetzung an den unterschiedlichsten Touchpoints gezeigt. Die Mannschaft wurde dadurch auf das große gemeinsame Ziel eingeschworen.

7. Nicht schludern bei der Kommunikation – die Launch-Kampagne prägt die Marke!

Oftmals wird die Launch-Kampagne in ihrer Langfrist-Wirkung unterschätzt. Sie wird a priori als erster Anlauf der neuen Marke gesehen, den man eventuell auch wieder wechselt. Ex post stellt man aber doch die markenprägende Wirkung dieser ersten Kampagne fest. Deshalb empfiehlt es sich, klar die Anforderungen an wirksame Kommunikation dem Briefing der Agenturen für den Pitch beizufügen. Ebenso wichtig ist das Motto „Quantity breeds Quality": Viele Ideen führen hoffentlich zu einer guten Idee für die Umsetzung. Ebenso wichtig ist jedoch die rigorose Begleitung der Optimierung kommunikativer Vorschläge. Dabei helfen sechs wesentliche Stoßrichtungen zur Prüfung der Wirkung, die man weiter verfeinern kann:

1) Reflektiert die Umsetzung klar und unmissverständlich die Markenwerte und die Markenpositionierung?
2) Trifft die Umsetzung in das Herz der Zielgruppe?
3) Unterscheidet sich die Umsetzung klar vom Wettbewerb und von Branchenstereotypen?
4) Ist die Schlüsselbotschaft auch bei flüchtigem Betrachten erkennbar?
5) Ist die Kommunikation über alle Touchpoints deklinierbar und integriert?
6) Gibt es merkfähige Elemente in der Kommunikation, die den Zugriff darauf erleichtern und das Ganze einprägsam machen?

Mehrere Kampagnen-Routen wurden entworfen und von Konsumenten und Kunden bewertet. Auf Basis dieses Feedbacks und unter Berücksichtigung der angeführten Anforderungen wurde die Launch-Kampagne entwickelt, die die Schlüsselbotschaft „Einfaches Banking" sehr gut transportiert und über das „Merkfähige Element" in Form des Logos am Himmel die neuen Targobank im Markt verankert und inzwischen für eine hohe Wiedererkennung gesorgt hat.

Abbildung 59: Kommunikative Umsetzung bei der Targobank

Das Konzept wurde über alle Kontaktpunkte dekliniert: TV-Kampagne, die Bank-Filiale, den Internetauftritt, die Prospekte, im Direktmarketing usw. Dabei wurde den Markenwerten Rechnung getragen.

Kommunikation ist notwendig für den Erfolg neuer Marken. Selbst nach drei Jahren ist die Marke noch abhängig von dem kommunikativen Druck. Dies sollte man entsprechend bei der mittelfristigen Planung der Budgets berücksichtigen. Zwar ist ein erhöhter kommunikativer Aufwand zur Einführung der neuen Marke erforderlich, allerdings muss man auch danach noch substantielle Budgets vorhalten, um die Zielvorgaben realisieren zu können.

8. **Eine nachvollziehbare Story für die Transition-Kommunikation erschaffen und Kunden in den Entwicklungsprozess einbeziehen.**

Der Marken-Claim „So geht Bank heute." wurde bereits 8 Monate vor dem Rebranding von der Citibank zur Targobank im Juli 2009 mit einer eigenen Internetseite als „Transition-Kampagne" eingeführt. Interaktive Elemente wie Votings z. B. für Produkt-Namen und Farben oder virale Filme ermöglichten einen Dialog mit Early Adoptern und Mitarbeitern.

Für Reichweite sorgte das Bundesliga-Trikot und die Werbebanden im Stadion, aber auch gezielte PR-Aktionen, die für Traffic auf der Internetseite sorgten. In dieser ersten Phase konnte der Claim „So geht Bank heute." auf dem Trikot der Fußballmannschaft Werder Bremen erstmalig einer großen Öffentlichkeit präsentiert werden. Über 3 Millionen Seitenaufrufe wurden in den 7 Monaten vor Launch generiert.

Abbildung 60: Claim-Lauch „So geht Bank heute." im Sponsoring-Umfeld

9. Den Rollout-Prozess an den Customer Touchpoints sofort starten.

In den meisten Fällen startet der Prozess mit einer neuen Werbekampagne, welche zum Start der Marke mit hohem Mediadruck ausgestrahlt wird. IT–Systeme stellen einen Austausch des Marken-Logos z. B. in Systembriefen sicher. Filialen sind mit neuer Signage an der Fassade und im Innenbereich ausgestattet. Hier ist ein wichtiges Veränderungs-Signal an das Unternehmen erforderlich. Der Marken-Prozess startet erst und ist nicht bereits abgeschlossen. Ein neues einheitliches Markenerlebnis im Sinne der neuen Markenpositionierung bedarf jedoch weiterer jahrelanger Anstrengungen. Hier gilt es, die Customer Touchpoints der Services und Produkte zu analysieren und Prozesse und Kommunikation sukzessive anzupassen. Dabei bestehen IT-Herausforderungen aber auch Chance Management-Herausforderungen, z. B. in der Kundenberatung.

10. Nichts dem Zufall überlassen – Marken-KPIs definieren, messen und auf Top Management-Ebene verankern.

„What gets measured gets done." Egal wie gut die Maßnahmen geplant sind, es bedarf einer ständigen Adjustierung und weiteren Optimierung. Hier ist es essentiell,

- in regelmäßigen Abständen die Performance der Kommunikation zu analysieren und Effektivität und Effizienz der Kommunikation auf den Prüfstand zu stellen,
- intern bei den Mitarbeitern den Grad der Markenidentifikation, der Kenntnis und des Lebens der Markenwerte und des Markencommitments zu erfassen,
- über Kundenbefragungen, interne und externe Bewertungen die wesentlichen Kontaktpunkte hinsichtlich Prozessqualität sowie marken- und kundenkonformen Umsetzungen zu prüfen.
- Zufriedenheitsmessungen und Messungen der Servicequalität durchzuführen und
- Benchmarks zu wesentlichen Wettbewerbern und Best Practice-Beispielen als Zielvorgaben zu implementieren.

Ein großer Teil des Erfolgs der Targobank liegt auch und gerade in dem „Hart Machen" weicher Faktoren.

Ergebnisse:

Alle Herausforderungen wurden bewältigt und der Name Targobank im Februar 2010 erfolgreich in den Markt eingeführt. Und heute, drei Jahre später, zeigen alle qualitativen und quantitativen Performance-Kennzahlen steil nach oben.

1. Die Markenbekanntheit der Targobank ist 3 Jahre nach Launch von Null auf 85 Prozent (gestützt) und knapp 30 Prozent (ungestützt) gestiegen.
2. Die Markenrelevanz liegt mit 44 Prozent bereits nach 3 Jahren deutlich über Citibank.
3. Das Markenimage hat sich im Vergleich zur Citibank substantiell gebessert. Mittlerweile hat man an die Images anderer Banken aufgeschlossen und bewegt sich schon im Mittelfeld der Bankenlandschaft.
4. Das prägnante Markenlogo der Targobank mit der Targobank-Figur liegt heute von der Bekanntheit her nur knapp hinter dem Logo der Deutschen Bank.
5. Der Slogan „So geht Bank heute." ist der viertbekannteste Slogan im Markt.
6. Der Marktanteil im Kreditneugeschäft ist auf ca. 12 Prozent gestiegen, und die Targobank wächst stärker als der Marktdurchschnitt.

Das Ergebnis konnte jedes Jahr gesteigert werden, es verbesserte sich von 208 Millionen Euro in 2009 auf 373 Millionen Euro in 2012. Auch andere wichtige Kennzahlen lagen teilweise deutlich über den Zielvorgaben.

Quelle: Lieberknecht/Esch 2014a, S. 96–100, Lieberknecht/Esch 2014b

6. Markenorientierung organisatorisch verankern

Bei den meisten Unternehmen in B2B-Industrien fehlt es an einer organisatorischen Verantwortung der Markenführung. Prozesse und Strukturen sind nicht markenorientiert gestaltet, sondern rein produkt- oder vertriebsgetrieben. Laut einer Studie von Brand Rating wird die Markenstrategie zwar in über 70 Prozent der befragten Unternehmen im Führungskreis und in Abstimmung mit der Unternehmensplanung erstellt, jedoch erfolgt nur in 28 Prozent der Fälle eine Kommunikation an verschiedene Geschäftsbereiche oder Auslandsorganisationen. Gerade in Zeiten zunehmender Globalisierung ist jedoch die Bildung eines einheitlichen Markenbildes über die Landesgrenzen hinweg essenziell.

6.1 Organisatorische Einheiten der internen Markenführung konzipieren

Organisatorisch ist die Markenführung häufig noch als Teilaufgabe der Kommunikationsabteilung, des Vertriebs oder innerhalb des technisch orientierten Produktmarketings angesiedelt. Während man in B2C-Branchen vor Jahrzehnten dazu übergegangen ist, interne Strukturen um Marken herum als Treiber der Wertschöpfung zu bilden, ist in den B2B-Branchen meist die Entwicklung oder die Produktion die maßgebende Abteilung. Hier bestimmt meist der Entwickler oder die Fabrik, von dem das Produkt vom Fließband läuft, das Branding. Markierungsfragen bei Neuakquisitionen werden aus dem Bauch entschieden oder ganz unterlassen. Vor diesem Hintergrund kristallisieren sich zunehmend zwei organisatorische Formen heraus, in denen die interne Markenführung Einzug hält:

- **Internal Brand Manager:** Einige Unternehmen wie Mercedes-Benz haben Stellen für das Internal Brand Management installiert. In einigen Fällen, wie z. B. bei der BASF, ist das Internal Brand Management als Aufgabe im Corporate Brand Management oder Corporate Communications eingebettet.

  Zu den Aufgabenfeldern gehören die Vermittlung und Kommunikation der Markenwerte, Verankerung von internen Markeninitiativen sowie Messung des internen Implementierungserfolgs. Zudem stellen interne Beratung von Geschäftsbereichen zur Marken- und Kommunikationsstrategie, Umsetzung der Positionierung, inhaltliche Begleitung und Implementierungsüberprüfungen weitere Tätigkeiten dar.

- **Internal Brand Board:** Neben der Definition von Stellen und Verantwortlichkeiten für die interne Markenführung werden auch häufig Beiräte bzw. Gremien zur Steuerung eingesetzt. Ein zentrales Instrument hierbei ist das sogenannte Brand Board, das interne und externe Themen der Markenführung behandelt. Meist sind Mitglieder des Top Managements sowie der verschiedenen Geschäftsbereiche im Internal Brand Board vertreten, um die interne Durchsetzung durch die höchste Führung und die operative Verantwortlichen voranzutreiben. Ein solches Brand Board findet sich z. B. bei Swarovski.

  Zu den Aufgabenfeldern gehören die strategische Ausrichtung der internen Markenführung, die Einhaltung von Standards der formalen Markenführung sowie der kontinuierliche Fortschritt der Initiativen zur internen Markenführung.

6.2 Markenbotschafter-System zur Verankerung der Marke implementieren

Da jeder Mitarbeiter im täglichen Handeln das Leistungsversprechen einlösen muss, kann dies nur schwer aus einer zentralen Organisationseinheit, wie dem Brand Management, heraus erfolgen. Vielmehr müssen Geschäftsbereiche selbstständig anfangen Initiativen und Ideen zu entwickeln, wie eine markenorientierte Einlösung des Leistungsversprechens umgesetzt werden kann. Die interne Markenführung als organisatorische Funktion kann hierzu Tools und Instrumente zur Unterstützung bereitstellen.

Ein zentrales Instrument, um diese operative Durchsetzung zu institutionalisieren, sind **Markenbotschafter (oder Brand Champion)**-Systeme. Hierbei handelt es sich um ein breites und dezentrales Netzwerk von Führungskräften. In der Regel wird dies über eine Projektorganisation gesteuert und koordiniert. Folgende Funktionen sind zentrale Aufgaben von Brand Ambassador-Führungskräften:

- Ein Markenbotschafter vermittelt im Sinne eines Train-the-Trainer-Konzepts Wissen und Inhalte zur Marke. Gleichzeitig stellt er das Verständnis der Markenwerte durch direkten Bezug zum Geschäftsbereich voran.
- Sie treiben aktiv Initiativen innerhalb einzelner Geschäftseinheiten voran und ermögliche die bereichsspezifische Operationalisierung der Markenwerte. Im Rahmen von Brand Engagement-Programmen stellen ausgewählte Führungskräfte die Projektleiter einzelner Arbeitspakete. Durch ihre direkte organisatorische Eingliederung in den Geschäftseinheiten stellen sie eine realitätsnahe und glaubwürdige Einbettung der internen Markenführung sicher.

Beispiel BASF: Bei der BASF wurden im ersten Schritt die Meinungsführer der regionalen Bereichsleiter sowie Funktionsbereichsleiter informiert, und mit ihnen zusammen eine Übersetzung der Identität der Unternehmensmarke in das jeweilige Arbeitsfeld vorgenommen. Anschließend informierten und diskutierten diese Meinungsführer wiederum die Markenidentität in ihrem Verantwortungsbereich und definierten Botschafter, die so genannten Brand Champions. Insgesamt wurden weltweit mehr als 60 BASF-Mitarbeiter zu Brand Champions. Die Aufgabe eines Brand Champions war es, als Botschafter und Agent für die Veränderung der Identität der Unternehmensmarke tätig zu werden und andere Mitglieder der Geschäftseinheit zu trainieren. Damit wurde der Umsetzungsprozess mehr und mehr dezentralisiert und entwickelte seine eigene Dynamik.

Die 60 Brand Champions sind jeweils ein bis zwei Verantwortliche pro Region, Geschäftsbereich und Zentraleinheit, die als Bindeglied zwischen dem zentralen Corporate Brand Management-Team kommunizieren. Hierdurch werden Markeninhalte und Corporate Design konsistent transportiert und das Markenversprechen in die Geschäftsprozesse transportiert (Gress, F./Kiefer, H./Esch, F.-R./Roth, S. 2009, S. 93 ff.)

6.3 Markenorientierung im Anreizsystem abbilden

Um der Marke als Steuerungsgröße Nachdruck zu verleihen, sollte die Marke in Zusammenarbeit mit der Personalabteilung (meist ein Teilbereich für Compensation & Benefits) sowie der Personalentwicklung im Anreiz- und Zielsystem verankert werden.

- **Anreize für Mitarbeiter schaffen:** Für Mitarbeiter ist ein einfaches Anreizsystem zu schaffen, welches markenorientiertes Verhalten belohnt. Als wirkungsvoll für diesen Effekt haben sich Marken-Awards erwiesen, die besondere Ideen, Engagement und Aktivitäten im Sinne der Marke auszeichnen. Eine solche Incentivierungssystematik erzeugt Wettbewerb bei den Mitarbeitern und führt somit zu höherem Involvement für die Markenverankerung. Henkel stellte zum Beispiel im Jahr 2006 den Unternehmenswert „Innovation" für drei Jahre in den Mittelpunkt seiner Aktivitäten. Alle Mitarbeiter wurden aufgefordert, durch Kreativität und Erfahrung neue Ideen für Produkte und Prozesse zu generieren. 160 „Innovations-Coaches" motivierten die Mitarbeiter weltweit und unterstützten mit Kreativitätstechniken. Innerhalb weniger Monate wurden 80.000 Ideen generiert, die von einem Expertengremium bewertet wurden (Henkel 2007; Sander/Benz 2007, S. 30).
- **Gamification als Anreizinstrument:** Zudem wird dieser Wettbewerbsgedanke durch den bereits erwähnten Trend zum „Gamification" auch verstärkt für Anreizsysteme genutzt. So stellt z. B. das Customer Relationship Management für alle Unternehmen eine Herausforderung dar. Insbesondere, wenn eine Vielzahl an Mitarbeitern täglich mit Kunden im Kontakt steht. Deloitte hat daher ein eigenes Anreizsystem geschaffen, dass Mitarbeiter incentiviert, regelmäßig Informationen im System einzutragen, die erfassen, wen sie zu welchem Zeitpunkt und zu welchen Inhalten getroffen haben. Mit einer Anzahl valider Einträge steigt der Score eines Mitarbeiters. Solche Kennzahlen können zudem leicht in Zielvereinbarungen oder Bonuskriterien transferiert werden. Ein ähnliches Prinzip verfolgt Deloitte mit der Leadership Academy. Auch hier können Mitarbeiter und insbesondere Führungskräfte Punkte für die Teilnahme an Webinars und Online-Trainings generieren. Die Lerninhalte umfassen dabei Lektionen, die in maximal 10 Minuten zu verarbeiten sind (Deloitte 2012; 2013).
- **360° Feedback im Mitarbeitergespräch:** Durch Integration von Markenwerten oder das Markenversprechen in die regelmäßigen Mitarbeitergespräche findet eine Aktualisierung und Operationalisierung statt.

- **Integration von Brand-KPIs in der Zielvereinbarung:** Verantwortliche für Initiativen der internen Markenführung müssen die Zielsetzungen auch in Ihrem Ziel- und Anreizsystem wiederfinden. Hierbei gilt grundsätzlich das Prinzip der Controllability. Das heißt Mitarbeiter müssen auch die Zielsetzungen und Aufgaben beeinflussen können, für die sie bewertet und entlohnt werden. Anhand von zentralen Brand-KPIs können klare Ziele formuliert und kontinuierlich geprüft werden.

E. Erfolg der internen Markenführung kontrollieren

1. Probleme der internen Markenführungskontrolle beachten

Employer Branding und Internal Branding sind wirkungsvolle Strategien, um Mitarbeiter zu gewinnen und erfolgreich auf ein Leistungsversprechen auszurichten. Ziel ist es hierbei, die Marken in Denken, Fühlen und Handeln der Mitarbeiter zu verankern, Identifikation und Commitment bei diesen zu erzeugen und dadurch eine nachhaltige und wirtschaftlich erfolgreiche Customer Experience zu schaffen.

Viele große und kleine Unternehmen haben dies bereits für sich erkannt und haben fokussierte oder breit angelegte Programme gestartet. So hat zum Beispiel DHL Express ein Employee Engagement Programm im Umfang von 100 Millionen Euro initiiert – sicherlich eines der umfangreichsten Mitarbeiter-Programme der Welt. Eine Investition vor allem, die sich am Ende auch rechnen muss. Angesichts 100.000 Mitarbeiter in über 220 Ländern, mit ungefähr 40 Sprachen, verbleiben rund 1.000 Euro Investment pro Person. Ken Allen, CEO von DHL Express, unterstreicht diese Strategie folgendermaßen: „If you pick up a shipment in Durban and it goes through a beautiful facility on time, into a state-of-the-art aircraft, clears customs, goes through a great facility in London, and then the courier who delivers it to your office has had a bad day and is rude, then all that investment is put at risk. [...] Our business, like most others, is still operated and managed by human beings, and the benefits of multimillion dollar investments in transportation infrastructure and technology will be rendered meaningless if a courier who's delivering a shipment decides to take a bad day at home out on a customer. In the case of a courier who is enthused and passionate about the work they do, however, it goes without saying that the benefits will be amplified. Fully engaged employees are your best guarantee that everyone in your organization truly understands the importance of customers, as opposed to internal targets, to your business. This simple premise might seem obvious, but it is surprising to see how often it is overlooked." (Harrington 2013).

So unbestritten die Wichtigkeit der internen Markenführung ist, so schwierig gestaltet sich allerdings auch die Erfolgsmessung und somit die Rechtfertigung dieser Investments.

Das universelle Tool zur Erfolgskontrolle der internen Markenführung existiert nicht. Vielmehr sind für ein erfolgreiches Internal Brand Performance Management verschiedene Perspektiven miteinander zu verzahnen. Häufig werden bei der internen Markenführung die Mitarbeiter als diejenigen betrachtet, die „Commitment zeigen müssen". Es ist aber in der Regel nicht der Mitarbeiter, der „schuld" ist. Meist ist dies erst die Spitze eines Eisbergs:

1) **Herausforderung – die richtige Strategie:** Eine grundlegende Ursache für schlechte Performance-Werte können die Markenwerte sein. Wenn die zentralen Markenwerte nicht für die Mitarbeiter oder die Kunden und dessen Erlebnis relevant sind, ist eine entsprechende Umsetzung nicht möglich. In diesem Fall strengen sich Mitarbeiter aufgrund mangelnder Akzeptanz der Werte nicht an oder es bleiben jegliche Anstrengungen eines Mitarbeiters ohne Wirkung beim Kunden.

2) **Herausforderung – guter Service, aber fehlerhaftes Produkt:** Manchmal ist das Produkt bereits fehlerhaft und nicht in der Verantwortung von Service-Mitarbeitern. Die Fehlerhaftigkeit kann dann vorher bereits viele Frustrationen hervorrufen, wenn Anstrengungen der Servicemitarbeiter nur ein Tropfen auf den heißen Stein sind.

3) **Herausforderung – Zusammenspiel von Prozessen und Service:** In der Kundeninteraktion sind Prozesse häufig die zentrale Ursache für Unzufriedenheit. Wenn Kunden fast 40 Minuten in einer Hotline warten müssen, ist es für einen Mitarbeiter schwer, diese Unzufriedenheit wieder aufzufangen. Es liegt somit nicht im Handlungsspielraum des Mitarbeiters, diesen Umstand positiv zu beeinflussen. Typisches Beispiel hierfür sind Banken, die einerseits die Zeiten der Bankberater mit den Kunden vorgeben und laufend kürzen, andererseits aber eine gute Beratungsleistung mit Mehrwert für den Kunden fordern.

4) **Herausforderung – Fehlende Freiräume:** Der Mitarbeiter kann aufgrund der Rahmenbedingungen das Markenerlebnis nicht in sein Handeln integrieren. Z. B. führt eine Überlastung mit Aufgaben dazu, dass der Mitarbeiter sich nicht hinreichend dem Kunden widmen kann. Des Weiteren kann ein Mangel an Befugnissen und Kompetenzen dazu führen, dass ein Mitarbeiter markenorientierte Handlungen nicht durchführen darf.

5) **Herausforderung – Fehlendes Wissen zur Umsetzung der Markenwerte:** Obwohl der Mitarbeiter hohes Markencommitment und Kundenorientierung zeigt, kann er die Marke nicht in Verhalten umsetzen. Dies kann daran liegen, dass ein Mitarbeiter nicht weiß oder versteht, wie er markenorientiertes Verhalten umsetzen kann. Dies kann zum Beispiel der Fall sein, wenn das Training zu theoretisch ist und keinerlei Hilfe-

stellungen gibt. Nur wenn das gelernte Verhalten auch im Arbeitsalltag umsetzbar ist, kann es zum Markenerlebnis des Kunden beitragen.

6) **Herausforderung – Mangelndes Engagement und Motivation:** Wenn das notwendige Wissen über Verhalten vorliegt und der Mitarbeiter über die nötigen Freiräume verfügt, sind die Gründe bei der Motivation des Mitarbeiters zu suchen. Häufig können einfache Rahmenbedingungen (Arbeitszeiten, Gehalt, Verhalten des Vorgesetzten) zentrale Auslöser von fehlender Motivation sein.

Fazit: Die Realität ist meist komplexer, als einfache Kennzahlen auf den ersten Blick verraten. Daher ist bei der Kontrolle der internen Markenführung insbesondere bei mitarbeiterbezogenen Kennzahlen eine genaue Diagnose der Ursachen wichtig. Werden Probleme bei mehreren Mitarbeitern gleichzeitig identifiziert, deutet dies auf strukturelle Probleme hin.

2. Instrumente zur Erfolgskontrolle der internen Markenführung gestalten

Die interne Markenführung beginnt bereits vor Eintritt in das Unternehmen und hört auch nach Verlassen des Unternehmens nicht auf. Gleichzeitig ist die Kundenwahrnehmung entscheidend für den Erfolg der internen Markenführung. Um eine nachhaltige und wirtschaftlich relevante Erfolgskontrolle der internen Markenführung zu erhalten, muss der Dreiklang von (1) Employer Branding, (2) Internal Branding und (3) Customer Experience berücksichtigt und miteinander verknüpft werden. Daher sollen zunächst die Instrumente der Erfolgsmessung im Rahmen des Employer Branding, des Internal Branding und für die Schaffung einer Customer Experience vorgestellt werden. Diese sind schließlich in einem integrierten Internal Brand Performance Measurement zu integrieren.

2.1 Instrumente zur Erfolgsmessung des Employer Brand Managements nutzen

Die Instrumente des Employer Branding richten sich maßgeblich an den Zielsetzungen aus. Diese detaillierten Zielsetzungen sind unternehmensspezifisch und entlang des Employer Branding Funnels festzulegen.

Zentrale Zielsetzungen können auf jeder Stufe des Employer Branding Funnels definiert werden, wie z. B.: Die Erhöhung der Bekanntheit oder Attraktivität als Arbeitgeber. Jedes Konstrukt wie „Attraktität als Arbeitgeber" ist für das Employer Brand Performance Measurement klar zu definieren und

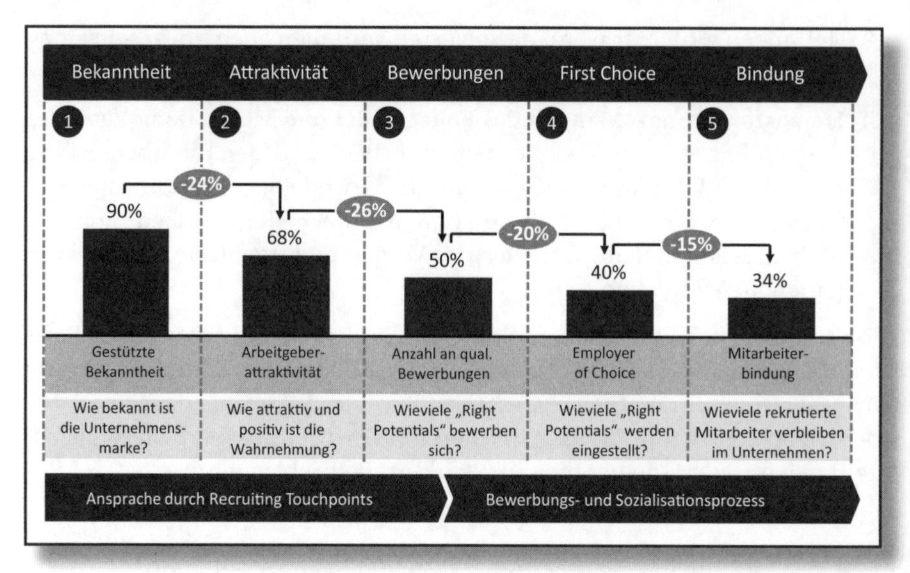

Abbildung 61: Employer Branding Funnel

anhand von Benchmarks (zeitlich, Wettbewerber etc.) zu messen. Zudem sind die initiierten Maßnahmen diesen Zielsetzungen zuzuordnen.

Bei der Erfolgsmessung sind sowohl absolute Werte als auch relative Werte (Conversions) für die einzelnen Prozessschritte bei der Gewinnung von neuen Mitarbeitern zu erfassen. Die einzelnen Key Performance Indicators für das Employer Branding lassen sich anhand verschiedener Quellen innerhalb und außerhalb des Unternehmens generieren.

Bekanntheit: Der Erfolg des Employer Branding lässt sich durch unternehmensexterne Informationen, wie z. B. die Arbeitgeber-Rankings messen. Dies bezieht sich jedoch nur auf die ersten Phasen im Employer Branding-Prozess.

Insbesondere im Rahmen des Employer Branding nutzen viele Unternehmen heute schon Rankings und Onlinemedien. Laut Kienbaum (2012) ziehen 70 Prozent der Unternehmen ihren Rang in Arbeitgeberrankings als Erfolgskriterium heran. 63 Prozent der befragten Unternehmen überprüfen regelmäßig ihre Bewertung in Arbeitgeberbewertungsportalen. Ein Indikator der Arbeitgeber-Attraktivität ist die Performance des eigenen Unternehmens in Arbeitgeber-Rankings. Ein solches Ranking stellt zum Beispiel das trendence Graduate-Barometer dar, dass Unternehmen auf Basis von Bekanntheit und Attraktivität unter Absolventen bewertet. Der Schwerpunkt dieser Rankings liegt meist auf Absolventen der Wirtschaftswissenschaften und im Ingenieurwesen. Zudem scheint diese Auszeichnung kein wirkliches Differenzierungskriterium zu sein: Je nach Auftraggeber sind Audi, Volkswagen, Roche und British American Tobacco gleichzeitig beliebtester

Arbeitgeber. Laut Manager Magazin ist Audi der beliebteste Arbeitgeber, Volkswagen ist bester Arbeitgeber der Automobilbranche, British American Tobacco ist „Top Arbeitgeber Deutschland", Roche wiederum „Star"-Arbeitgeber (Zeit 2013). Es liegt somit an den Unternehmen selbst zu entscheiden, ob diese Rankings hinreichend Informationen bieten. Während diese Information für große Unternehme leicht zugänglich ist, werden kleinere Unternehmen oftmals nicht erfasst.

Arbeitgeberattraktivität: Eine größere Vielfalt, Unabhängigkeit und Detailtiefe bieten Arbeitgeberbewertungen in Online-Portalen wie Kununu oder Glassdoor. Das Portal Kununu von Xing bietet sogar detaillierte Auswertungen über einzelne Indikatoren inklusive der dahinter liegenden Erfahrungsberichte. Solche Portale machen es Unternehmen einfach, die eigene Bewertung direkt mit dem Wettbewerb zu benchmarken. Laut einer Studie von Kienbaum führen nur 13 Prozent der Unternehmen Exit-Interviews mit scheidenden Mitarbeitern durch. Die Analyse von Mitarbeiterbewertungen in Online-Portalen stellt eine sehr valide Ergänzung dar. Insbesondere vor dem Hintergrund, dass Mitarbeiter keine Konsequenzen mehr für Zeugnisse oder Empfehlungsschreiben zu befürchten haben.

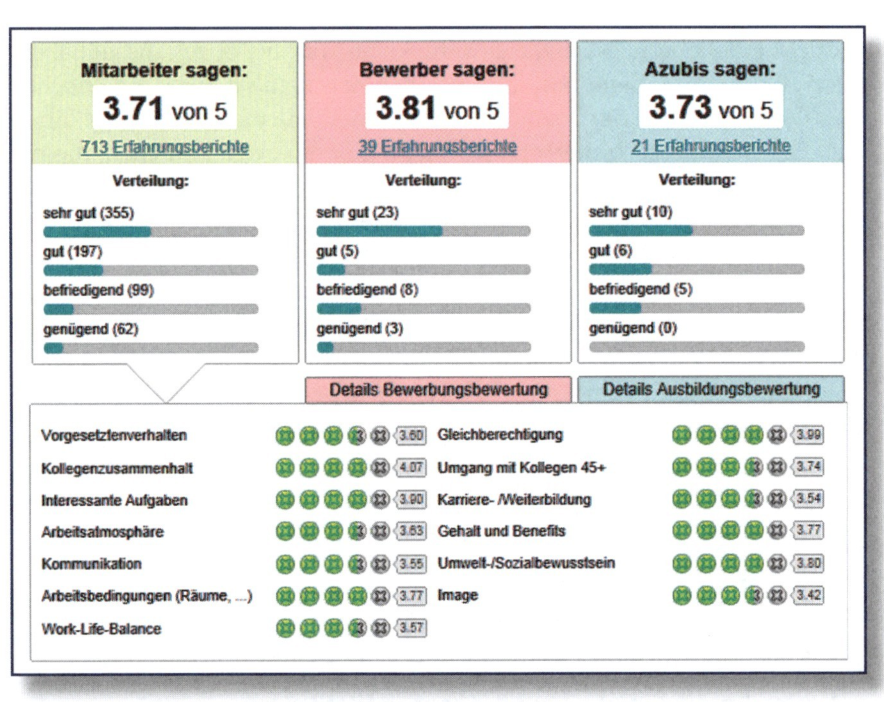

Abbildung 62: Beispiel eines Arbeitgeber-Ranking durch Mitarbeiter bei Kununu

Quelle: Kununu 2013

Anzahl an qualifizierten Bewerbungen: Ein quantitatives Maß der Arbeitgeberattraktivität ist die Anzahl an qualifizierten Bewerbungen. Dies ist prinzipiell einfacher durch eine hohe Attraktivität und ein gutes Image erreichbar. Allerdings können auch wirtschaftlicher Aufschwung oder Rezession die Anzahl an qualifizierten Bewerbungen erheblich beeinflussen. Die reine Quantität ist daher stets mit Vorsicht zu betrachten.

Employer of Choice: Zentrales Ziel für Arbeitgebermarken ist es, der Employer of Choice (also die erste Wahl) bei den relevanten Bewerbern zu sein. Diese Kennzahl dient als Indikator für die Attraktivität aber auch Wettbewerbsfähigkeit des Arbeitgebers. Gerade für diesen Fit sind sowohl Employer Brand Fit als auch Job Fit kontinuierlich zu erheben. Letztlich wird ein Mitarbeiter nur bei einer entsprechenden Passung zufrieden mit seiner Arbeit sein. Ein „Overselling" hilft daher keinem Unternehmen, auch wenn der Personalbedarf kurzfristig hierdurch gedeckt wurde.

Verbleibedauer im Unternehmen: Für viele Unternehmen ist die Fluktuationsrate eine zentrale Kennziffer für den Erfolg der Mitarbeiterbindung. Erstrebenswert gilt allgemein die Erreichung einer möglichst geringen Fluktuation. Allerdings gibt es durchaus Branchen, in denen eine hohe Fluktuation erwünscht ist. Einige Unternehmen haben in den letzten Jahren nach der Finanzkrise kaum noch eingestellt. Die Fluktuationsrate ist dadurch möglicherweise niedrig (wenn keine Mitarbeiter gekündigt haben) – auf der anderen Seite hat das Unternehmen keine neuen und frischen Impulse. Zwar sinkt der Sozialisationsaufwand, allerdings auch die Fähigkeit, Bestehendes zu hinterfragen. Zudem gibt es einige Branchen, die per se stark fluktuationsgetrieben sind und bei denen Raten von 30–40 Prozent akzeptiert sind (z. B. Einzelhandel, Hotellerie, Unternehmensberatungen etc.). Die hohe Fluktuation lässt sich hier nur schwerlich vermeiden, bedeutet jedoch für die interne Markenführung, dass kontinuierlich Maßnahmen zu initiieren sind und die Heranführung an die Marke sehr schnell und effizient erfolgen muss.

Mitarbeiterbindung und Kosten des Mitarbeiterverlusts: Mit der Fluktuationsrate eng verwandt, müssen die Mitarbeiterbindung sowie die Gesamtkosten für den Verlust eines Mitarbeiters untersucht werden. Die „Total Cost of Loosing an Employee", also die realen Kosten eines Mitarbeiterverlustes können das bis zu Zweifache eines Jahresgehalts betragen. Folgende Kosten müssen mit berücksichtigt werden:

- **Kosten für die Neuakquisition eines Mitarbeiters:**
  Darunter fallen Werbungskosten, Interviews, Screening, Einstellung usw.
- **Kosten für die Einarbeitung des neuen Mitarbeiters:**
  Darunter kann man Trainings, den Zeitaufwand der Führungskräfte etc. subsummieren.

- **Reduzierte Produktivität:**
  Eine neue Person benötigt etwas 1–2 Jahre, um die Produktivität eines bestehenden Mitarbeiters zu erreichen.
- **Reduziertes Engagement:**
  So können andere Mitarbeiter die Fluktuation mitbekommen und verlieren dadurch ihre Produktivität.
- **Probleme im Kundenservice und bei Prozessen:**
  Neue Mitarbeiter sind noch nicht eingespielt oder benötigen länger für die Problemlösung.
- **Trainingskosten:**
  Über 2–3 Jahre werden ca. 20–30 Prozent des Mitarbeitergehalts in Trainings investiert, die mit dem Weggang des Mitarbeiters ebenfalls sunk costs darstellen.
- **Kultureller Einfluss:**
  Jedes Mal, wenn jemand ein Team verlässt, stellen sich die Kollegen auch die „Warum"-Frage.

Je länger ein Mitarbeiter im Unternehmen verbleibt, desto höher ist nach anfänglichen Investitionen auch der Wert für das Unternehmen. Dennoch darf nicht vergessen werden, dass auch die Rahmenbedingungen für den Mitarbeiter stimmen müssen. Daher sind harte Faktoren wie Gehalt, Job Fit, Karriereperspektiven und Arbeitsumgebung sowie weiche Faktoren wie direkte Führung, Teamzusammenarbeit und Wertschätzung im Unternehmen zu analysieren.

Kontakt mit dem Unternehmen nach dem Unternehmensausstieg: Für die meisten Unternehmen endet der Kontakt zu Mitarbeitern nach dem Ausstieg oder Jobwechsel. Allerdings sind genau diese Mitarbeiter auch ein wichtiges Sprachrohr für eine Employer Brand. Sie sind Meinungsbildner und empfehlen auch ein Unternehmen weiter oder eben nicht. Zudem können auch ehemalige Mitarbeiter wichtiges Wissen für eine Marke haben. So hat z. B. Daimler in Anlehnung an einen Hollywood-Film die Initiative „Space Cowboys" gestartet, bei dem pensionierte, aber hochqualifizierte Mitarbeiter auf eigenen Wunsch wieder auf Zeit im Unternehmen tätig sein können. Gleichzeitig wird hierdurch gebundenes Wissen an jüngere Mitarbeiter transferiert.

2.2 Instrumente des Erfolgsmessung des Internal Brand Managements einsetzen

Um den Grad der Markendurchsetzung im Unternehmen zu erfassen, sind regelmäßige Studien bei den Mitarbeitern erforderlich. Die internationale HSBC (Hong Kong Shanghai Banking Corporation) führt zu diesem Zweck regelmäßig bei ihren weltweit 300.000 Mitarbeitern Markenstudien durch und vergleicht diese mit Kundenbefragungen, um das Verständnis und die Umsetzung der Marke zu prüfen (HSBC 2013).

Der Erfolg der internen Markenführung kann anhand verschiedener Key Performance Indikatoren erfasst werden. Die zentrale Herausforderung liegt in der Definition der richtigen Indikatoren sowie in der Zurechenbarkeit der Maßnahmen (Controllability). D.h. Mitarbeiter müssen durch ihre Entscheidungen und ihr Verhalten auch den Erfolg, der durch KPIs gemessen wird, steuern können. Anhand des Brand Engagement-Programms sowie der darin definierten Zielsetzungen sind die Kennzahlen zur Evaluation der Erfolgsmessung zu erheben.

Kenntnis der Markenwerte und des Leistungsversprechens: Zu Beginn können anhand von internen Befragungen die Relevanz und Kenntnis der Marke abgefragt werden. Hierzu gehört auch die Kenntnis der Markenwerte sowie des Leistungsversprechens.

Operationalisierung und Umsetzung der Markenwerte: Die konkrete Umsetzung kann anhand der Initiativen und deren Erfolg kontinuierlich in einem Tracking und internen Statusbericht erfasst werden.

Markencommitment: Das Markencommitment bildet das zentrale Messkonstrukt für die Verankerung der internen Markenführung (Esch/Baum/Frisch 2013). Das Markencommitment bezeichnet die psychologische Bindung der Mitarbeiter gegenüber ihrer Marke (Zeplin 2006; Strödter 2008). Diese führt zur Bereitschaft, Anstrengungen im Sinne dieser Marke zu ergreifen. Eine sehr einfache Methode, um das Markencommitment zu erfassen, ist die Messung von Verhalten. So wurde z.B. bei einer Versicherung bei Mitarbeitern und Führungskräften in Workshops auch offen abgefragt, wer denn alle seine Versicherungen beim eigenen Unternehmen abgeschlossen hatte. Tendenziell hatten die eigenen Führungskräfte mehr Versicherungen bei Wettbewerbern als die Mitarbeiter. Ähnliche Beispiele sind auch in der Automobilindustrie zu beobachten. Hier genügt ein einfacher Blick auf den Firmenparkplatz, um das Commitment zur eigenen Marke zu erfassen. Häufig kann dies jedoch zu Fehlschlüssen führen. Finanzielle Spielräume von Mitarbeitern können zu einem abweichenden Verhalten führen, obwohl ein starkes Markencommitment vorliegt.

Eine einfache Möglichkeit bietet die Skala von Meyer und Allen (1991), die Markencommitment in den drei Facetten affektives, rationales und normatives Commitment erfassen (Strödter 2008). Die Erfassung ist inzwischen in vielen Unternehmen und Konzernen weit verbreitet, allerdings mit unterschiedlichen Messmethoden. Die Ergebnisse sind zudem mit Vorsicht zu interpretieren.

Das **affektive Markencommitment** bezeichnet die emotionale Verbundenheit zur Marke. D. h. der Mitarbeiter setzt sich für die Marke ein, weil er dies möchte. Dies kann über folgende Statements erfasst werden:

- Ich empfinde eine emotionale Bindung an diese Marke.
- Ich empfinde Probleme der Marke als meine eigenen.
- Bei meinem Arbeitgeber fühle ich mich als Teil der Familie.

Das **rationale Markencommitment** umfasst Kosten-Nutzen-Überlegungen zur Marke. Der Mitarbeiter setzt sich für die Marke ein, weil dies für ihn einen Mehrwert bietet. In vielen Unternehmen gibt es zum Beispiel ganze Generationen von Familien, bei denen Großvater, Vater und Sohn arbeiten. Die Frage stellt sich grundsätzlich, ob hier jemals ernsthaft Alternativen gesehen wurden oder durch die Sozialisiation bereits eine starke Vorprägung erfolgt ist. Folgende Statements helfen bei der Messung:

- Ich denke, dass ich derzeit zu wenige Alternativen habe, um darüber nachzudenken, das Unternehmen zu verlassen.
- Es würde mein Leben sehr durcheinander bringen, wenn ich heute das Unternehmen verlassen würde.
- Wenn ich nicht schon so viel in diese Marke gesteckt hätte, würde ich vielleicht darüber nachdenken, woanders zu arbeiten.

Das **normative Markencommitment** beschreibt das Gefühl der Verpflichtung, bei einer Marke zu bleiben. D. h. der Mitarbeiter bleibt im Unternehmen, weil er dies sollte.

- Ich empfinde eine starke Verpflichtung bei dem Unternehmen zu bleiben.
- Auch wenn es zu meinem Vorteil wäre, würde ich es nicht als richtig empfinden, das Unternehmen jetzt zu verlassen.
- Ich verdanke meinem Arbeitgeber viel.

Dem Markencommitment kommt hierbei ein diagnostischer Wert zu. Idealerweise verfügen Mitarbeiter über ein hohes affektives Commitment. Normatives Commitment entfaltet ebenfalls positive Wirkungen. Das rationale Commitment kann den positiven Effekt des affektiven Commitments verstärken. Für sich alleine gestellt kann es jedoch dazu führen, dass Mitarbeiter nur so lange dem Unternehmen treu bleiben, bis ein anderer Arbeitgeber eine bessere Bezahlung, höhere Benefits oder Prestige bietet. Es sollte Arbeitgebern jedoch auch bewusst sein, dass Mitarbeiter in jedem Fall auch rationale Gründe haben, in einem Unternehmen zu bleiben.

Erfassung des markenorientierten Verhaltens: Der Erfolg von Maßnahmen sollte dort gemessen werden, wo diese ihre Wirkung entfalten. Bei der internen Markenführung ist dies einerseits gesamthaft auf der Unternehmensebene und individuell auf der Mitarbeiterebene. Die Bewertung auf

Mitarbeiterebene kann insbesondere im Fall von markenbezogenen Zielvereinbarungen und Anreizsystemen mit beruflichen und finanziellen Konsequenzen verbunden sein. Mitarbeiterbezogene Messungen werden daher in Deutschland von den Betriebsräten genau in Augenschein genommen. Es ist daher außerordentlich wichtig, dass die Bewertung auf Mitarbeiterebene mit maximaler Fairness und Objektivität vorgenommen wird. Insbesondere eine als unfair wahrgenommene Bewertung kann jegliche Maßnahmen zur Steigerung der Mitarbeiterbindung zunichte machen.

2.3 Instrumente der Erfolgsmessung der Customer Experience berücksichtigen

Das markenorientierte Kundenerlebnis ist der zentrale Prüfstein für den Erfolg einer Marke. Der „Moment of Truth" des markenorientierten Verhaltens liegt in der Wahrnehmung der Kunden. Daher ist es essenziell, die Kunden in den Mittelpunkt der Erfolgsmessung zu stellen. Zentrale KPIs im Rahmen des Customer Experience Management schaffen den Bezug vom Mitarbeiterverhalten mit dem Erfolg beim Kunden in Form von qualitativen und quantitativen Erfolgsgrößen:

- **Kundenzufriedenheit:** Kundenzufriedenheit und Kundenbindung lassen sich in der Regel verlässlich messen und analysieren. Diese müssen mit den Kundenerlebnissen und den internen Markenführungsmaßnahmen verknüpft werden.
- **Cross-Selling, Loyalität und Weiterempfehlungen:** Kundenzufriedenheit an sich schafft nur dann einen finanziellen Mehrwert, wenn diese sich auch in verstärkten Käufen, Wiederholungskäufen oder neuen Kunden äußern.
- **Customer Experience und Beitrag des Mitarbeiters:** Customer Experience kann entlang der Kundenbeziehung quantifiziert und in einen Marketing Return on Investment übertragen werden. Dementsprechend sind Maßnahmen und Beiträge der Mitarbeiter ebenfalls mit diesen finanziellen Effekten verknüpfen.

Zentrale Quelle für die Evaluation der Customer Experience sind Befragungen und Feedback von den Kunden selbst. Gerade neue digitale und soziale Medien schaffen hier völlig neue Möglichkeiten des Feedbacks, die kontinuierlich zu erfassen sind. Allerdings darf die Fähigkeit zum Feedback nicht überschätzt werden. Kunden können sagen, ob ihnen etwas gefällt oder nicht – aber nicht, wie man ein besseres Kundenerlebnis schafft. Daher sind auch hier verschiedene Perspektiven miteinander zu verknüpfen.

Evaluation durch den Kunden:

Das Feedback des Kunden muss so ausgewertet werden, dass es a) zeitnah und b) mitarbeiterspezifisch ausgewertet werden kann. Bei den meisten

Kundenkontakten ist dies relativ einfach durch eine kurze Befragung im Anschluss an den Kontakt möglich. Diese kann online, telefonisch oder per SMS erfolgen. Hierzu einige Beispiele:

Thank You-Karten von Kunden: Neben den generellen Zufriedenheitsbefragungen nach jedem Besuch versendet das Starwood Prefered Guest-Programm „Thank you"-Karten an seine Platinum- und Gold-Mitglieder. Das „Danke" gilt hier jedoch nicht dem Gast. Die Karten sind vielmehr dazu gedacht diese an Hotelmitarbeiter weiterzugeben, die dazu beigetragen haben, ein außergewöhnliches SPG-Erlebnis zu vermitteln. Durch das Verteilen dieser Karten erhält der Mitarbeiter direktes Feedback auf Verhal-

Abbildung 63: Dankeskarten von SPG und Starbucks
Quelle: Starbucks 2013, Red Stamp 2013

tensweisen, die dazu beigetragen haben, dem Kunden das Markenerlebnis zu vermitteln.

In ähnlicher Weise ist es in den Starbucks-Filialen via Starbucks App möglich, den Mitarbeitern ein Dankeschön digital mitzuteilen.

Feedback-Terminals: Eine für den Kunden zeiteffiziente Lösung stellen Terminals am Point of Sale dar. In der Lufthansa-Lounge am Flughafen JFK beantworten die Besucher fünf Fragen zum Lounge-Erlebnis, während sie auf den Fahrstuhl warten. Durch dieses Vorgehen ist auch der Zeitpunkt des Besuchs genau bekannt und der Aufenthalt Mitarbeitern klar zurechenbar.

Bewertung von Dienstleistungen in Online-Foren (z. B. Yelp): Das Problem der klassischen Befragungen liegt oftmals in der Oberflächlichkeit der Ergebnisse oder in sozial erwünschten Antworten, sowohl aus Mitarbeiter- als auch aus Kundensicht. Die sozialen Medien zeichnen sich hingegen durch ein sehr hohes Maß an Offenheit und Konkretheit aus. Auch sind detaillierte Informationen von Kunden online frei verfügbar. So lässt ein Beitrag bei Yelp.de direkte Rückschlüsse auf Zeitpunkt, Ort und Filiale zu. Eine Autofahrerin berichtet über Carglass in Berlin Prenzlauer Berg: „Seit Wochen ärgerte ich mich über die Carglass-Werbung in Funk und Fernsehen und fragte mich, wer hat sich eigentlich diesen Mist ausgedacht? Heute weiß ich, der Werbefutzi hat seinen Job gut gemacht! Schon eine Stunde nach meiner Begegnung mit dem Stromkasten hätte ich dem Leiter vom Carglass Service Center die Füße küssen können. Ich bin immer noch ganz trunken vor Glück. Die neue Scheibe wurde bestellt und schon am nächsten Tag eingebaut. Nach 24 Stunden war die Sache erledigt. Ich musste mich noch nicht mal um den ganzen Versicherungsquatsch kümmern. Tolle Jungs, super Service und eine verdammt wirkungsvolle Werbung!" Darüber hinaus bieten die Portale direkt einen Vergleich verschiedener Filialen, wie das Beispiel für Starbucks in München zeigt.

Evaluation durch Marktforschungsmethoden:

Mystery Shopping: Im Mystery Shopping sind es nicht die Kunden, die das markenorientierte Verhalten der Mitarbeiter beurteilen, sondern das interne Qualitätsmanagement bzw. eine beauftrage externe Agentur. Durch unangekündigte stichprobenartige Besuche kann das Mitarbeiterverhalten unter realen Bedingungen beurteilt werden. Auch wenn das Mystery Shopping (auch in der Form des Mystery Calling oder Mystery Guesting) nicht direktes Kundenfeedback beinhaltet, ist es ein wirksamer Ansatz, um konkretes Verbesserungspotenzial und -maßnahmen abzuleiten. Geschulte Mystery Shopper analysieren detailliert sowohl den Verkaufsraum und die generelle Atmosphäre als auch verschiedene Dimensionen des Mitarbeiterverhaltens. Diese umfassen das Erscheinungsbild des Verkäufers, den

Kundenumgang (Freundlichkeit, Ehrlichkeit und Zuvorkommendheit) als auch die Beratungs- und Verkaufsqualität.

Social Media Monitoring: Social Monitoring-Cockpits sind eine kostengünstige und praktikable Lösung, die Informationen und Bewertungen in diesen Portalen zu erfassen und zu verdichten. Zudem erlauben sie eine zeitnahe Erfassung und Auswertung.

2.4 Integrative Erfolgsmessung der internen Markenführung durch 360°-Feedback durchführen

Eine etablierte Methode zur Steigerung der Objektivität der Bewertung ist das 360-Grad-Feedback. Die Idee des 360°-Feedbacks entstand in den 1930er Jahren beim deutschen Militär. Es beruht auf der Erkenntnis, dass die Frontbewährung eines Soldaten durch seine Kameraden besser vorausgesagt werden kann als durch Vorgesetzte. Der gleichen Logik folgt das markenorientierte Verhalten. Da die Interaktion mit den Kollegen am intensivsten ist, ist das gegenseitige Feedback von hoher Bedeutung.

In 360°-Feedbackgesprächen erhalten Mitarbeiter, aber auch Führungskräfte aus verschiedenen Blickwinkeln eine Einschätzung ihres Verhaltens. Bei der internen Markenführung ist die Bewertung aus mehreren Blickwinkeln aus zwei Gründen von Vorteil:

1) Die individuelle Wahrnehmung von eigenem Verhalten ist stets subjektiv.
2) Markenorientiertes Verhalten muss gegenüber allen Interaktionspartnern durchgängig gelebt werden.

Das 360°-Feedback bietet allen Hierarchieebenen eine Spiegelung des eigenen Verhaltens. Die Objektivität des Feedbacks ist am höchsten, wenn viele unterschiedliche Perspektiven eingebunden werden. Innerhalb des Unternehmens sind dies Vorgesetzte und Kollegen. Bei den externen Anspruchsgruppen ist hier insbesondere die Bewertung durch den Kunden als Moment of Truth von besonderer Bedeutung, aber auch Lieferanten, Investoren und Dienstleister sollten nicht außer Acht gelassen werden. Durch die Einbeziehung von externen Anspruchsgruppen können Verbesserungspotenziale stakeholderspezifisch identifiziert werden. Oftmals geht die Beurteilung durch die externen Stakeholdergruppen, insbesondere der Kunden nicht über die Symptomanalyse hinaus. Kunden können z. B. beurteilen, ob das Erlebnis mit der Marke durch den Mitarbeiter vermittelt wurde. Sie können in der Regel jedoch nicht sagen, wie dies verbessert werden kann. An diesem Punkt kommt das Feedback der Kollegen ins Spiel, was auch die Grundidee des 360°-Feedbacks widerspiegelt. Durch die Selbsteinschätzung der Mitarbeiter beinhaltet das 360°-Feedback auch eine Selbstreflektion und somit auch einen Abgleich von Selbst- und Fremdbild. Ein konstruktives 360°-Feedback sollte auf drei Perspektiven aufbauen:

1) **Selbstreflektion des Mitarbeiters**
2) **Feedback von Kunden**
3) **Feedback durch Kollegen und Vorgesetzte**

Die **Selbstreflektion des Mitarbeiters** muss am Kern der Marke ansetzen. Mitarbeiter sollten selbstkritisch darüber nachdenken, wie viel sie über die Marke, für die sie arbeiten, überhaupt wissen. Markenwissen kann durch eine einfache Frage wie „Ich weiß wofür unsere Marke steht und was uns von unseren Wettbewerbern differenziert" erfasst werden. Eine solche Frage kann auf Mitarbeiterebene mit einem Selbsttest oder Markenquiz verbunden werden. Dies erlaubt den Mitarbeitern eine Selbstreflektion und Validierung der eigenen Einschätzung. Das Markenwissen sollte zudem auch das Wissen über Markenwerte und insbesondere Markenverhalten erfassen. Wichtig ist, dass diese Selbsttests nicht zu einer Wissensabfrage ausarten. Ziel ist es nicht, Mitarbeiter dazu anzuspornen, Markenwerte und -historie auswendig zu lernen. Ziel ist es vielmehr, originäres Interesse an der Marke zu wecken und somit auch bei den Mitarbeitern die Sinnhaftigkeit ihrer Arbeit zu steigern.

Eine Studie von Gallup zeigt, dass (mit Ausnahme der Konsumgüterbranche) weniger als 50 Prozent der Arbeitnehmer wissen, wofür ihre Marke

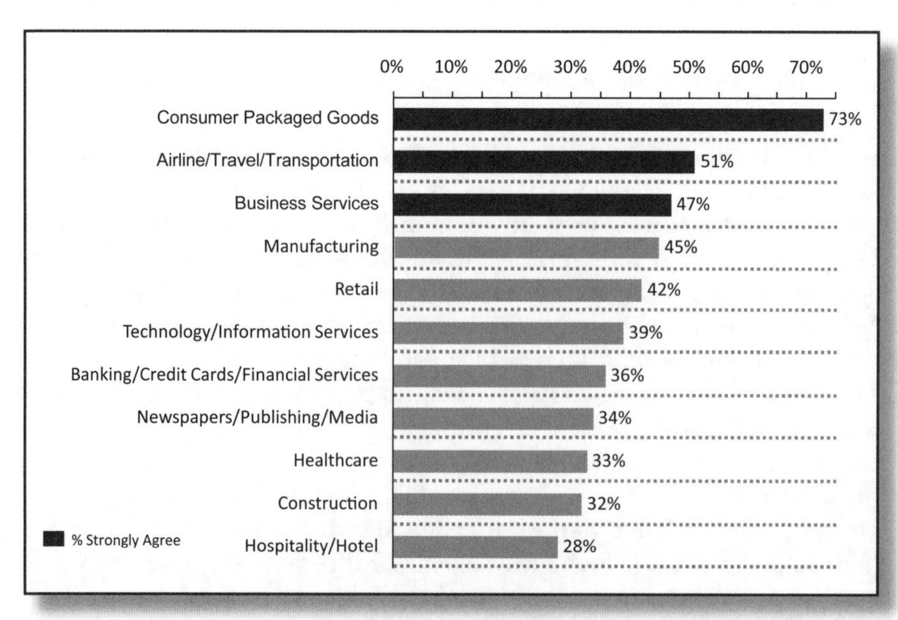

Abbildung 64: Prozentsatz der Mitarbeiter, die wissen, wofür ihre Marke steht
Quelle: Gallup 2012

eigentlich steht und was diese von den Mitarbeitern differenziert. Dies lässt verschiedene Schlussfolgerungen zu, die es für Unternehmen zu erörtern gilt.

Feedback durch Kollegen und Vorgesetzte: Das Feedback durch Kollegen gibt den umfassendsten Eindruck eines Mitarbeiters, da es die Kollegen sind, die am meisten Zeit miteinander verbringen. Durch das Schaffen eines positiven Rahmens verliert das gegenseitige Feedback unter Kollegen den Charakter des gegenseitigen Anschwärzens. Statt nach Fehlern zu fragen, kann man nach Situationen fragen, in denen die Kollegen markenorientiertes Verhalten gezeigt haben oder nach Kollegen fragen, die besonders zur Vermittlung des Markenerlebnisses beigetragen haben. Auch ist es oft konstruktiver, zunächst danach zu fragen, wie sich das Team im Allgemeinen markenorientierter verhalten kann. Die Voraussetzung für effektives Feedback durch Vorgesetzte ist, dass dieses stets konstruktiv und auf konkrete Situationen bezogen ist. Ohne diesen Handlungsbezug ist es für Mitarbeiter schwierig, das Feedback nachzuvollziehen und das Verhalten entsprechend anzupassen. Oftmals fehlt Vorgesetzen jedoch diese Einsicht aus der eigenen Interaktion mit den Mitarbeitern. Es ist daher für Vorgesetzte wichtig, sich vor dem Feedbackgespräch ein umfassendes Bild durch die Kundenperspektive, das Qualitätsmanagement und die Kollegen zu machen und diese Erkenntnisse zu einem Gesamtbild zu verdichten.

3. Ganzheitliches Internal Brand Performance Measurement System entwickeln

Ein ganzheitliches Internal Brand Performance Measurement System muss interne und externe Kenngrößen miteinander verknüpfen. Gleichzeitig müssen Employer Branding, Internal Branding, Customer Experience und Brand Management miteinander verknüpft werden. Vor allem jedoch müssen die erhobenen Daten in einer einfachen und ansprechenden Weise für die internen Zielgruppen visualisiert und nutzbar gemacht werden. D.h. es müssen konkrete Key Learnings und Maßnahmen abgeleitet werden können.

Selbst in Branchen mit markenorientierten Unternehmen ist allerdings festzustellen, dass zwar professionelle Brand Management-Strukturen existieren, es jedoch an einem systematischen Brand Performance Measurement mangelt.

Während das Controlling fast alle Unternehmensbereiche kritisch durchleuchtet, entzieht sich die Markenführung durch die fehlende Zurechenbarkeit von direkten Erfolgsbeiträgen sowie zeitverzögerten Wirkungseffekten dieser Instanz. Daher ist es kaum verwunderlich, dass das Marketing stets unter einem Rechtfertigungs- und Argumentationsdruck steht. Zwar erkennen in deutschen und internationalen Unternehmen selbst die CFOs die Wertschöpfungskraft starker Marken an. Allerdings bleiben Ausgaben und Maßnahmen der Markenführung vom Unternehmenserfolg entkoppelt und intransparent (Esch/Beyer, 2011). Dies führt in Konsequenz dazu, dass in der Regel Investitionen in die Marke oder für die interne Markenführung ganz oben auf jeder Kostensenkungsliste stehen.

Die zentrale Aufgabe des Markencontrollings ist es daher, Klarheit und Transparenz über die Markeninvestitionen und deren effektiven und effizienten Einsatz zu schaffen. Oft ist dies jedoch nicht möglich, da die vorhandenen Daten nicht ausreichend sind. Entweder wurden die erforderlichen Daten nicht erhoben, liegen nur bei der Marktforschungsagentur vor oder sind komplett über die Organisation des Unternehmens verstreut und entziehen sich dem schnellen Zugriff des Marketings. Die vorhandenen Daten im Marketing entsprechen häufig nicht den Anforderungen der sog. „Marketing Accountability". Hierdurch spricht das Marketing nicht die Sprache des Controllings und verwendet ausschließlich qualitative Daten. Diese Daten alleine sind jedoch weder zum internen Reporting, noch zur faktenbasierten Entscheidungsunterstützung geeignet.

Integriertes Brand Cockpit als Instrument der internen Markenführung

Die Entwicklung eines integrierten Brand Cockpits bietet eine hervorragende Lösung für diese Herausforderung. Es ermöglicht eine anwenderfreundliche Nutzung von Kennzahlen für die Markenführung und erfüllt verschiedene Funktionen:

1) **Transparenz und Konsistenz:** Ein Brand Cockpit diszipliniert zu einer abteilungs- und bereichsübergreifenden Kennzahlenlogik und etabliert eine entsprechende Datenbasis. Es erhöht die Transparenz und ermöglicht dadurch eine professionelle Markenführung nach Effektivitäts- und Effizienzgesichtspunkten.
2) **Monitoring:** Es stellt ein regelmäßig aktualisiertes Abbild der Marketingaktivitäten nach Aufwand und Erfolg dar. Hierdurch wird eine kontinuierliche Kontrolle der Markenperformance gewährleistet.
3) **Planung:** Zudem bietet es die Planungsgrundlage für einen erfolgreichen Markenaufbau sowie dessen Kapitalisierung. Bei adäquatem technischen Einsatz können auch cloudbasierte Brand Cockpits die internen Planungsprozesse erheblich verkürzen.
4) **Kommunikation:** Schließlich eignet sich ein Brand Cockpit sehr gut für die interne Kommunikation. Gleichzeitig ermöglicht es dem Marketing mit dem Controlling in einer Sprache zu sprechen. Bei entsprechender technischer Variante können auch mittels Exportfunktionen direkte

Umwandlungen in Powerpoint-Slides den Arbeitsaufwand reduzieren und verschiedenen Zielgruppen den Zugang direkt ermöglichen.

Ein **integriertes Brand Cockpit** wirft in der Regel folgende Fragestellungen auf:

- Welche Marketingziele werden verfolgt?
- Tragen die geplanten Maßnahmen zur Zielerreichung bei?
- Inwiefern gelingt es, Kunden entlang des Kaufentscheidungsprozess an die Marke zu binden?
- Gelingt es, Markenstärke aufzubauen und diese im Markt zu kapitalisieren?
- Wie effektiv und effizient ist der Einsatz der bisherigen Markeninvestitionen?
- Wie erfolgreich ist das Employer Branding bei der Gewinnung von potenziellen Bewerbern bis hin zur Einstellung und langfristigen Mitarbeiterbindung?
- Wie ist der interne Status der Markenführung? Wie hat sich das Markencommitment der Mitarbeiter entwickelt? Gelingt es, das Kundenerlebnis erfolgreich umzusetzen?

Ein ganzheitliches Brand Performance Measurement verknüpft die klare Priorisierung von Marketingzielen, aggregiert und reduziert die vorliegenden Daten durch Definition zentraler Erfolgskennzahlen (KPIs) sowie durch die Verzahnung dieser Daten zu einer zusammenhängenden Kennzahlenarchitektur.

Wer ist die Zielgruppe eines Brand Cockpits?

Als zentraler Startpunkt für die Entwicklung eines Brand Cockpits steht die Festlegung der internen Zielgruppe (z. B. Top Management, Personalabteilung, Führungskräfte aus Vertrieb oder Marketingabteilung, etc.). Bereits bei der Frage nach der Zielgruppe eines Brand Cockpits muss sich ein Unternehmen nach den Erwartungen an ein Projekt fragen. Denn je nach Zielgruppe unterscheiden sich auch die Zielsetzungen sowie Informationsbedarfe des Brand Cockpits. Während das Top Management tendenziell eher eine kompakte Darstellung benötigt (sogenannte „Dashboards", d. h. eine kompakte Übersicht an Informationen), benötigen die Manager aus der Linie stärker einzelne Module mit Themenschwerpunkten (z. B. Markenstärke und -erfolg, Performance im Kaufprozess, Budgetverteilung und -effizienz etc.). Ein erster Workshop und die Festlegung der Zielgruppen und der damit verbundenen Zielsetzungen, aber auch die Erwartungen an das Projekt sind in der Regel der Grundstein einer erfolgreichen Brand Cockpit-Entwicklung. Gleichzeitig gilt es, bestehende Illusionen frühzeitig auszuräumen. Eine enge Zusammenarbeit verschiedener Unternehmensbereiche und -funktionen sowie deren Input sind für eine erfolgreiche Brand Cockpit-Entwicklung unerlässlich.

Welche Daten sind bereits vorhanden und welche müssen neu generiert werden?

Voraussetzung für ein Brand Cockpit ist eine hohe Datenqualität und -verfügbarkeit als Ausgangspunkt für ein robustes Kennzahlenset. Während in einigen Branchen (z. B. FMCG, TIME) fast schon unübersichtliche Datenlandschaften existieren, bestehen bei den meisten B2B-Branchen nur vereinzelt überhaupt Studien (in der Regel meist Kundenzufriedenheitsstudien). Gleichzeitig sorgen häufige Wechsel von Marktforschungspartnern und -instrumenten sowie die Nutzung paralleler Datenquellen für inkonsistente Daten und -konstrukte. So kann z. B. Markenloyalität je nach Anbieter, Studie und Branche höchst unterschiedlich definiert sein. Eine der ersten Aufgaben ist daher eine konsistente Erfassung aller Datenbestände sowie die Kategorisierung vorhandener Kennzahlen. Da in Unternehmen häufig organisatorische Silos existieren, erfordert dies meist interne Recherchen, die sich jedoch immer lohnen. Oft zeichnen sich hier bereits erhebliche Einsparungspotenziale für Unternehmen durch fokussierte Marktforschungsagenturauswahl oder Neukonzeption komplementärer anstatt sich überschneidender Studien ab. Für die Konzeption eines Brand Cockpits und dem hierfür benötigten Datenlieferungsprozess sind Marktforschungspartner und Mediaagenturen frühzeitig in den Datenlieferungsprozess einzubinden. Dieser Part wird meist stark unterschätzt: Je mehr Daten und Aktualität, desto höher ist auch der Aufwand der Datenpflege.

Welchen Zeitfokus soll das Brand Cockpit abdecken?

Gerade in schnelllebigen Branchen sind Datendichte und Berichtszyklen inzwischen sehr hoch. Hatte man in den 80er Jahren teilweise bis zu zwei Wochen benötigt, um Umsatzdaten zu erhalten, läuft die Berichtserstattung mittlerweile in Echtzeit. Entsprechend dynamisch ist hierdurch der Aktionsspielraum der verantwortlichen Manager, jedoch auch sehr kurzfristig. Strategische Zielsetzungen werden hierbei grundlegend vernachlässigt. Lodish und Mela (2007) fragen daher in einem Beitrag der Harvard Business Review zu Recht: „If brands are built over years, why are they managed over quarters?“. Hier stellt sich grundlegend die Frage: Wenn der Aufbau einer Marke mittel- bis langfristig erfolgt, warum misst man ihn auf monatlicher Berichtsbasis? Starke Vertriebsorientierung und quartals- oder tertialweise Reportingzyklen führen vielfach zu einer extremen Kurzfristorientierung. In Konsequenz muss eine übergeordnete Instanz den strategischen Part und somit auch mittel- und langfristige Perspektiven des Brand Performance Measurement übernehmen. Hier kann ein Brand Cockpit Transparenz auf taktischer und strategischer Ebene schaffen.

Verknüpfung des Brand Cockpits mit dem Anreizsystem zur internen Markenführung

Zielvorgaben wirken nur dann steuernd auf das Verhalten von Management und Mitarbeitern, wenn sich ihre Erfüllung auch im persönlichen Erfolg des jeweiligen Mitarbeiters niederschlägt. Gerade die bestehenden Markenmanagementstrukturen in den schnelllebigen Branchen sorgen eher für eine starke Kurzfristsicht. Manager, die in den Aufbau der Marke investieren, bezahlen die Erfolge ihrer Nachfolger und nicht ihre eigenen. Daher sind mittel- bis langfristige KPIs in der quartalsweisen Beurteilung zu ergänzen. Leistungsgrößen des Brand Performance Measurements müssen sich auch im Anreizsystem widerspiegeln, um verhaltenswirksam zu werden. Die Erfüllung strategischer und operativer Markenziele muss somit das Fundament variabler Entlohnungsanteile bilden. Hierbei muss jedoch die Controllability, also die Zurechenbarkeit des Handlungsspielraums mit Relevanz für die Marke, mit berücksichtigt werden.

Vorgehensweise zur Entwicklung eines integrierten Brand Cockpits

1) In einer **ersten Phase (Konzeption)** erfolgt eine Bestandsaufnahme und Kategorisierung der vorhandenen Daten. Parallel hierzu sind die Zielsetzungen und internen Zielgruppen der Brand Cockpit-Entwicklung zu konkretisieren. Hieraus sind einzelne Key Performance Indicators (KPIs) zu definieren und priorisieren. Diese KPIs müssen konkreten Markenzielen zugeordnet werden können. KPIs müssen folgende Kriterien erfüllen:

   - **Datenverfügbarkeit:** Ist ein KPI leicht abzuleiten bzw. können die Daten für die Generierung eines KPI leicht beschafft werden?
   - **Vergleichbarkeit:** Lassen sich für den KPI relevante Benchmarks generieren?
   - **Entscheidungsfundierung:** Bietet der KPI eine solide Entscheidungsbasis und schafft er einen Ziel-Maßnahmen-Bezug? Ist er ein Indikator für die Effektivität und Effizienz?
   - **Controllability:** Ist der KPI auch durch die entsprechende interne Zielgruppe überhaupt zu beeinflussen?
   - **Verhaltenswirksamkeit:** Ermöglicht der KPI die Durchsetzung eines strategischen und markenorientierten Mindset bei den betroffenen Entscheidern?

   Nach dieser ersten Strukturierung der Daten erfolgt eine handlungsorientierte Verknüpfung von Wirkungszusammenhängen. Aus dieser Verzahnung entsteht aus einzelnen KPIs eine Kennzahlenarchitektur. Auf Basis des Anforderungsprofils sind Analysemodule und Reportings zu konzipieren. So lassen sich z. B. unterschiedliche Analyseebenen (z. B. Marke, Produktkategorien, Kunden, Vertriebskanäle, etc.) unterscheiden.

Es gilt, ein zentrales Master-Cockpit mit verschiedenen Analysemodulen zu entwickeln, die durch verschiedene Unteranalysen (sog. „Drill-Downs") detailliert werden. Hierdurch kann das Bild für den Anwender vom Ganzen ins Detail analysiert werden. Dies alles wird in einem ersten Dummy graphisch visualisiert. Mit dieser ersten Visualisierung erfolgt in der Regel eine weitere Freigabe des Projekts beim Top Management.

2) Nach **erfolgreicher Projektfreigabe** kann eine Verfeinerung des Konzepts erfolgen. Neben der Detaillierung verschiedener Hierarchiestufen der Kennzahlenarchitektur ist die Datenkompatibilität sowie der Datenlieferungsprozess mit den externen Marktforschungs- und Mediaagenturen sowie den internen Datenquellen zu prüfen. Gleichzeitig ist die organisatorische Anbindung des Brand Cockpits zu klären. So kann sich eine Etablierung an einer Stabsstelle beim Top Management ebenso anbieten wie eine Verankerung beim Marketing, Vertrieb oder der Marktforschung. Neben der Komplettierung der Dateninfrastruktur erfolgt parallel der Ausbau des Nutzerinterface mit den benötigten Schaltflächen, Selektionsoptionen und Benchmarkinggrößen, die eine enge Zusammenarbeit mit dem Klienten erfordern.

3) In einem dritten Schritt erfolgen die **Programmierung und die Pilotphase**. In einer zeitlich, organisatorisch und geographisch begrenzten Erprobungsphase spielen sich die Datenerhebung und -auswertung sowie die Verzahnungen von Agenturen, Controlling und Marketing sukzessive ein und verschmelzen zu einem Automatismus. Erste Erfahrungen und Anwendungen schaffen Raum für erste Anpassungen und Korrekturen, die dann schließlich zu einer voll funktionsfähigen Version des Brand Cockpits führen. Je nach organisationalem und budgetärem Hintergrund lässt sich das Brand Cockpit dabei Excel-basiert oder als programmierte Onlineplattform für ein Unternehmen nutzen. Abbildung 65 zeigt illustrativ eine Visualisierung des Brand Cockpit Tools, in dem komplexe Markeninformationen einfach selektiert werden können und somit die strategische und operative Markenführung unterstützen.

4) In der **Implementierungsphase** steht schließlich die Institutitionalisierung des Brand Cockpit-Projekts im Vordergrund. Voraussetzung hierfür ist die klare Definition von Marketingzielen. In der Regel kann das Brand Cockpit hierbei eine disziplinierende Wirkung entfalten, da dadurch die nachhaltige Messbarkeit der Zielerreichung ermöglicht wird. Darüber hinaus sind die Zugriffsrechte auf die Datenpflege und -auswertung klar innerhalb der Organisation zu regeln. Je nach Organisation kann das Brand Cockpit mit bestehenden Kennzahlensystemen (EVA-Werttreiberbäume oder Balanced Scorecard-Ansätze) verknüpft werden und ist auch im Anreizsystem zu verankern.

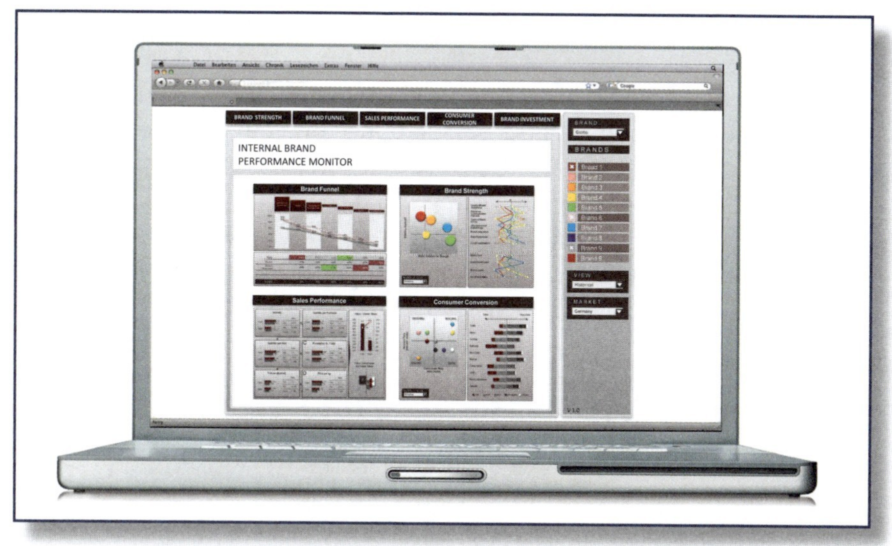

Abbildung 65: Illustratives Beispiel eines Brand Cockpits

Ausbaustufen: Brand Cockpit als „Living Instrument"

Die Entwicklung eines integrierten Brand Cockpits ist stets ein iterativer Prozess. So wie die Organisation nach und nach lernt, mit dem Brand Cockpit umzugehen, entwickelt sich auch das Tool weiter. Nach einer ersten Pilotphase ergeben sich zunehmend weitere Informations- und Funktionalitätsbedarfe, die sukzessive in dem Tool angepasst werden können.

Ein Brand Cockpit ist daher niemals statisch, sondern entwickelt sich permanent weiter.

Mit zunehmender Zeit ergeben sich nicht nur mehr historische Benchmark-Möglichkeiten, sondern auch erweiterte Key Insights aus der Verknüpfung von Daten aus verschiedenen Bereichen. Diese ermöglichen mittel- bis langfristig zusätzliche Aussagen über den Erfolg von Brand Investments.

In Mehrmarkenunternehmen kann das Brand Cockpit als integriertes Brand Portfolio Management-System genutzt werden. Neben der Analyse der gegenwärtigen Leistungsfähigkeit sind Daten zu Potenzialen einzelner Marken sowie von Ländern zu integrieren. Hierdurch stehen Portfolioanalysen verstärkt im Vordergrund, die für die Festlegung von Investments und Desinvestments notwendig sind.

Fazit:

- Die zentrale Aufgabe des Markencontrollings ist es, **Klarheit und Transparenz** über die Markeninvestitionen und deren **effektiven und effizienten Einsatz** zu schaffen.
- Ein Brand Cockpit schafft grundlegend **Transparenz über die markenbildenden Aktivitäten** eines Unternehmens. Neben dem schnellen Zugriff auf eine faktenbasierte Markenführung ermöglicht es eine **gemeinsame Sprache** innerhalb eines Unternehmens.
- Die Brand Cockpit-Entwicklung ist in verschiedenen Detaillierungsphasen vorzunehmen und setzt ein **klares Zielprofil (Zielgruppe, Zielsetzungen)** voraus.
- Eine erfolgreiche Implementierung des Brand Cockpits erfordert den **Buy-In des Top Managements** sowie der jeweiligen Anwender auf der mittleren Managementebene.
- Ein interner Roll-Out muss sukzessive erfolgen und erfordert ein Training sowohl in der Kennzahlenlogik als auch in der Anwendung des Brand Cockpits.
- Enge Interaktion zwischen verschiedenen funktionalen Fachbereichen sowie von internen und externen Dienstleistern. Die Entwicklung eines Brand Cockpits schafft zusätzlich das markenorientierte „Mindset", da die Schnittstellen der Markenführung auch prozessual miteinander verknüpft werden.
- Ein Brand Cockpit ist daher nicht nur einfach ein Tool, sondern ein wichtiger Baustein in der Professionalisierung der Markenführung.

Quelle: Esch/Knörle 2010

Literaturverzeichnis

Aaker, D. A.; Joachimsthaler, E. (2009): Brand Leadership, New York: The Free Press.

Aiken, C./Keller, S. (2009): The irrational side of change management, in: The McKinsey Quarterly, Vol. 18, No. 2, S. 101–109.

Apple (2013), Zugriff online unter: http://www.apple.com/jobs/us/index.html.

Arkes, H.R./Blumer, C. (1985): The Psychology of Sunk Costs, in: Organizational Behavior and Human Decision Processes, Vol. 35, No. 1, S. 124–141.

Arthur D. Little (2013): A Glint in the Eye of the Customer, Zugriff online unter: http://www.adlittle.de/uploads/tx_extthoughtleadership/S_O_2013_CEx_Service_Innovation_final_01.pdf.

Avlonitis, G.J./Hart, S. J./Tzokas, N.X. (2000): An Analysis of Product Deletion Scenarios, in: Journal of Product Innovation Management, Vol. 17, No. 1, S. 41–56.

Backhaus, K./Tikoo, S. (2004): Conceptualizing and researching employer branding, Career Development International, Vol. 9, No. 5, S. 501–517.

Baumgarten, C./Esch, F.-R./Strödter, K. (2008): Relaunch der Marke DHL als „Weltweite Nr. 1 in Express und Logistik“, in: Esch, F.-R./Armbrecht, W. (2008): Best Practice der Markenführung, Gabler: Wiesbaden, S. 259–286.

Bosch (2010): House of Orientation, Zugriff online unter: http://www.bosch-career.ch/media/master/documents_master/bosch_employer_documents_master/corporate_culture_documents_master/house-of-orientation-de.pdf.

brandeins Online (2006): „Was Werbung treibt – Gebrauchsanweisungen zu Lehrplänen“, Zugriff online unter: http://www.brandeins.de/archiv/magazin/wer-nichts-will-kriegt-auch-nichts/artikel/waswerbung-treibt-gebrauchsanweisungen-zu-lehrplaenen.html, Zugriff: 13.07.2011.

Brockdorff, B./Kernstock, J. (2001): Brand Integration Management – Erfolgreiche Markenführung bei Mergers & Acquisitions, in: Thexis, 18. Jg., Nr. 4, S. 54–60.

Brockdorff, B. (2003): Die Corporate Brand bei Mergers & Acquisitions – Konzeptualisierung und Integrationsentscheidung, Dissertation an der Universität St. Gallen, Bamberg.

Broussell L. (2013): „How Gamification Reshapes Corporate Training, online im Internet: http://news.idg.no/cw/art.cfm?id=B316DAF3-D88C-1AC3–35AB6665-AE662963, Zugriff am 28.8.2013.

Buckley, E./Williams, M. (2005), „Internal Branding“, in: Tybout, A. M./Calkins, T. (Hg.) (2005): Kellogg on Branding, New Jersey: John Wiley & Sons, S. 320–326.

Burmann, M./Schäfer, K./Maloney, P. (2008): Industry image: its impact on the brand image of employees, in: The Journal of Brand Management: An International Journal, Vol. 15, Jg. 2007/2008, S. 157–176.

Burns, J. M. (1978): Leadership, New York.

Calla, A. A. Jr./Monroe, M. J. (1997). Contrasting Perspectives on Strategic Leaders: Toward a More Realistic View of Top Managers, in: Journal of Management, Vol. 23, No. 3, 213–237.

Dan Pearlman (2011), Zugriff online über: http://www.danpearlman.com/marken-strategie-mercedes-benz-internal-branding/

Davis, S. (2005): „Building a Brand-Driven Organization", in: Tybout, A. M./Calkins, T. (Hg.)(2005), Kellogg on Branding, New Jersey: John Wiley & Sons, S. 226–243.

Davis, S.M./Dunn, M. (2002): Building the Brand-Driven Business: Operationalize your brand to drive profitable growth, San Francisco: Jossey-Bass.

Deloitte: Deloitte Media Release (2012): Deloitte Leadership Academy launches new leadership content with gamification mechanics, Zugriff online unter: http://www.deloitte.com/assets/Dcom-Australia/Local%20Assets/Documents/news-research/Press%20releases/Jane%20Kneebone/Media%20Release%20%20DLA%20launches%20new%20leadership%20with%20gamification%20mechanics.pdf, Zugriff am 28. August 2013

Dunn, M./Davis, S.M. (2003): Building Brand from the Inside, in: Marketing Management, Vol. 22, S. 32–37.

DHL Employer Branding Handbook, Zugriff online unter: http://www.tradeteam.com/downloads/DHL%20EVP%20e-Handbook.pdf

e-fellows (2009): „Spaß an der Arbeit" entscheiden bei der Arbeitgeberwahl, Zugriff online unter: http://www.e-fellows.net/HOME/Archiv/Pressemitteilung15. Zugegriffen: 05. August 2013.

Effie (2008): „Deutsche Post – die Post für Deutschland", Zugriff online unter: http://www.gwa.de/images/effie_db/2008/deutschepost_2008.pdf

Ehren, H. (2005): Wenn Moral-Apostel mogeln, in: Financial Times Deutschland, Zugriff am 18.03.2005.

ESCH. The Brand Consultants (2014): Employer Branding Studie 2014.

Esch, F.-R. (2008): Behavioral Branding: Markenverhalten managen, in: Esch, F.-R./Armbrecht, W. (2008) (Hrsg.): Best Practice der Markenführung, Wiesbaden: Gabler, S. 1–20.

Esch, F.-R. (2012): Strategie und Technik der Markenführung, 7. Auflage Vahlen: München.

Esch, F.-R., Baum, M., Frisch, J. C. (2013): „Aufbau von Markencommitment bei Mitarbeitern", in: Die Unternehmung, Heft 3, 67. Jg., S. 246–270.

Esch, F.-R./Beyer, S. (2011): „Auch Marketing sollte Werte schaffen", in: Frankfurter Allgemeine Zeitung, Nr. 136, 14.06.2011, S. 14.

Esch, F.-R./Brockdorff, B./Langner, T./Tomczak, T. (2006): Corporate Brands bei Mergers & Acquisitions gestalten, in: Esch, F.-R./Tomczak, T./Kernstock, J./Langner, T. (Hrsg.): Corporate Brand Management – Marken als Anker strategischer Führung von Unternehmen, 2. Aufl., Wiesbaden, S. 195–218.

Esch, F.-R./Eichenauer, S. (2014): Mit Employer Branding die Arbeitgeberattraktivität steigern, in: Esch, F.-R./Tomczak, T./Kernstock, J./Langner, T./Redler, J. (Hrsg.) (2014): Corporate Brand Management – Marken als Anker strategischer Führung von Unternehmen, 3. Auflage, Wiesbaden: Gabler.

Esch, F.-R./Elste, R. (2007): „Ungeküsste Frösche – Noch viel Potenzial im B2B", in: Unternehmermagazin, Heft 10/2007, S. 32–35.

Esch, F.-R./Fischer, A./Strödter, K. (2008): Interne Kommunikation zum Aufbau von Markenwissen bei den Mitarbeitern, S. 103–120.

Esch, F.-R./Fischer, A./Strödter, K. (2009): „Interne Kommunikation: Erfolgreiche Verankerung der Marke im Denken und Handeln der Mitarbeiter", in: Bruhn, M./Esch, F.-R. /Langner, T. (Hg.) (2009): Handbuch Kommunikation: Grundlagen – Innovative Ansätze – Praktische Umsetzungen, Wiesbaden: Gabler, S. 1261–1284.

Esch, F.-R./Gawlowski, D./Hanisch, J. (2012): „Neue Potenziale durch den Einsatz von Social Media realisieren“, in: Personal Quarterly, 64. Jg. Heft 3, S. 10–15.

Esch, F.-R./Hanisch, J./Gawlowski, D. (2013): Die richtigen Mitarbeiter durch Employer Branding finden, in: Strategie und Technik des Automobilmarketing, Wiesbaden: Gabler, S. 269–292.

Esch, F.-R./Hartmann, K./Gawlowski, D. (2010): „Interne Markenführung zum Aufbau von Mitarbeiter-Marken-Beziehungen“, in: Georgi, D./Hadwich, K. (Hg.) (2010): Management von Kundenbeziehungen – Perspektiven – Analysen – Strategien – Instrumente, Festschrift für Prof. Dr. Manfred Bruhn, Gabler Verlag: Wiesbaden, S. 485–503.

Esch, F.-R./Knörle, C. (2005): „Führungskräfte als Markenbotschafter“, in: Behavioral Branding, in: Tomczak, T./Esch, F.-R./Kernstock, J./Herrmann, A. (Hrsg.) (2012): Behavioral Branding – Wie Mitarbeiterverhalten die Marke stärkt, 3. Auflage, Wiesbaden: Gabler, S. 183–192.

Esch, F.-R./Knörle, C. (2010): Markenführung durch Brand Cockpits systematisch und zielgerichtet steuern, Zugriff online unter: http://www.esch-brand.com/newsarticle/markenfuhrung-durch-brand-cockpits-systematisch-und-zielgerichtet-steuern/

Esch, F.-R./Möll, T./Elger, C./Neuhaus, C./Weber, B. (2008), „Wirkung von Marken emotionen: Neuromarketing als neuer verhaltenswissenschaftlicher Zugang“, in: Marketing ZFP, 30. Jg., Heft 2, S. 111–129.

Esch, F.-R./Schmitt, M. (2012): Employer Branding – Yin und Yang in Einklang bringen, in: Markenartikel, Heft 12, S. 14–18.

Esch, F.-R./Vallaster, C. (2005): Mitarbeiter zur Markenbotschaftern machen: Die Rolle der Führungskräfte, in: Esch, F.R. (Hrsg.): Moderne Markenführung: Grundlagen – Innovative Ansätze – Praktische Umsetzungen. Wiesbaden, S. 1009–1020.

Ernst&Young (2006): Handeln wider besseren Wissens – Warum viele Transaktionen scheitern ohne es zu müssen, Zugriff online unter: www.ey.com, 05.09.2007.

Erz, A./Henkel, S./Tomczak, T. (2008): Weg vom negativen Branchenimage: Mit Subtyping zur Arbeitgebermarke, in: Marketing Review St. Gallen, Jg. 25, S. 22–25.

Ettenson, R./Knowles, J. (2006): Merging the Brands and Branding the Merger, in: MIT Sloan Management Review, Vol. 47, No. 4, S. 39–49.

Faber-Castell (2013): Brand Essentials, Zugriff online unter: http://www.faber-castell.de/en/company/brand-essentials.

Facebook (2012): Geschäftsbericht von Facebook. http://investor.fb.com/releasedetail.cfm?ReleaseID=736911. Zugegriffen: 31. August 2013.

Friedman, B./Hatch, J./Walker, D. (1998), Delivering on the Promise: How to Attract, Manage, and Retain Human Capital, New York: The Free Press.

Gallup (2012): Your Employees Don't „Get“ Your Brand, Zugriff online unter: http://businessjournal.gallup.com/content/156197/employees-don-brand.aspx. Zugriff am 31. August 2013.

Gallup (2013): Präsentation zum Gallup Engagement Index 2012. http://www.gallup.com/strategicconsulting/160904/praesentation-gallup-engagement-index-2012.aspx. Zugegriffen: 30. Juli 2013.

Gelbert, A./Inglsperger, A. (2008): „Employer Branding als Wachstumshebel“, in: BBDO Insights 7, Zugriff online unter: www.batten-company.com.

Giehl, W./LePla, F.J. (2012): Create a Brand that inspires: How to sell, organize and Sustain Internal Branding, Wiley: New York.

Giehl, W./Lotze, F./Schmidt, C. (2005): „Die neue Positionierung von DHL", in: Deichsel, A./Meyer, H. (Hg.), Jahrbuch Markentechnik, Frankfurt/Main: Deutscher Fachverlag, S. 111–129.

Giessner, S. R./Viki, G. T./Otten, S./Terry, D. J./Täuber, S. (2006): The Challenge of Merging: Merger Patterns, Premerger Status, and Merger Support, in: Personality and Social Psychology Bulletin, Vol. 32, No. 3, S. 339–352.

Gosnell, J. (2004): ratiopharm: Die Marke nach innen durchsetzen, in: Brandmeyer, K./Prill, C. (Hrsg.) (2004): Markenerfolg ist machbar – 18 Manager berichten, Hamburg, S. 147–160.

Grant, L. (1998): „Happy Workers – High Return", in: Fortune, 12. Januar 1998, S. 12.

Grauel, R. (2006): „Gebrauchsanweisungen zu Lehrplänen", in: Brand Eins, Nr. 12, S. 16–18.

Gress, F./Kiefer, H./Esch, F.-R./Roth, S. (2009): Aktives Management der Corporate Brand BASF, in: Esch, F.-R./Armbrecht, W. (2009): Best Practice der Markenführung, Gabler: Wiesbaden, S. 79–100.

Gröger, R. (2007): „Der Turnaround bei O_2", Vortrag vom 30.03.2007, O_2, München.

Grom, T./Seidl, M. (2012): Zurich – Embedding the Brand: Zur globalen Operationalisierung von Markenwerten, in: Tomczak, T./Esch, F.-R./Kernstock, J./Herrmann, A. (Hrsg.) (2012): Behavioral Branding – Wie Mitarbeiterverhalten die Marke stärkt, 3. Auflage, Wiesbaden: Gabler, S. 183–192.

GWA EFFIE (2003): „O_2 is like no other Brand", O_2 Germany, Best of Effie, Silber 2003, S. 314–321, online unter: http://www.gwa.de/images/effie_db/2003/314_o2.pdf, abgerufen am: 23.11.2007.

Hambrecht, J. (2013): Rede anläßlich der Preisverleihung des Konrad-Adenauer Preises, Zugriff unter: http://www.kas.de/wf/de/33.33852/

Harter, G./Koster, A./Peterson, M./Stomberg, M. (2004): „Managing Brands for Value Creation", in: www.boozallen.de, Stand: 24.09.2006.

Harrington, S. (2013): Engagement special: Is this the world's biggest engagement scheme? – Zugriff unter: http://www.hrmagazine.co.uk/hr/features/1076814/engagement-special-is-worlds-biggest-engagement-scheme#sthash.Di6Ncogt.dpuf

Haspelagh, P.C./Jemison, D.B. (1991): Managing Acquisitions: Creating Value Through Corporate Renewal, New York.

Henkel (2007): „Innovationsoffensive von Henkel mit dem PR Report Award ausgezeichnet " (April 2007), Zugriff Online unter www.henkel.de

Hewitt (2008): Talent Supply und Employer Branding, Zugriff unter: http://www.wirtschaftspsychologie-aktuell.de/files/Hewitt_Employer_Branding.pdf

Hieronimus, F. (2006): Markentypenstrategieansätze – Markenstrategische Ansätze bei Unternehmensfusionen, in: Wirtz, B.W. (Hrsg.)(2006): Handbuch Mergers & Acquisitions Management, Wiesbaden, S. 1147–1163.

Hieronimus, F./Schäfer, K./Schröder, J. (2005): „Using branding to attract talent", in: McKinsey Quarterly, Vol. 3, No. 12, S. 12–14.

Hilti (2012): Interne Präsentation im Rahmen des Vaillant Marketingbeirats, 2012.

Hogg, M.A./Terry, D. J. (2000): Social Identity and Self-Categorization Processes in Organizational Contexts, in: Academy of Management Review, Vol. 25, No. 1, S. 121–142.

Homburg, C./Lucas, M./Bucerius, M. (2000): Kundenbindung bei Fusionen und Akquisitionen: Gefahren und Erfolgsfaktoren, Arbeitspapier Nr. M 51, Reihe Management Know How, Institut für Marktorientierte Unternehmensführung, Mannheim.

Homburg, C./Bucerius, M. (2006): Is Speed of Integration Really a Success Factor of Mergers and Acquisitions? An Analysis of the Role of Internal and External Relatedness, in: Strategic Management Journal, Vol. 27, No. 4, S. 347–367.

Honeywell Brand Guidelines (2004), Zugriff online unter: http://www.honeywell.com/sites/docs/DGPSUZWKH0FKN5NJKXM74P5NJV9DSCHL1.pdf

Hübner&Sturk (2011), Zugriff über: http://www.huebner-sturk.de/kreation/projekte/basf-02.html

Ind, N. (2004): Living the Brand – How to Transform Every Member of Your Organization into a Brand Champion, 2nd edition, Kogan Page: London/Sterling.

Interbrand (2013): Best Global Brands, Zugriff unter: http://www.interbrand.com/de/best-global-brands/2013/Best-Global-Brands-2013.aspx

Jaju, A./Joiner, C./Reddy, S. K. (2006): Consumer Evaluations of Corporate Brand Redeployments, in: Journal of the Academy of Marketing Science, Vol. 34, No. 2, S. 206–215.

Jetten, J./Duck, J./Terry, D.J./O'Brien, A. (2002): Being Attuned to Intergroup Differences in Mergers: The Role of Aligned Leaders for Low-Status Groups, in: Personality and Social Psychology, Vol. 28, No. 9, S. 1194–1201.

Kano, N. (1984): Attractive quality and must-be quality; in: The Journal of the Japanese Society of Quality Control, S. 39–48.

Keller, S.; Price, C. (2011): Beyond Performance – How Great Organization Build Ultimate Competitive Advantage, Wiley.

Kemper, A. C. (2000): Strategische Markenpolitik im Investitionsgüterbereich, Lohmar, Köln.

Kienbaum Executive Research Human Resource & Management Consulting (2012). Absolventenstudie 2011/2012. http://www.kienbaum.de/desktopdefault.aspx/tabid-501/649_read-12776/. Zugegriffen: 31. Juli 2013.

Kriegbaum-Kling, C., (2004): Bedeutung, Bewertung und Steuerung von Investitionsgütermarken, in: Intangibles in der Unternehmenssteuerung, Hrsg.: Horvath, P., Möller, K., München, S. 331–346.

Knudsen, T. R./Finskud, L./Tornblom, R./Hogna, E. (1997): Brand Consolidation Makes a Lot of Economic Sense, in: The McKinsey Quarterly, No. 4, S. 189–193.

Koch, K.-D./Feige, A. (2005): „Schon mit dem CFO geredet?“, in: Absatzwirtschaft, Sonderheft Marken 2005, S. 129–132.

Kotler, P./Pförtsch, W. (2006)(Hrsg.): B2B Brand Management, Springer: Heidelberg/New York.

Kotter, J.P. (1995): Leading Change: Why Transformation Efforts Fail, Harvard Business School Press.

König, V. (2010): Innengerichtetes, identitätsbasiertes Markenmanagement in Call Centern – Eine empirische Analyse zur Konzeptionalisierung, Operationalisierung und Wirkung von Maßnahmen zum Aufbau von Brand Commitment, Gabler Verlag.

Kroeber-Riel, W./Esch, F.-R. (2011): Strategie und Technik der Werbung, 7. Auflage, Kohlhammer: Stuttgart.

Krüger, D. (2012): Lufthansa: Mit Employer Branding die Richtigen finden, in: Tomczak, T./Esch, F.-R., Kernstock, J./Herrmann, A. (Hrsg.), S. 317–336, Gabler Verlag: Wiesbaden.

Kumar, N. (2003): Kill a Brand, Keep a Customer, in: Harvard Business Review, Vol. 81, No. 12, S. 86–95.

Langer, E.J. (1975): The Illusion of Control, in: Journal of Personality and Social Psychology, Vol. 32, No. 2, S. 311–328.

Larsson, R./Finkelstein, S. (1999): Integrating Strategic, Organizational and Human Resource Perspectives on Mergers and Acquisitions: A Case Survey of Synergy Realization, in: Organization Science, Vol. 10, No. 1, S. 1–26.

LePla, J. F./Parker, L. M. (1999): Integrated Branding: Becoming Brand-Driven through Company-Wide Action, London: Kogan Page.

Lieberknecht, J./Esch, F.-R. (2014a): So geht Branding heute, in: Absatzwirtschaft, Heft 4, S. 96–100.

Lieberknecht, J./Esch, F.-R. (2014b): Rebranding vom Ende her denken, in: Esch, F.-R./Tomczak, T./Kernstock, J./Langner, T./Redler, J. (Hrsg.) Corporate Brand Management, 3. Aufl., Gabler Verlag Wiesbaden.

LinkedIn (2012), Studie zu Schlagwörtern im Recruiting, Zugriff unter: http://www.mynewsdesk.com/de/linkedin-deutschland.

Lodish, L.M./Mela, C.F. (2007): If brands are built over years, why are they managed over quarters?, in: Harvard Business Review, Vol. 85, No. 7/8, S. 104–112.

Macrae, C. (1999): "Brand Reality Editorial", in: Journal of Marketing Management, Vol. 15, No. 1–3, S. 1–24.

McDonald's (2013): Employee Value Proposition, Zugriff: http://www.aboutMcDonald's.com/mcd/sustainability/library/best_practices/employee_experience/employee_value_proposition.html

Meaney, M./Pung, C./Wilson, S. (2010): "Creating lasting change", in: Voices on Transformation, Vol. 4, McKinsey: New York.

Meffert, H./Koers, M. (2005): Markenkannibalisierung in Markenportfolios, in: Meffert, H./Burmann, C./Koers, M. (Hrsg.): Markenmanagement – Identitätsorientierte Markenführung und praktische Umsetzung, 2. Aufl., Wiesbaden, S. 297–317.

Meister, J.C. (2013), How Deloitte Made Learning a Game , online im Internet: http://blogs.hbr.org/2013/01/how-deloitte-made-learning-a-g/, Zugriff am 28.8.2013

Mercedes-Benz (2011): Left Brain – Right Brain, Zugriff unter: http://adsoftheworld.com/media/print/mercedes_benz_left_brain_right_brain_paint

Meyer, J.P./Allen, N.J. (1991): „A Three-Component Conceptualization of Organizational Commitment", in: Human Resource Management Review, Vol. 1., No. 1, S. 61–89.

Mitchell, C. (2002): „Selling the Brand Inside", in: Harvard Business Review, Vol. 80, No. 1, S. 99–104.

Michell, P./King, J./Reast, J. (2001): Brand Values Related to Industrial Products, in: Industrial Marketing Management, 30. Jg., H. 5, S. 415–425.

Möll, T. (2007): Messung und Wirkung von Markenemotionen. Neuromarketing als neuer verhaltenswissenschaftlicher Ansatz, Wiesbaden: Deutscher Universitäts-Verlag.

Mottola, G./Gaertner, S./Bachman, B./Dovidio, J. (1997): How Groups Merge: The Effects of Merger Integration Patterns on Anticipated Commitment to the Merged Organization, in: Journal of Applied Psychology, Vol. 27, No. 15, S. 1335–1358.

Mudambi, S. (2002): Branding Importance in Business-to-Business Markets, in: Industrial Marketing Management, 31. Jg., H. 6, S. 515–524.

Müller, S. (2012): Swisscom: Vom Technologie-Unternehmen zum Service Unternehmen, in: Behavioral Branding, in: Tomczak, T./Esch, F.-R./Kernstock, J./Herrmann, A. (Hrsg.) (2012): Behavioral Branding – Wie Mitarbeiterverhalten die Marke stärkt, 3. Auflage, Wiesbaden: Gabler, S. 407–424.

Nagel, K. (2005): Gegen alle Regeln, Change-Management live – Was wir vom Turnaround von O_2 lernen können, München: Hanser.

O_2 (2003): Innovation, Bewerbung um den Marken-Award 2004 in der Kategorie „Beste neue Marke", 20.11.2003, München: O_2.

o.V. (2012): An Insider's View: Capgemini's Gamification of 120,000 Employees, online im Internet:http://www.gamifeye.com/2012/11/19/an-insiders-view-capgeminis-gamification-of-120000-employees/#, Zugriff am 28.8.2013

o.V. (2007): „Das ist 3M" (Januar 2007), Download unter www.3M-pressnet.de

o.V. (2013): http://www.faz.net/aktuell/beruf-chance/arbeitswelt/arbeitgeber-attraktivitaet-arbeitnehmer-schaetzen-soziales-engagement-12271999.html

PWC/Sattler/Gfk (2012): Markenstudie 2012, PWC, Frankfurt am Main.

Rothschild, M. L. (1987), Marketing Communications: From Fundamentals to Strategies, Lexington/MA: Health & Co.

Ruess, A. (2005): Schaffe, net schwätze – Keiner kann Chemie und sein Unternehmen so gut verkaufen wie der BASF-Vorstandsvorsitzende Jürgen Hambrecht, in: Wirtschaftswoche, Heft Nr. 39, S. 68.

Sander, B./Benz, M. (2007): Die Marke (er-)leben, S. 22–31. Zugriff unter: http://www.batten-company.com/uploads/media/080128_Insights_7.pdf

Schloemer, A./Esch, F.-R./Krieger, K. H. (2009): Aus Viag Interkom wird O_2: Erfolgreiche Migration und Turnaround einer Marke, in: Esch, F.-R./Armbrecht, W. (Hrsg.): Best Practice der Markenführung, S. 201–224, Gabler Verlag: Wiesbaden.

Schubert, C./Grünewald, T. (2007): Unternehmensbranding: Relaunch des Corporate Brandings, in: Szyszka,P./Dürig, U.-M. (Hrsg.) (2007): Strategische Kommunikationsplanung, UVK Verlagsgesellschaft mbH: Konstanz, S. 103–114.

Schultz, D.E./Schultz, H.F. (2000): How to Build a Billion Dollar Business-to-Business Brand, in: Marketing Management, Summer, S. 23–28.

Shipley, D./Howard, P. (1993): Brand-Naming Industrial Products, in: Industrial Marketing Management, 22. Jg., H. 1, S. 59–66.

Sinclair, S. A./Seward, K. E. (1988): Effectiveness of Branding a Commodity Product, in: Industrial Marketing Management, 17. Jg., H. 1, S. 23–33.

Snyder, N.H./Graves, M. (1994). Leadership and Vision. Business Horizons, Vol. 37,1, 1–6.

Statista (2013): Bedürfnisse von Mitarbeitern in deutschen Unternehmen. http://de.statista.com/statistik/daten/studie/187502/umfrage/beduerfnisse-von-mitarbeitern-in-deutschen-unternehmen/. Zugegriffen: 5. August 2013.

Statista (2012): Wie wichtig sind die Kriterien bei der Wahl des zukünftigen Arbeitgebers? http:/de.statista.com/statistik/daten/studie/181885/umfrage/kriterien-fuer-die-wahl-des-arbeitgebers/. Zugegriffen: 3. August 2013.

Stephenson, C. (2004): Rebuilding Trust: The Integral Role of Leadership in Fostering Values, Honesty and Vision. Ivey Business Journal, Vol. 68, No. 3, S. 1–5.

Stepstone (2004): „Stepstone-Survey: Do You Think That You Will Still Work for Your Current Employer Next Year?", Online im Internet: http://www.stepstone.de/ueberuns/default. cfm?link=loyal, letzter Zugriff: 16. Februar 2005.

Stepstone (2011): "Kaum Botschafter in den eigenen Reihen", Online im Internet: http://www.stepstone.de/Ueber-StepStone/presse/kaum-botschafter-in-den-eigenen-reihen.cfm, Zugriff am 15.September, 2011.

Strödter, K. (2008): Markencommitment bei Mitarbeitern: Bedeutung der Kongruenz von Mitarbeiter und Marke für das Markencommitment in Unternehmen, Logos: Berlin.

Terpitz, K. (2008): Employer Branding – Mitarbeiter als Markenbotschafter, Zugriff unter: http://www.handelsblatt.com/karriere/nachrichten/employer-branding-mitarbeiter-als-markenbotschafter/2967600.html

Terry, D. J./Carey, C. J./Callan, V. J. (2001): Employee Adjustment to an Organizationa Merger: An Intergroup Perspective, in: Personality and Social Psychology, Vol. 27, No. 3, S. 267–280.

Thomson/Reuters (2012): M&A Review: http://dmi.thomsonreuters.com/Content/Files/4Q2012_MA_Financial_Advisory_Review.pdf

TNS (2002): Global Employee Commitment Report 2002, EmployeeScoreTM Powered by the Conversion ModelTM, Taylor Nelson Sofres.

Tosti, D.T./Stotz, R.D. (2001), "Brand: building your brand from the inside-out", Marketing Management, Vol. 10, pp 28–33.

TowersWatson (2012): Global Workforce Study – Engagement at Risk: Driving strong performance in a volatile global environment, Zugriff unter: http://towerswatson.com/assets/pdf/2012-Towers-Watson-Global-Workforce-Study.pdf

Trendence (2013): Trendence Graduate Barometer 2013, Zugriff unter: http://www.trendence.com/fileadmin/trendence/content/Unternehmen/Rankings/Embargo_BUS/trendence_Germany_BUS_2013.pdf

Ulrich, D./Smallwood, N. (2007): Building a Leadership Brand, July–August, Harvard Business Review.

Urban, D. J./Pratt, M. D. (2000): Perceptions of Banking Services in the Wake of Bank Mergers: An Empirical Study, in: Journal of Services Marketing, Vol. 14, No. 2, S. 118–131.

Varadarajan, R./DeFanti, M.P./Busch, P. S. (2006): Brand Portfolio, Corporate Image, and Reputation: Managing Brand Deletions, in: Journal of Academy of Marketing Science, Vol. 34, No. 2, S. 192–205.

Von der Oelsnitz, D. (1995): Investitionsgüter als Markenartikel, in: Markenartikel, Heft 6, S. 252–258.

Ward, S./Light, L./Goldstine, J. (1999): What High-tech Managers Need to Know About Brands, in: Harvard Business Review, 77. Jg., H. 4, S. 85–95.

Watzlawick, P./Beavin Bavelas, J.H./Jackson, D.D. (1967): Pragmatics of Human Communication. A Study of Interactional Patterns, Pathologies, and Paradoxes. New York: Norton.

Weber, T. (2003): Dialogbilder als Element der Mitarbeiterkommunikation, in: Payne, A./Rapp, R. (Hrsg.): Handbuch Relationship Marketing – Konzeption und erfolgreiche Umsetzung, 2. Aufl., München, S. 293–307.

Wentzel, D./Tomczak, T./Herrmann, A. (2008), „Storytelling im Behavioral Branding", in: Tomczak, T./Esch, F.-R./Kernstock, J./Herrmann, A. (Hg.), Behavioral Branding. Wie Mitarbeiterverhalten die Marke stärkt, Wiesbaden: Gabler, S. 403–420.

Weitzel, T./Eckhard, A./von Stetten, A./Launer, S. (2011). Recruiting Trends 2011. https://www.social-media-consulting.at/wp-content/uploads/Recruiting+-Trends+2011.pdf. Zugegriffen: 31.08.2013.

Wirtschaftswoche (2011): Lieber Konstanz als Karriere. Wirtschaftswoche, Vol. 49, S. 120–23.
Wirtz, B. W. (2003): Mergers & Acquisitions Management – Strategie und Organisation von Unternehmenszusammenschlüssen, Wiesbaden.
W&V (2008). Gummiband und Stifte.

Yukl, G. (1989). Managerial Leadership: A Review of Theory and Research. Journal of Management, Vol 15, No. 2, S. 251–289.

Zeplin, S. (2006): Innengerichtetes identitätsbasiertes Markenmanagement, Gabler Verlag: Wiesbaden.

Stichwortverzeichnis